普通高等教育“十四五”规划教材

广播编辑与音频制作

主　编　张洁意　张彩霞
副主编　刘　晗
参　编　葛　贞　胡　蕾　郭　伟
　　　　吴　轶　智　慧　李卫锋

合肥工业大学出版社

前　言

随着我国城市化进程加快，人均汽车保有量的迅速增长，广播媒介的发展并非似有人曾预言的：广播即将消亡。相反，近几年我国广播电台的广告收益持续增长，广播拥有其稳定听众群，诸如司机、私家车主、学生、上班族等，同时广播电台也正在与网络媒体、移动媒体合作探寻新的发展机遇。

广播作为大众传播媒介，需要紧跟社会传播环境和条件的发展变化。在广播技术数字化、广播经营市场化、广播节目多样化、电台频率专业化、广播受众个性化需求的传播环境下，广播节目制作理念、节目形态、节目制作设备和技巧、广播语言风格等各方面都发生了较大变化，对广播编辑与节目制作提出了新的要求，使得广播编辑的理论创新也面临着紧迫性。同时，在媒介融合的大趋势下，广播传播特点与传播方式也需要在与多种传播形态的借鉴和融合中，重新发现其价值，进而广泛地运用于广播实践活动中。

在这样的媒介背景下，关于广播编辑与音频制作的相关书籍，可以给新闻学、播音主持、广告学等专业的学生以及广播爱好者提供系统的专业知识和技术指导。目前市场上已出版的广播编辑与制作的相关教材，有的侧重于广播编辑理论，脱离节目制作技术部分；有的则仅针对广播技术人员，专注于录音技术和后期制作。而现今的广播电台节目运作实行的是采编播一体化，对其工作人员的职业技能要求是不仅会采编，还包含节目录制、后期处理等一系列环节。本人从事大学广播编辑与节目制作课程教学工作已有七八年时间，在指定这门课程的学生用书时，常常苦于找不到一本既有理论指导意义又能涵盖技术操作的合适教材。于是本人想到结合自己这几年的教学工作，尝试写作一本能帮助学生以及其他广播爱好者掌握广播制作技巧和艺术的专业教材。

《广播编辑与音频制作》是新闻学专业的职业技能培训类教材。本教材旨在希望学生通过本书的实践操作指导，熟练掌握广播节目的采、编、设计与制作等业务工作的一般方法；正确理解广播编辑工作的性质、方法；贴近广播的运作实际，探讨广播节目制作新形式；引导学生认识与参与广播传播实务活动，加速知识向能力的转化，培养和提高学生的广播业务素质。

本教材的内容涵盖广播的基本特性和规律，广播编辑的技巧，音频制作技术，以及制作广播新闻节目、文艺节目、社教类节目等的基本方法和技能。本教材在结构上由两部分组成，上篇为广播节目编辑理念、下篇为广播节目制作技术。上篇编辑理念部分涵盖的章节有：第一章广播编辑工作，第二章广播节目策划与节目设置，第三章广播语言，第四章广播新闻编辑，第五章录音报道，第六章广播文艺节目，第七章广播特写，第八章广播广告。下篇制作技术部分包含以下章节：第九章广播节目制作，第十章节目制作设备与技术条件，第十一章音频工作站，第十二章数字音频编辑软件 Adobe Audition。

本教材力图体现以下特点：

一、理论学习与实践操作相结合。提高实验比例，学生通过实验掌握和运用广播节目策划、采录、撰稿、编辑、编排、播音与制作合成等多个环节的基本原理与技巧。教学方法灵活多样。增加学生策划、制作的新闻各类型节目，作为案例穿插于各章节中，帮助学生解决自己在制作节目中遇到的各种难题和技术障碍。

二、教材指导与网络教学相结合。在教材章节分布中，充分引用问题教学、案例教学、项目教学模式，并通过网络课程的建立和投入使用，增加学生实践训练，包括广播节目作品制作，培养学生学习兴趣、广播节目鉴赏水平、创新意识和动手能力。通过精品课程交流互动平台，课题组成员的定期访问、更新，充分保证网络教学的正常运行。平台做到电子教案全部上网，并配有主讲教师的课程教学录像。

三、节目评析与分组实验相结合。教材中收集了诸多获奖的优秀广播节目，并对其进行了分析和点评，结合教材各章节以便于读者更好理解知识点。同时，在部分章节安排学生分组实验，并布置实验内容、实验技术要求、实验设备，教师在教学中可参考此部分内容完成实践教学环节，自学的读者亦可参照实践指导完成广播节目的采制。

本书是由武汉东湖学院、湖北广播电视学校几位老师联合编写，对各位同志的努力，在此表示感谢！

书中部分案例流传较广，被多次引用传播，无法一一注明出处，在此向案例的作者表示真诚感谢。

在写作过程中，本书作者本着认真、严谨的态度来著书，也参考了大量的资料和著作，但是由于水平所限，书中难免有不妥和疏漏之处，恳请读者和专家学者批评匡正。

张洁意

2018.1

目　　录

上　篇

下　篇

上　篇

绪论　广播媒介的发展历程和发展趋势

广播与其他媒介有着相同的发展规律，广播技术的革新带动了广播编辑、节目制作、广播运营等各方面的改革与创新。同时，媒介内容与节目制作理念又不仅仅囿于媒介技术的变动，其对社会信息传播的方式，以及人们的交流沟通渠道，乃至人类社会的发展都产生了不可估量的影响。在认识广播编辑与制作的技术之前，有必要对广播媒介的发展阶段进行梳理，并展望其发展趋势，以期更有效地指导广播节目制作的实践操作。

一、广播媒介的发展历程

广播媒介的发展历程可以从两个角度来梳理：一个是从媒介技术角度，一个是从传播学角度来认识。

从媒介技术角度而言，广播媒介从 20 世纪 20 年代诞生至今，经历了早期有线广播—无线调幅广播—无线调频广播—数字音频广播的发展历程。从广播工程技术发展阶段而言，AM 调幅广播可谓为第一代广播，目前大众所最熟知运用的 FM 调频广播为第二代广播，而 DAB 数字广播则被誉为第三代广播。

所谓调幅和调频是调制信号的两种方式。声音即音频信号属于低频信号，难以进行远距离传送。为了让声音能够传递得更远，人们想了一个办法，让声波信号搭上无线电信号这班“快车”，即载波，这种高频电磁波只起到“运载工具”的作用，不包含任何信息。这种利用低频信号控制高频振荡的叠加过程就称为调制。常用的调制方式有两种，如果控制高频振荡信号的振幅，使其随音频信号的大小而变化，称为调幅（Amplitude Modulation），简称 AM；如果控制的是高频振荡信号的频率，使其随音频信号的大小而变化，则称为调频（Frequency Modulation），简称 FM①。

无线电广播如果按高频振荡的波长来区分，可分为长波广播、中波广播、短波广播和超短波广播。长、中、短波广播都是调幅广播，超短波广播是调频广播。调幅和调频具有相反的特性。调频广播（FM）适合近距离信号传播，传输信号强，电台干扰小，音质较好，杂音少。而调幅广播（AM）可以进行中远距离的信号传播，传输信号较弱，电台干扰大，音质普通，杂音多。

最初的调幅广播和调频广播都是单声道广播。现今绝大多数调频广播电台都是双声道的立体声广播，即同时传送含有声源左、右信息的双声道立体声节目，使用立体声接收机

---

① 李建刚．广播节目制作［M］．北京：高等教育出版社，2013：29.

收听，有立体感和现场感；单声道的接收机也能收到调频立体声电台的信号（即能兼容），但由于没有相应的处理电路，不能将左、右信号分离，听起来无立体感。

卫星广播也属于无线电广播。它是利用地球同步卫星向公众传送信息的一种广播方式。卫星广播系统由上行发射站、测检站、卫星上的转发器、地面接收站等部分组成。卫星广播的最大优点是覆盖范围广。

有线广播，是利用金属架空线、电缆或光缆，把声音信号传送给听众的广播方式。有线广播抗干扰能力强，工作稳定，易于控制时间和空间。但有线广播仅适合于短距离的信号传输，传播距离有限。

以上声音广播都是采用模拟的方法传送信号，其传输质量不高。自 20 世纪 90 年代开始，各国纷纷出现了采用数字处理方式进行的广播，作为继调幅广播（AM）、调频广播（FM）之后的第三代广播。数字广播具有不可比拟的优势，音质好、抗干扰性强、频道频率资源丰富、双向互动传播、适合高速移动接收等。由于采用了不同的技术标准，目前世界上存在多种类型的数字广播，主要有数字音频广播（DAB）、数字多媒体广播（DMB）、数字卫星音频广播（DSB）、数字调幅广播（DRM）四种。

数字音频广播（DAB）全称为 Digital Audio Broadcasting。它是一种数字化传输系统，采用先进的音频数字编码、数据压缩、纠错编码以及数字调制技术，对音频信号进行系统数字化的广播。听众利用 DAB 接收终端收到更接近原始发送信息质量的节目内容，由于 DAB 开发的原始目的是提高移动接收中的广播传播质量，汽车收音机是其主要目标用户①。目前全球绝大多数国家和地区开展 DAB 广播或试验，甚至在有些国家如英国、德国、比利时、丹麦等欧洲国家，数字音频广播的市场收听率已远远超过模拟广播。2006 年，英国 DAB 用户已经达到 4250 万，是模拟广播用户数的 3.3 倍。2008 年，英国有 25%的人听 DAB 广播，其中 36%通过数字音频收音机收听，22%在线收听，另外 12%用手机收听②。

数字多媒体广播（DMB）全称为 Digital Multimedia Broadcasting。其在发送高质量音频节目的同时，还提供文字、图片、图像、动画等可视数据业务。在国内，北京、上海、佛山等地已经开通了 DMB 广播。如 2010 年北京电台与一家民营广播传媒有限公司合作，推出了可听、可视，同时能互动和通信的新媒体机，不仅可以收看数字电视，还提供地图导航及动态路况信息等其他多种服务。

数字卫星音频广播（DSB）全称 Digital Sound Broadcasting，是用卫星来传送 DAB 的数字音频广播。数字卫星音频广播相比其他数字广播有着一定优势，首先，广播覆盖范围更广，尤其针对以覆盖全球、全国为目标的大规模电台。如创建于 1990 年的世广卫星集团（World Space），是一家提供数字音频和多媒体卫星直播服务的跨国公司，曾推出一套数字卫星广播系统，由三颗地球同步卫星向全球直播数字音频广播，覆盖 120 个国家。其次，运营成本低，由于是通过卫星直接播送节目，相比其他的数字广播更能降低运营成

---

① 姚争．新兴媒体竞合下的中国广播［M］．北京：中国广播影视出版社，2014：44.

② ［英］卡罗尔·弗莱明．广播手册［M］．胡文杰，姚争译．杭州：浙江大学出版社，2013.

本。再次，可以根据不同音质播出需要按照最经济的原则选择播出带宽，如语言类节目带宽一般小于音乐类节目。

数字调幅广播（DRM）全称为 Digital Radio Mondiale，是在保持传统调幅广播带宽不变的前提下，使声音质量达到调频广播的效果。在广播技术不断发展的今天，调幅广播必须通过数字化改造才能适应竞争日益激烈的媒介环境，数字调幅广播开始陆续在一些国家试验、播出。目前全球已有 50 多家广播电台定期播出 DRM 制式的节目。

另一方面，从传播学的角度回顾广播发展的历程，广播同其他媒体一样，似乎验证了媒介沿革的 EPS 规律，E（Elite）即精英阶层，P（Popular）指大众化、流行化，S（Specialized）指专门化，即任何一种大众传播媒介，都经历了从上流社会走向大众，再从人员混杂不一的大众走向兴趣一致的专门群体这样的过程。广播刚开始出现时是作为一群广播发烧友的日常娱乐，只在小众范围里流行。“一战”结束后，美国西屋电气公司为了将在战时为军方生产的无线电接收机卖出去，于 1920 年在匹兹堡建立了美国第一座广播电台 KDKA 电台，这也是世界上第一座商业广播电台。广播也从这个时候开始成了大众媒介，听众群在不断扩大。接下来出现了分众化窄播的专业频率，与综合台不同，专业台仅针对某一方面内容感兴趣的听众群体，如音乐台、新闻台、交通台等。

EPS 规律同时也体现出广播媒介的发展脉络，即广播从亲身传播的媒介到大众传播媒介，再从大众传播媒介到分众窄播媒介，进而发展到为个人的互动媒介。广播发展至今，正加紧与网络结合，如网络电台、个人播客、广播兴趣组等，它们与专业电台相比，将受众从某个群体缩小到某个人，而广播节目制作者、提供者不再局限于专业的广播人，普通人也可以通过音频设备和编辑软件录制广播节目，上传到网络上供听友点播，并接收直接的意见反馈。

二、广播发展趋势

与我国“广播”概念不同，欧美各国的“广播”概念往往是广义的，包括了广播电台和电视台。比如英国广播公司、美国广播公司、日本广播协会等，既有电台，又有电视台。

广播的发展趋势可以用以下几个关键词来概括：

1. 内容本土化

受众更需要得到的是与其切身利益相关的本土化甚至是社区化的内容。如今受众在广播媒介接触使用中已经逐步体现出这一趋势，在我国，地方电台的节目比中央人民广播电台和其他省市电台的节目更受欢迎。广播作为一种收听方便、信息传递快、对受众文化水平要求较低的媒介，在及时发布本地新闻讯息方面具有其他媒介无法比拟的优势，这为未来广播实现内容本土化甚至社区化提供了可能。未来信息化社会程度的不断加深，受众获取信息尤其是本地的、身边的信息需求将更加迫切，广播无疑会发挥其媒介中的最大优势，在及时准确地向受众提供当地新闻资讯、法规政策、交通路况、商品贸易、气象服务等信息方面发挥重大作用。

在欧美国家，广播媒介的内容本土化从城市延伸至社区。2013 年初，美国总统奥巴马签署一项《社区广播法案》(Local Community Radio Act)，进一步开放空中频率给社区电台。目前为止，美国已拥有250家社区电台。美国社区电台由当地公民来组建、管理并制作节目。像一个草根运动（grass-roots movement)，根植于社区，为社区服务。社区电台的运作，模糊节目制作人和听众的界限，可以不断吸收来自社区的听众的新鲜思想，同时保持广播的“易接触性”和“包容性”。

2. 数字化趋势

首先，数字化对广播发展带来的最大优势是频率资料的极大丰富。数字广播对音频信号进行了数字化处理，在完全不影响现有节目正常播出的情况下，不需要重新进行信号覆盖，只需要利用FM/AM的副通道，即可开出更多的数字广播节目。其次，节目信号更强，音质更好。数字广播能有效克服环境噪声及传输环境造成的干扰，即使在高速移动的情况下，仍然可以传达高品质的音乐或其他广播节目。再次，提供文字、图片等多形态信息。比如，在一档音乐流行榜节目中，听众可以听到榜单，同时通过数字收听设备查看到歌词、专辑封面等多种信息。另外，在交通、美食、旅游、金融等节目中，文字也都是声音广播的最佳补充。最后，更便于与听众互动。数字广播可开展多行业服务，如手机报(电子报纸)、交通导航、应急广播、政务信息平台等。听众还可以在收听数字广播节目时，将数字收音机连接网络，轻松完成歌曲的购买。

当然，广播数字化发展将对业界提出许多新的挑战。首先是对内容的挑战。当频率、频道不再成为稀缺资源而是极大地丰富起来的时候，内容的生产和供应就会提到举足轻重的位置。其次是对现有电台、电视台及其员工的挑战。

3. 类型化趋势

类型化电台是经过明确目标受众和市场定位，采用标准化生产、流程化运作、循环式播放、同质化传播的一种运营模式。类型化广播在“受众专业化”基础上进一步实现了“内容专业化”，追求频率整体风格的统一①。按照我国的通行提法，应使用“专业化”这个概念。广播正在走向“窄播”，定位分化得越来越多样，越来越细微。

然而，专业化与类型化的概念和内涵不完全相同。专业化仅道出了内容方面的区隔，类型化还包括了运作格式的不同。具体而言，在内容上，专业化电台不是单一内容，是多样性的内容；而类型化电台，是单一内容，单一风格。在受众需求上，专业化电台针对一个特定群体；而类型化电台，针对的是众多人群中同样的需求。在节目形式上，专业台会要求主持有个性，突出主持人的个人魅力；而类型化台的主持人表现和节目结构的状态要求较一致。在内容编排上，专业台会要求多样化编排，而类型化台的编排比较统一。

频率、频道定位的类型化趋势固然与受众需求的多样化和广告市场的细分化有关，但从根本上讲，应该说是被频率、频道的极大丰富造成的。广播、电视的数字化发展大大加剧了频率、频道定位的类型化。例如，美国第一家数字卫星广播电台XM公司，拥有的130个频道中，71个为音乐频道，从乡村、蓝调、嘻哈、摇滚乃至古典、歌剧，可以说无所不包。在6套乡村音乐中，有经典乡村音乐、纳什维尔乡村音乐、前卫乡村音乐、传统

---

① 周小普．广播类型化发展的历史及前瞻思考［J］．中国广播，2012（2）：18.

乡村音乐等。在6套爵士乐中，有传统爵士、当代爵士、现代爵士、布鲁斯、拉丁爵士等。另外还有13个为新闻频道，16个为体育、谈话、娱乐、儿童频道等。

当然，类似美国XM卫星广播公司的类型化运作并非适合于其他国家和地域的广播发展。比如在有些地方和城市，频率、频道很少，甚至只有一两个，那就完全没有必要去类型化。即使在美国，大多数人也只忠实地收听两三家风格不同的电台；在日本，关于“日本人的多媒体意识”调查显示，受众现在对综合频道的需求仍像过去一样高。

新媒体环境下阅听人的媒介接触习惯发生了重大的变化：从依赖于对信息的解读转变为对短平快信息的扫描式阅听；从专注聆听转变为伴随式的收听；从对节目的忠实和对主持人的忠实转变为对某类信息的忠实和对某种时尚文化的忠实进而转变为对频率的忠实；从固定收听转变为随机收听。听众对广播的感觉方式从一个个节目的细节式体验变成了对频率整体的把握。类型化电台需要整个电台提供一种流程化的运行模式，这与以往综合台的节目运行模式有着本质区别。

4. 专业化趋势

专业化趋势指的是广播运营的专业化和社会化。以美国为例，美国的广播运营，大体可分为4个最基本的环节：

（1）频道运营。频道运营指的是电台自身。电台一般只用很少的人，主要负责挑选节目、安排播出和市场营销等，自己只生产少量节目或完全不生产节目，节目多由网络提供或从市场购得。

（2）节目运营。节目运营主要由节目制作公司和销售公司来完成。这类数量较多的节目制作公司和销售公司或者隶属于某些大的传媒集团，或者独立于社会。节目制作和销售也是广播产业中的核心业务。

（3）广告运营。广告运营也不是完全由电台自己来操作的。电台会有自己的营销人员，他们既可面对广告代理公司，也可面对直接客户。此外，社会上还有一些实力较强的广告公司，在整合广告资源的同时，也整合频率、频道资源，进行联合销售，这又给了电台一次获益的机会。

（4）市场调查。在市场调查方面，美国有很多独立的调查公司，电视方面最有名的是AC尼尔森，广播方面则有阿比创。在美国电台，节目制作、销售公司都能见到阿比创的调查数据。比如，阿比创新研制出的专门用于做广播收听调查的“随身测”PPM，外形像一只寻呼机，佩戴在某位听众的身上，就能把他收听广播的情况全都记录下来，并且及时反馈到数据中心，以供分析研究。比起目前广播收听调查所通用的问卷，这个要真实得多、准确得多。美国还有其他的调查公司，比如说广播建筑公司，研制出一种测试仪，可以记录听众在收听一支歌曲或一档节目时的情绪反映——喜欢或者不喜欢，并能把采集到的数据转换成曲线，通过屏幕显示出来。

专业化运作在我国广播实践中的体现即制播分离制度的提出与实施。在制播分离制度下，节目的制作不只是针对某一个频率某一个时段播出，而是把所有的听媒体和听载体都作为消费渠道或消费平台对待。节目本身具有类型化、对象性、标准化与通用性的特点，可以与多种不同的播出媒体或载体无门槛衔接。因为节目需求的广泛性、多样化，节目制作标准和流程也要向节目产品生产的方向转变。

电台在建立了以制播分离为核心的新的节目生产运营机制以后，将放弃制播合一的节目生产销售方式，建立播出平台制度，按照不同平台需要进行节目策划，并在电台内部统一生产，或者通过购买、外包的形式从全社会引进。按照成本原则，精心地搭配产品的品种；按照产品生产流程，精心把握生产环节；按照产品的质量，确定考核与分配的机制。

5. 网络化趋势

这里所说的网络化与互联网无关。广播电视网是为大量地方台同时提供节目的机构。美国主要的广播电视网有 CBS、ABC、NBC、FOX 和 CW，它们各自有 200 多家附属台，分布在 211 个电视市场，大部分时间会播放其所属广播电视网提供的节目。但是，我国由于是中央、省、地、县四级办广播、电视，所有电台都是独立运作的，目前还没有像国外那样的广播网、电视网。

美国可以说是全世界广播网、电视网最繁多的国家，在 20 世纪 90 年代中期，美国全国共有广播网 100 个、电视网 100 个，有线电视网更多。

网络化运作的优势表现在两个方面。一方面，它可以做资源共享，优势互补，从而降低办台成本。网络借助入网台增加了覆盖，扩大了影响；入网台借助网络的优质节目提高了知名度，获得了参与竞争的“稳定的力量”。另一方面，在广告经营方面，便于共同拓展市场，做到更加集约化，并取得规模效益。广告商不需要花很多的钱就能获得很大的市场。

网络化运作带来的最大的问题是会使众多电台、电视台的播出内容趋于雷同，并导致部分电台、电视台脱离在申请经营执照时所申报的频道定位。正因为此，有些国家对商业电台、电视台的联网运作进行严格的限制。

由于受四级办广播、电视体制的影响，我国广播网络运作的具体方式为电台及其节目的各种跨地域合作，如“卫星协作网”“旅游广播网”“全国交通联播网”等。

6. 商业化趋势

随着经济的繁荣、制度的完善、大众文化的流行，媒介商业化作为众多变化的诱因和先导，正以前所未有的速度狂飙前进。在广播领域，全球不同广播电视体制的电台都逐渐出现商业化趋势。

首先，公共广播领域。欧洲可以称为公共广播的策源地和大本营。那里的公共广播基本上都是靠收视费运转的。但是，近几年，一些欧洲国家的公共广播机构陆续为广播经营或企业赞助打开了通路，虽然数量很少，具体操作也要受到种种限制，在全部运营经费中所占比例较小，只是作为“补充”，但却引起了世界性的关注，也引起了各所在国的商业广播机构的强烈反对。

其次，国营广播领域。到目前，真正完全依靠政府拨款运行国营广播的国家几乎很少见了。大多数国家的国营广播都是通过国库和广播经营来获得经费。有部分国家在国库拨款和广告经营之外，还征收视听费。经营广告也不是与生俱来的，而是有个逐步开放的过程。在我国，第一则广播广告的出现是在 1979 年。随着市场的发展和广告经营经验的增长，一些国家的国营广播广告收入在总收入中所占的份额越来越大，政府拨款逐步显得无足轻重。

最后，商业广播商业化趋势体现在传统的实事求是的中立新闻报道观念逐步被市场所需的娱乐节目所取代。商业竞争的压力正在改变媒体结构，越来越多的媒体被大公司吞并。

7. 全球化趋势

随着全球化进程的不断深入，广播所面临的境况必然会发生变化。每个国家尤其是广播业发达国家，采用多种途径实现全球化扩张。主要有三种方式：首先，各发达国家的国际或对外广播电视机构纷纷调整发展战略，将原来只是面向局部地域的广播、电视拓展为面向世界的环球广播，增加语种，扩大覆盖。以广播为例，有英国广播公司的世界广播电台，美国之音，德国之声广播电台。其次，发达国家的商业广播拼力进行跨国、跨洲性的市场拓展，以寻求更多的商业利益。如有线电视新闻网、迪士尼旗下的国际体育频道，都已经进入200个左右的国家。再次，有实力的国家大量输出节目，占领各国节目市场，也是广播、电视全球化趋势的一个重要组成部分。

广播、电视传播的全球化趋势可能带来的最大问题是各个国家文化多样性的被削弱。此问题已经引起广泛的关注，尊重主权、保护民族文化的口号也被尖锐地提了出来。“行为全球化，思维本土化”一类属于经营者们的应对措施，大概也是在这种情况下提出来的。

三、我国广播改革的历程

我国的广播业与欧美等广播业发达国家相比，存在着一定差距。但我国广播业自20世纪80年代后，持续、稳定地保持自己的步伐向前推进。在梳理世界广播的发展历程和发展趋势时，理应对我国的广播改革历程有所认识。我国广播改革的历程可由以下几个时间节点串联。

1. “珠江模式”的巩固和完善

1986年12月15日，我国第一家经济电台——广东珠江经济电台开播，首创了一套全新的广播节目播出方式，被称为“珠江模式”。具体而言，包括直播节目、板块构架、主持人主持、听众热线电话等节目形式和内容的改革。“珠江模式”的本质是强调受众是主人，平等地与之交流，为其服务。“珠江模式”的诞生被认为是中国广播改革的历史性突破。

1986年后，全国各地电台，甚至许多电视台都不同程度地参照“珠江模式”进行了节目改革。反馈信息表明，各地电台每年抓住不同时机所搞的大型室外活动，远远超过当地电视台，部分地弥补了广播视觉冲击不足的缺憾；广播还筑起了“沟通政府和市民的桥梁”，起到舆论监督作用。由于电台的呼吁，长期停电、断水等许多类似关联群众生活的难题能够尽快地得到解决，扩大了媒体的知名度和号召力。

2. “东广模式”的市场机制

1992年东方广播电台的创办与改革是中国广播改革的第二座里程碑。“东广”的成功在于利用广播自身的规律来办广播，以全新的运作机制、播出方式、播出内容和管理体制出现在广大听众面前。

东方广播电台首先确立了市场机制，改变以往的“我播—你听”的官办作风，转为“你听—我播”的服务作风。这就在广播中突出了听众的地位，真正把为听众服务作为办好广播的出发点与归宿点。“东广”为了更好地引进听众感觉机制，一开播就确立了24小时直播的方针。

在节目创新方面，东方广播电台确立了以新闻为主体的综合型栏目结构，扩大信息量，增强时效性。“东广”还设有《正点新闻》节目，每档5分钟，由气象信息、交通信息、东广快讯、股票信息等内容组成。遇到有重大新闻或突发事件，形成滚动播出的态势。东方广播电台的整个栏目结构，包括新闻栏目、综合栏目、音乐栏目、金融栏目、少儿栏目、有线电视音乐栏目6个大类，形成了一个以新闻为主体的全方位为听众进行信息服务的综合型栏目结构。

东方广播电台首次将热线电话引进广播，并与直播相结合。直播运作固然能最大限度地发挥广播快的优势，但往往容易因来不及思索与推敲而陷入粗糙低质量的境地。因此“东广”提出了“直播节目录播化，录播节目直播化”的口号。据东方广播电台台长陈圣来解释：“这个口号的含义就是使直播节目具备录播节目的精细、完整、从容等特点，使录播节目具备直播节目亲切、自然、生动等特色。”这是提高广播节目质量、多出广播精品的成功经验之一。

3. 广播频率专业化建设

从20世纪80年代末90年代初开始，中国广播面对电视的竞争，逐步走出一条专业化的发展之路，由过去大而全的一套综合广播转变为专业化的系列频率。

20世纪90年代以后，中国广播的受众发生了很大变化，广播的核心受众群正在由乡村转向城市；随着私家车的迅猛增加，受众由固定收听转向移动收听；由收听调幅广播转向收听调频广播甚至数字音频广播；受众的收听习惯也由以往的“固定收听”转向“移动中的清晰收听”。北京、上海、广州、深圳等一些大城市，先后建立诸如文艺频率、新闻频率、音乐频率、交通频率等专业化频率，我国广播开始进入“窄播”和频道专业化的探索实践。

2003年“广播发展年”期间及之后的时间，各地广播电台专业化改革势头非常迅猛，主要集中形成了“新闻（综合）频率、音乐频率、交通频率”三足鼎立之势；此外，经济频率、生活频率、体育频率等比较普遍。许多频率已经成为当地媒体中的强势品牌，广播的经营收入和高利润让许多报纸和电视都惊叹不已。据统计数字显示，中国广播业的广告营业额连续多年保持增长势头。

4. 传统广播与新媒体融合

在当下的媒介格局中，几乎没有哪家媒体能完全不与新媒体发生联系而独自存活，只是联系的程度和方式不同。在移动互联网时代，传统广播在面临新媒体的竞争压力下，也迎来了新的发展契机。目前来看，传统广播与新媒体融合具体有以下四种方式。

第一种是传统广播的网络版。将电台播放的节目在其网站上直播或点播，其他内容还包括热门栏目及主持人介绍、电台最新活动和动态、转载的各类资讯、节目表及听众互动板块。如武汉的楚天交通广播、天津音乐台、上海新闻广播的官方网站。

第二种是广播节目、电台活动与网络媒体在内容、平台、技术方面的合作。例如，青岛人民广播电台2009年策划的“找寻城市的第一个脚印——新青岛记忆”活动，与青岛传媒网联办，网站以图文展现青岛几十年的城市变迁，并由网民投票，广播则以声音讲述城市和市民的故事，广播和网络互补、互动。长沙新闻广播《开心十三点》节目与长沙群英会网合办《QQ群英会》栏目。河南人民广播电台的《政府在线》《新闻今日谈》节目与新浪河南网开展内容合作。珠江经济广播电台的财经清谈节目《风云再汇》通过众筹网募集2015年全年的节目制作经费。此外，广播节目开办网络论坛、博客、微博等网络平台与听众交流、互动已成为常态。

第三种是传统电台与其网络广播既独立又融合。与第一种不同，电台不是简单地建立网站对其进行内容和服务的完善，而是以传统电台的节目和品牌为依托谋求网络广播的多元发展。中央人民广播和中国国际广播电台的网络化发展可做此类型的典型。前者着力于全媒体与渠道多媒体化，全天24小时网络直播平台涵盖音频、视频、图文多媒体新闻信息，新闻生产要求符合于各个通道，致力于成为内容提供商。同时其信息和服务涉足移动互联网，实现渠道的多媒体化。后者则建立了独立于传统广播的多类型网络电台和视频网站。国际在线网络电台自2005年开播至今已建成了音乐、娱乐、资讯、外语教学、体育等多类型网络广播。同时，其视频频道则播出自制或自编的新闻、专题片、教学片、晚会直播等。

第四种由广播集团转型为多媒体集团。西方商业广播电视体制下的传统广播在面临新媒体竞争时以向多媒体集团转型为出路。以美国国家公共广播电台NPR的媒介融合作代表，NPR的媒介融合是从更新网站形象开始的，使网络视觉化；同时，编辑队伍的多媒体素养培训实现团队协同生产的方式报道重大新闻。一个事件在网站上采用立体化报道方式，哪些信息元素采用音频，哪些报道环节使用文字和图片，哪些场合需用视频表现，每个报道内容都采用最合适的报道方式以符合受众的需求和心理。NPR强调资源分享，包括记者之间的新闻和内容分享，成员台之间的节目共享，电台和网站的资讯共享，NPR数字服务与成员台合作等。

同时，移动互联网时代的广播节目早已悄然改变，微型广播剧、听众参与新闻事件的报道和评论、广播发烧友自制的脱口秀、几分钟时长的广播特写、多种形式无法归类的个性广播节目等纷纷涌现。这些节目在新时代的广播听众中占据较大的收听市场。微广播的传播媒介除传统电台外，还包括网络电台、车载广播、广播APP手机应用、网络广播讨论组等，这些新媒体广播在传播主体、节目、收听方式、听众群及收听效果、影响力等方面有较大差异。就传播途径而言，传统广播是一对多的传播方式，而“微广播”是一对一的传播；传播广播的听众是分离的个体，“微广播”听众是聚合的群体；传统广播通过自身实力取得影响力，“微广播”由自身实力、多媒介营销、圈子文化等多途径提高知名度和影响力。

第一章 广播编辑工作

第一节 广播编辑概述

一、广播编辑的概念

广播编辑就是对广播节目内容和形式进行总体设计，并通过稿件的选择修改和编排来组织实施，运用好的形式，把好的内容组成好的节目奉献给听众的广播节目制作人员。

关于广播编辑的定义在现有的相关著作里是这样界定的：

广播编辑，是指在广播电台从事编辑工作的职业新闻工作者，包括负责稿件加工、话题设计、节目制作和播出的编务人员①。

新闻广播编辑工作从编辑业务和工作内容来说，有狭义和广义两种含义。狭义的新闻广播工作主要是指一般的编辑业务，如组织稿件、选择稿件、修改稿件、写作新闻提要、编写串联词、编排节目、录制节目等。广义的新闻广播编辑工作，除包括上面所说的具体编辑业务外，还包括整个编辑部的工作，如确定广播宣传方向、拟订宣传报道计划、设置节目、明确节目宗旨，以及加强通联工作等②。

广播编辑是指对一个或多个原始音频素材进行审听、挑选、组织和加工的工作③。

以上概念对广播编辑的内涵与职责进行了界定，有些将广播编辑特指广播新闻编辑，有些将广播编辑的业务范畴限定于音频技术处理，对广播编辑的全面认识有所局限。

广播编辑，指广播节目制作人在对节目话题设计基础上，进行文稿创作和加工，并将其录制、编辑成完整的音频作品以播出。

作为广播工作的中心环节，一部音频节目在编辑时，首先要明确这个节目的主题是什么，然后根据主题，再去审听、挑选素材，最后再对挑选出的素材进行组织和加工。

---

① 蔡凯如．广播编辑与节目制作［M］．武汉：武汉大学出版社，1995.

② 陆锡初．广播新闻编辑教程［M］．北京：中国广播电视出版社，1995.

③ 陈洪诚，林强军，王建军．广播节目编辑与制作技术［M］．北京：中国广播电视出版社，2005.

二、广播编辑的业务范畴

1. 明确宣传方向，拟定编辑方针

广播宣传必须在政治上同党中央保持一致，这是由广播工作的根本性质和任务所决定的。编辑的这个特性确定了编辑的把关人地位。编辑在筛选稿件时要直接体现广播的报道方针。因此，广播编辑不能根据个人爱好，随意滥用取舍权，而要按照报道方针和实际情况来进行稿件的取舍。也就是要从整体出发，本着大局意识、政治意识、责任意识，根据党的路线方针和政策的精神，结合社会的客观需要来判断和比较。

每个广播节目由于对象、内容、特点不同，都有各自的编辑方针。凡优秀的广播节目，都有一个成功的编辑方针：对象明确，内容接近群众，适应群众需要，形式为听众喜爱。

北京人民广播电台制作的音乐专题节目《英雄儿女》，获得2009—2010年度中国广播影视大奖优秀广播音乐节目。这档节目是为纪念中国人民志愿军抗美援朝60周年而制作的一部主题思想和音乐思想完美结合的力作。

节目节选：

（出交响诗《英雄儿女》音乐会现场录音……压混）

2010年7月31日晚上7点30分，为了纪念中国人民志愿军抗美援朝战争60周年，北京音乐台特请著名作曲家张千一创作的交响诗《英雄儿女》，在国家大剧院音乐厅举行了隆重首演。

（推起《英雄儿女》音乐会现场录音……掌声……压混）

当我在现场看到观众对这部音乐作品给予长时间热烈掌声的场面，激动的心情难以言表。

（继续推起《英雄儿女》音乐会现场录音……出掌声……结束）

（推起交响诗《英雄儿女》第一部分《遥远的记忆》……压混）

作曲家张千一的父亲当年参加过抗美援朝战争，创作这部交响诗是他由来已久的愿望。

（出张千一的录音）“在整个的创作过程当中，我就好像是站在今天，一步一步退到历史的年代，整个这部交响诗是由四个部分组成，第一部分叫《遥远的记忆》，第二部分《情深谊长》，第三部分《硝烟战火》，展开部分的结尾就叫《英雄赞歌》。一开始，高低不同的碰铃，敲着那样一种遥远的、金属般的声音，仿佛给我们带到了六十年前那样一个遥远的年代，有一种呼唤力。”

（继续推起交响诗《英雄儿女》第一部分《遥远的记忆》……渐渐压混）

在舞台下坐着很多参加过抗美援朝战争的老战士。他们已经两鬓斑白。这部交响诗激荡出的旋律，让他们重新回到了挥洒热血、燃烧生命的激情岁月。

（继续推起交响诗《英雄儿女》第一部分《遥远的记忆》高潮……渐渐结束）

（再次推起交响诗《英雄儿女》第一部分《遥远的记忆》歌声……压混）

随着交响诗《英雄儿女》第一部分《遥远的记忆》歌声唱起，一位志愿军老战士泪流满面，他就是当年 66 军 588 团的指导员。1950 年 10 月 22 日上午，他们团突然接到紧急命令，马上就登上了飞驰的列车。(出火车音效)

(继续推起交响诗《英雄儿女》第一部分《遥远的记忆》……压混)

(出段将军的录音)“仅仅四十八个小时就到朝鲜了，我们在朝鲜一共参加了四次战役，损失也是很大的。我那个团一共出去的时候是大概 2200 多人，全团回来了 700 多人。晚上行军，向敌人山头上走，过一条小河，结果一排炮过来以后，我们一个机枪班就牺牲在这儿了。”

他们是第一批入朝作战的中国人民志愿军。第四次战役的时候，他们在汉江沿岸阻击敌人，一打就是五十个昼夜。当时的气温在零下 30 摄氏度，很多战士冻死、战死在战场上。当部队撤离的时候，他们望着阵地都哭了。(继续推起交响诗《英雄儿女》第一部分《遥远的记忆》……压混)交响诗《英雄儿女》第一部分《遥远的记忆》，当旋律进行到高潮部分的时候，带有号角似的《中国人民志愿军赞歌》主题的出现，象征着年轻的志愿军战士跨过鸭绿江后，在战场上表现出的英勇和悲壮。

(继续推起交响诗《英雄儿女》第一部分《遥远的记忆》……结束)

在音乐会现场，我还见到专程从太原赶来的观众王京荣，他的父亲当年是志愿军某部尖刀连连长。(出交响诗《英雄儿女》第二部分《情深谊长》A 段……压混)1951 年的夏天，王京荣的父亲所在的部队在行军途中遇上了大暴雨，在崎岖的山路旁突然听到了孩子的哭声，一个四五岁的朝鲜小女孩，正摇着已经断了气的阿妈妮。王京荣的父亲指挥战士用雨布把孩子母亲的尸体包裹后，抱起小女孩继续前进。

(继续推起交响诗《英雄儿女》第二部分《情深谊长》A 段……压混)

(出观众王京荣的录音)“听这个作品，要流泪的心情一直在伴随着我们。我的父亲，由于他过早离开我们。我坐这里我在想着，我也在替他听这样的东西。”

交响诗《英雄儿女》第二部分《情深谊长》中一个乐段，虽然具有朝鲜风格的旋律只用了几个小节，但是它却表现出中朝人民在战火中结成的友谊。

(继续推起交响诗《英雄儿女》第二部分《情深谊长》A 段……渐渐结束)

我的父亲和母亲也坐在舞台下，他们当年也是中国人民志愿军中的一员，不同的是，他们都是文工团员。

(出交响诗《英雄儿女》第二部分《情深谊长》B 段……压混)

1951 年秋天，我父亲带着小分队到前线绑扎所慰问。演出当中，抬进来一位伤员，他脸色苍白，膝盖以下被炸得血肉模糊。医生说马上截肢，急需输血，我父亲和战友都伸出了胳膊。一会儿，(出效果音乐……压混)坑道里白布帘后的手术室，传出了锯腿的声音。(出父亲的录音)“当时，我们听见‘嗤、嗤、嗤’响，锯腿的声音，心里觉得颤动。团卫生队队长对着那个伤员的耳朵说：你身上流动着文工团同志的血，他们用鲜血来挽救你的生命。我们当时听见说这话，我们都掉眼泪了。”

(继续推起出交响诗《英雄儿女》第二部分《情深谊长》B 段……压混)

(以下略)

节目是从播音员（音乐编辑）参加交响诗《英雄儿女》音乐会的首演现场开始描写，

通过音乐会现场演出时的录音和观众激动的掌声进行了场景的描述，然后播音员对这部音乐作品首演进行了时间、地点、事件的交代。接下来节目通过四个小标题“遥远的记忆”“情深谊长”“硝烟战火”“英雄赞歌”描写了一场战争。作曲家张千一对音乐作品画龙点睛式的介绍贯穿其中。专题音乐节目《英雄儿女》的内容是翔实的历史知识、丰厚的文化内涵和真挚情感的完美结合。节目以情动人，以乐感人，以理服人，是一部主题思想和音乐思想完美结合的力作。

2. 策划与设置广播节目

策划与设置在广播节目制作中是两个不同内涵与要求的环节。

策划节目，是指播出内容最基本的个体单位节目的策划。它可以和其他节目组合成不同形式的播出单元，也可以是一次或数次连续播出的内容独立的播出单元。如一篇音响报道、某一次专题节目等。

设置节目，是指设置具有明确的编辑方针、固定的名称和播出时间、特定内容和播出风格的播出单元的节目。如中央台的《新闻和报纸摘要》节目，楚天台的《楚天劲曲排行榜》节目等。

3. 提出报道思想，制订报道计划

长期以来，广播成为报纸的“有声版”，成为通讯社的“传声筒”，总是跟在人家后面转，因此广播编辑要按照广播自身的规律特点和特有的方式，制订计划，进行组织报道。

重大主题报道是广播媒体的重要任务之一。近年来，广播媒体紧扣经济、政治新闻主题主线，拓展主题报道的广度和深度，进一步增强了报道的贴近性、生动性和吸引力。重大活动报道也是广播媒体的一项中心任务。各电台集中优势资源，精心策划，配合国家政治、经济、文化生活中的重大活动展开报道，特别是在全国两会、奥运会等重大活动中形成了强大的舆论声势。同时，广播电台成为重大突发性事件的权威信息发布渠道，在应对重大突发性事件上及时反应、快速出击。

报道思想是制订报道计划的前提，决定报道计划的方向。报道计划是报道思想的具体体现和结果，两者密不可分。

4. 组稿约稿工作

报道计划中的一些重点稿件，电台除了组织本台记者、通讯员的力量采写报道计划中的稿件外，还有相当一部分的稿件是约请有关单位人士撰写的，如专家、教授、先进工作者等，因为他们了解情况，说话权威，影响大，一般来说这些稿件的质量和时效是可以保证的。

组稿约稿需要一些方法和艺术，主要需要注意两个方面：一是组稿约稿的关键是要选准对象——作者，要选最适合写这个主题的人，那么就要对作者有所了解，包括他的知识水平、写作能力；二是组稿约稿要用巧妙的方法引导对方，不能下命令，不能做强人所难的事。

5. 处理稿件

处理稿件包括选择稿件、修改稿件、改编稿件等工作。跟报纸编辑不同的是，广播编辑还要负责处理各种音响稿件，或审听或剪接，以便充分发挥广播的特点。

广播新闻的播出必须经过新闻编辑这一重要环节，就是说初选的稿件必须经过处理才可广播。广播稿的种类很多，有新闻、通讯、评论、文章、广播谈话等多种形式，即使是录音报道、配乐广播乃至实况转播等形式，文字稿也是其重要组成部分。这些文字稿构成了目前广播信息的主体。

写好广播稿是编辑记者的基本功。广播稿在编写方面与报刊稿既有共性又有区别：都要求主题集中，结构严谨，观点正确鲜明，语言准确生动。但是，报纸是给人看的，广播是给人听的。适合看的稿子，不一定适合听。

6. 撰写评论

评论是广播宣传的灵魂。广播电台新闻评论是广播电台表明自身立场和态度的重要手段。随着新媒体以及科学技术的发展，受众可以通过多种渠道获取新闻信息。同时，各大媒体的信息内容普遍存在同质化现象，科学技术的不断发展已经使得信息资源不再稀缺。因此，广播新闻节目可以通过加强新闻内容的思想性，把对新闻的思想性评论作为获取听众的重要途径，不仅可以提高节目质量，而且可以提高收听率。

由于传播媒介的不同，听和看的不同，广播评论要求内容深入浅出，口语通俗，开门见山，短小精悍，段落短，文句短，层次少，声情并茂，一般采用谈话体，力求亲切生动，感染力强。

就广播评论的编排而言，要建立科学合理的节目布局体系，根据节目内容的需求，及时组织对相关类型新闻的评论编排工作。此外，要根据播出时段和受众需求不同来选择新闻评论节目的播出，要确保所编排的内容具有一定的针对性。

7. 编排节目

广播节目编排包括内容的搭配，稿件的次序排列，编写新闻提要、串联词、结束语、节目预告，穿插歌曲、音乐等。

广播节目编排是对节目播出架构的综合规划。做好节目编排，能够让有限的电台节目资源实现最优配置，取得最佳的播出效果和最高的收听率。节目编排不是随心所欲地对节目进行排列组合，好的节目编排往往能“传达出电台的宗旨、风格和价值取向”。

广播节目编排既是管理活动，又是艺术思维活动。只有讲究策略才能将节目有机地组合成一个整体，发挥出品牌的整体效应，取得强大的传播优势，从而使频率在媒介市场的竞争中获胜。

8. 录制节目

编辑除录音、制作节目外，还要负责监听、复听、复制等全过程的工作，以防止播音出差错，防止发生录音事故。

第二节　广播制作概述

一、广播制作的概念

广播制作即音频节目制作，利用声音处理设备和制作技巧对采集来的原始音频素材进行剪辑、加工、整理、润色，使其成为内容完整、反映特定含义并具有一定整体和艺术效果的音频作品。广播制作内容包括录音剪辑、语言和音乐的搭配、多种音响混合处理、声音的修饰和润色、噪音的处理等。

广播节目的制作其实是一种创造的过程，具有很强的艺术性。当前，科学技术不断发展，人们的生活以及审美水平逐渐提升，广播节目制作的技术也有了一定的进步。广播节目的制作更具科学性、艺术性，强化了其欣赏及商业价值。良好的制作技术以及技巧是广播节目制作创新的重要基础和关键性问题。

广播制作是对原始音频素材在技术和艺术方面进行加工、整合，形成音频作品的全过程，是广播节目不可缺少的重要环节。

二、广播制作的艺术和技术

广播节目能够传播思想以及情感，节目制作人需要用审美的眼光去看待自己的职业。广播节目制作需要利用计算机对原声进行处理，将最完美的声音展现给听众。在制作的过程中，节目制作人需要将自己的价值观以及审美情趣融入其中，使美得到再现与传播。美的语言以及思想能够更好地引发人们情感上的共鸣。节目内容的选择需要注重审美性，保证听众获得节目信息，同时得到心理上的满足。大量的实践证明，能够得到听众关注并有明显效果的节目都是满足听众审美需求的节目。好的广播节目不仅具有时效性，能够传播大量的信息，而且还具有很强的审美性，能够使听众在美的教育下提升自己的情感，愉悦自己的心灵。

广播制作的艺术特点在于，既是一种还原艺术，又是一种创造艺术，还是一种合成艺术。说它是还原艺术，因为制作的作品来源于生活，又要还原于生活；说它是创造艺术，是因为要把作曲家、艺术家、编导的创作设想通过技术的运用来制作成作品呈现给广大听众；说它是一种合成艺术，因为一部制作完成的作品既是艺术家、作曲家的创作作品，也是录制人员的创作作品，因为它必须通过录制人员的创作、通过技术的运用来完成。

良好的制作技术以及技巧是广播节目制作创新的重要基础和关键性问题。早期广播节目的录音制作是以磁带为录音媒质的，节目制作，尤其是文艺类节目的制作非常繁杂。文艺类节目不仅包括语言素材，还包括片花、背景音乐以及一些特殊音响效果等。早期用开盘机将这些素材进行混合时，制作人员要把需要的各种素材放大在多部开盘录音机上，通常还需要反复更换磁带，不停地寻找素材的片头，调整各个素材的音量。声音的编辑一直是在沿用听觉来寻找和确定编辑的切入点，因为一般的开盘磁带录音机和 DAT 录音机是看不到声音的波形的，若要剪接就要来来回回地往返进退磁带，靠听声音来确定合适的切入点，要想找准编辑的切入点不但要凭听觉，还要有经验，费时又费事，有时找不准剪接点，甚至还会把原来的剪接片段破坏了。

而数字音频工作站则吸收了计算机图形显示的科学性、直观性。它既可以听到声音，还可以看到声音的波形和位置，从而眼耳并举直接准确地找到剪切点，因而可以做到一个字、一个音符的编辑能力，大大提高了编辑制作的效率，节省了大量时间，而且还不会对原素材产生破坏性编辑。设备的更新使得烦琐的节目制作变得非常简单，而且音频节目的质量也有了很大的提高。比如有了效果器，我们就不必为寻找特殊音响效果而费尽心思；

有了降噪技术可以方便地处理原始素材里的噪音；有了调音技术可以对声音的音色、响度进行处理。

第三节　广播编辑与制作的原则

广播节目的编辑与制作要遵循一致性、协调性、可变性三个原则。

一、一致性原则

1. 主题要求一致性

即技术处理与作品主题要一致，把握技术与艺术的统一。广播节目种类繁多，主题更是各异，不同种类和主题的广播节目其技术处理和艺术要求不尽相同。新闻类及多种语言类节目，以真实性、思想性取胜，突出语言的表达技巧，音乐和音效的分量微乎其微。而音乐节目、广播剧、广播录音剪辑等文艺类节目，综合语言、音乐、音效多种广播语言方式，为主题的表达渲染情绪和气氛，音乐和音效的选择、比例、衔接、效果等都直接决定节目的艺术效果。所以在处理个体广播节目时，不能按部就班、照本宣科，需要依据作品主题表达的需要将技术与艺术完美融合。

2. 音响要求一致性

要做到音质、音色、音量统一，保持音乐发展的连续性。在广播节目制作过程中，音乐和音效的使用往往不是完整运用而是片段穿插，于是就涉及音乐和语言、不同音乐片段、语言和音效的剪切和衔接问题，而衔接时如果处理不当很容易造成不流畅的收听感受。因此在音乐衔接中，尽可能做到进出自然，不在音乐的高潮或独奏的地方复接，使语言紧贴音乐的节奏。在语言和音乐需要衔接时，要考虑音乐的快慢节奏，当一段缓慢的音乐过后进入语言时也要缓一拍，反之可接紧凑一些，这样节目听起来过渡自然，给人以遐想的空间。

3. 技术要求一致性

在剪切点上前后信号的强度要一致，平均电平要一致，剪切点两端的节奏、速度要一致，语言的语气要一致。语言录音中不能出现一高一低、一强一弱的现象，保持前后电平的一致性，录制出最好的音色。如有补录的语言，应尽可能在原录音室补录，最大限度保证声音的一致性。一些综合性节目的声音素材较多，剪辑合成中需要多层处理，对音乐、语言、现场采访、剧场实况录音等素材多层合成及淡出淡入处理，有的地方进行重叠交错，这样听起来犹如身临其境，使节目具有立体感、层次感。

4. 气氛情绪一致性

一部完整的作品自始至终应保持情绪、气氛的和谐一致。语言声音是听觉艺术的主要构成部分，广播编辑与演播者需要反复研究、分析作品，根据作品的结构、题材、主题思想、样式和艺术风格进行声音的总体构思和艺术上的精心设计。音乐是语言的延伸，它在表现气氛、环境、人物形象方面有着独特的作用。音乐的应用要符合事件发生的时代特点、民族色彩、地方特色、人物个性、生活习惯及作品艺术风格。而音响则再现或烘托环境气氛，引起听众对时空的想象；它也能揭示或表达人的思想感情，有着强烈的提示和暗示作用。

二、协调性原则

广播编辑首先要对节目文案的中心思想有充分理解，并进一步了解能够烘托中心思想的音响效果和音乐，要从作品的内容考虑对音响形象整体性提出要求。这样，在具体操作上就能恰当、准确地找出音乐的亮点和终止点。在音乐与语言混播中语言叙述到一个段落暂停时，即应出现音乐的亮点。音乐不在于长，而在于准确、精彩。音乐的结尾也要选择在某一恰当的段落，赋予听众一种言已尽、意未穷的回味感。

同时，在音乐与语言的反复交替中，要恰到好处地调整好音乐和语言的音量强弱。随着节目情节的发展，当语言激昂时，背景音乐需要强起来，以烘托语言要表达的气氛；当语言压抑时，背景音乐要弱下去，以突出语言要表达的情节；在混播与过渡时，语言和音乐的音量调整要自然流畅。

此外，音乐与语言的比例要适当。在一部广播节目中，并非声音元素越多越好，如果选择不妥，结果将适得其反，语言和音乐相互构成干扰。一部好的作品要求录音制作人员通过各种技术、技巧力求营造画面感，给人以百听不厌、身临其境的感觉。

三、可变性原则

广播节目的声音技术处理，要在与作品主题保持协调一致的前提下，追求变化，即在背景音乐及各种音响处理中进行创新，进行多种组合变化，创造出跌宕起伏、深邃悠远的背景听觉效果，给听众以美好遐想的艺术享受。这是艺术和技术、技巧的完美结合。它绝不是简单的重复性的操作设备的劳动，而是再创作、再创新的活动，因为它的最终结果是营造出丰富多彩的声音层次，营造出难忘的声音画面。

第四节　广播编辑与制作人员的素质要求

成为一名优秀的广播编辑并不是件容易的事情，它需要有比较高的政策理论水平，要有广博的学识和熟练的业务能力。从某种意义上讲，广播编辑的水平反映了一家电台的水平，尤其是名牌节目离不开好编辑的精心策划与把关。尤其在新媒体和互联网迅速发展的冲击下，广播节目编辑必须要具备良好的职业道德，坚持以人为本的职业理念，准确掌握听众对新时代广播节目的兴趣取向，提高自身的编辑技巧，将高质量的广播节目呈现给听众。

广播编辑相比其他媒介的编辑从业人员具有一定特殊性，缘于广播编辑所处理的信息元素只有单一的音频信息，这一方面给广播编辑工作造成较大局限性，但另一方面也给广播编辑提供了更大的创作空间和更自由的创新领域。广播编辑在对丰富的音频信息进行处理和创造进程中，需要培养和锻炼对声音以及声音处理设备的制作技巧和方法。具体而言，广播编辑与节目制作人员应具备以下素质要求和能力。

（1）要熟练掌握各种编辑与制作设备的操作方法和基本原理。在实际工作中只有熟练掌握各种编辑与制作设备的操作方法和基本原理，才能对这些设备运用自如，得心应手地去进行艺术的再创造。

随着数字技术、计算机技术的引入，对于数字设备的使用也要求广播编辑与制作人员具有较高的计算机水平及知识更新的能力。实际工作中，许多制作人员由于技术原因限制了自身能力的发挥，往往不能较好地使用设备，从而造成客观上的设备浪费，使得节目的艺术表现力有所缺陷。

数字音频技术主要包括数字音频信号的采集、信源编码、信道编码、传输、压缩编码、存储、播出等环节及主要技术。数字音频处理设备则涵盖了数字调音台、数字混响器、数字录音机、激光唱盘等，这些数字音频设备不断地取代模拟设备加快了音频技术走向数字化的进程。对于从事广播行业的编辑与节目制作人员来说，了解和掌握数字音频技术及现状都是非常必要的。

（2）有敏锐的听觉能力以及对声音色彩的辨析能力。广播编辑与制作人员必须具有敏锐的听觉能力以及对声音的辨析能力，才能切实掌握各种声源的声音特征与特性，并在节目的编辑与制作过程中加以利用。

在广播节目中，厚重的音响效果可以对节目起到烘托气氛、渲染意境的效果，使听众有身临其境、如见其事的真实感受，利用音响将事件出现的时间、地点、过程、结果等表现给听众，容易引发听众的想象，进而形成视觉画面。人们对于身边的声音是极为熟悉与敏感的，例如听见汽车的喇叭声就会联想到汽车在高速公路上飞速行驶的情境，听见球场上观众的欢呼声就会联想到当时的激烈赛事，听见海浪声就会联想到大海的广阔无垠。

对于单调的文字广播来讲，加入恰当的音响效果，会为听众呈现一场听觉盛宴，使所播报的内容更具真实感，更立体，容易引起听众的共鸣。广播编辑具备较高的声音辨析能力，在众多的声音中挑选出自己要用的声音，对于那些同主题内容无关的音响，广播编辑应坚决去掉，防止对整体节目产生较坏的影响。

（3）具备较高的文学艺术修养。艺术来源于生活，高于生活。要完成高质量的音频作品，广播编辑与制作人员不仅要具备一定的技术操作技能，还要有较好的文学修养和音乐艺术的感悟能力。

广播编辑与制作要能够准确领会作品的主题思想，感悟音乐、艺术的内涵，把语言、音乐及多种音响巧妙、准确、协调地用技术、设备有机地结合起来，在瞬息万变中，熟练解决在什么时间、什么内容的基础上设置什么样的背景音乐，烘托什么样的主题，混合在一起的各部分因素分别以多大的比例相叠加，怎样利用淡入淡出或强入强出的速率，以达到自然过渡的艺术效果。

第二章　广播节目策划与节目设置

第一节　广播节目策划的任务

广播节目的策划是整个节目形成过程的逻辑顺序。策划环节的存在主要是为了确定广播节目的定位、风格、目标受众等。同时，制定相关的规章制度、执行原则，并落实到审稿、编排等环节。在策划时，洞悉时事以及社会热点是定位节目的前提，有利于增强新闻的敏感度及掌控热点话题的走向。报道重大事件时，应将时空、连续报道等形式科学合理地融合在一起，使广播新闻更加真实、具体①。

“谭木匠”是重庆谭木匠工艺品有限公司的品牌，主要产品是梳子，也有小镜子、发夹等。1997 年 8 月，《重庆商报》一篇《谭木匠招聘银行》的报道，被国内数百家媒体和日本《读卖新闻》、美国《财富》杂志等媒体转载、跟进报道，文中的主角谭木匠也因此喜获百万贷款。1997 年 8 月前的谭木匠专卖店约有 30 个，年销售额近 500 万元，但是扩张却受到资金的限制。谭传华在百般无奈的情况下，1997 年 8 月 19 日在重庆一家媒体上打出了整版广告：谭木匠工艺品有限公司招聘银行。此广告打出后，立刻引起了人们的关注，在大家看来民营企业招聘银行是从来没有的事情，国内外数百家媒体报道了“谭木匠招聘银行的事件”，由此在金融界和企业界引发了一系列关于“银企关系”大讨论，而谭木匠不仅因此提高了知名度，还获建设银行 100 万元的贷款。有了资金，谭木匠迅速开发出 2000 多个梳子品种，将有关梳子设计申请了专利，并于 1998 年拿着 100 万元贷款去中央电视台打广告。

“谭木匠”通过一个商业策划活动不仅解决了企业发展过程中的资金难题，而且在社会上扩大了品牌的知名度。就这样，“谭木匠”顺时而出，在小小的梳子市场独占鳌头，取得较大的成功。

策划即计划、谋划，当代社会中各类策划活动已不鲜见，除商业策划外，还有日渐频繁的媒介策划。报纸、电视、广播、网络等媒体进行的新闻报道策划和媒介活动策划，一方面实现了报道对象的有效传播，另一方面扩大了媒介品牌的影响力和美誉度。而还有不少的广播节目没有一个总体的策划，随意性较大，一些好的题材平时没有及时抓住，溜过

① 赵曦晨，王洪梅．广播新闻节目的采访与制作技术分析［J］．新闻研究导刊，2015，6（23）：82.

去了。出精品，策划是成功的一半，离开策划，很难做出优质的节目。

所谓广播节目策划，是指以调查研究为基础，根据节目任务和受众的需求，确定广播节目的经营策略，制定最佳实施方案并付诸实施的过程。

广播节目策划的主要任务：

1. 准确把握目标

无论是策划前或是策划过程中，都要对目标有准确的把握。目标定位不是盲目的，你想办节目给谁听，你需要了解他听不听广播、什么时间听广播、喜欢听什么内容的广播，他的品位、生活习惯等，而目标定位伴随着对社会调查数据的大量需求。例如海峡之声广播电台是专门从事对台广播宣传的综合性电台，在进行对台专题节目策划时，编辑一定要有高度的政治敏感以及敏锐的思辨能力，能够分析预测舆情变化及其趋势，能够准确地判断出目标受众所处的社会环境、目标受众的思想动向和心理变化以及传播后产生的效应等。《台湾新鲜人在大陆》是海峡之声广播电告策划的一个专题节目，在策划的过程中，编辑分析了自两岸开放探亲以来，中国台湾年轻一代逐渐走进公众的视野。从新时期对台传播的角度来说，关注中国台湾青年人在大陆的发展无疑将契合时代的主题，从节目的播出效果来看，较符合中国台湾民众关注的视角。

2. 充分调查研究

广播节目策划不是凭空想象，而是建立在调查研究的基础上。调查研究不深入、不细致，是不可能产生成功的策划的。目前大多数的节目策划还停留在主观感受阶段，没有数据基础。这与我们国家一些数据统计还不够科学、不够严谨有一定的关系，此外有些编辑对数据不重视、不敏感、不会应用，也导致策划不成功。广东电台就有过这样的教训：在策划改革开放20周年成就宣传时，新闻中心提出了一个选题《爱心无价，爱心无限——广东慈善事业发展回顾》。然而，负责联系这条线的记者没有做认真的调查，主观认定慈善事业的成效不大，就轻易把这个选题否定掉了。几天之后，《羊城晚报》就以“慈善会爱心大丰收”为题，在《广州新闻》版以头条位置报道了广州慈善会这个民间机构自1994年成立以来的业绩，广东电台错失了抢发这个报道的机会。

3. 精心研究策略

策略是策划的核心内容。策略讲求内容和形式的独创性，形成广播节目鲜明的特色和积极效果。1998年，我国遭遇一场严重的洪水灾害，一些干部和战士在洪灾中献出了生命，全国新闻媒体一时间进行了大量报道。随着洪水的退去，报道热点也逐渐转移。到中秋的时候，不少媒体忙着组织中秋市场供应等报道。而广东电台的编辑受到一张为抗洪牺牲烈士送行的照片启发，策划组织了独家报道《忠魂永存》，通过电话采访高建成、李向群等烈士的亲属，报道他们在失去亲人以后第一次过中秋节的情况，也表达了群众对烈士的思念和对烈士亲属的关怀，形成了广东电台中秋节报道更深的思想内涵和独特的风格。报道播出以后，听众打电话到电台反馈听节目的感受，一些院校要求复制节目的录音，作为学校开展精神文明教育的材料。

4. 认真编制和执行方案

广播节目策划包括目标、策略、计划等方面的内容，其中实施方案保证了计划的实施和整个策划任务的完成。没有一个详尽、明确的文字方案，操作就缺乏依据，某个细节的失误也会危及计划的完成和实际效果。

第二节　节目策划的程序

广播节目策划的程序一般包括：搜集信息，确定策略，编制方案，实施计划，总结经验。在实际操作中，一般程序会重重变化。有时，会在确定策略以后，才根据策略的需要搜集有关的信息；有时，会在编制方案时发现新的信息，进而重新确定策略；有时，计划实施的时间跨度比较长，为了有利于下一阶段计划的推进，会把总结工作分阶段进行等。只要有利于策划目标的实现，程序是可以灵活地调整的。

一、搜集信息

信息的作用。物质资源的开发和利用离不开信息。通过获取合理的数据与信息，做出正确的决策。信息与广播节目策划也密切相关。在一些重大事件发生时，总有一些记者在现场发回相关的视频或音频，第一时间报道当时的情况。这也是发挥广播节目策划的重要作用。比如广播节目《您好，南极人》的策划。一天晚上，广东电台的一个晚间节目正在播出。电话值班编辑突然接到广州海运局宣传部门的一个电话，说海运局的一艘远洋货轮在孟加拉吉大港卸货时，遇到特大洪水，影响卸货进度，使货轮被困一个多月，希望节目转达对他们的问候，并且说这个节目能由海运局的海岸电台把电波传到货轮上。而从货轮上发出的无线电波载着船长的声音，经过海岸电台中转，通过市区电话网，进入直播间里同步播出。节目做完后，有一个信息一直留在编辑的脑子里，“海岸电台能把电波传到我们覆盖不了的地方”。在4个月之后的中秋节，广东电台想到了用远洋运输系统的海岸电台把电波传到人迹罕至的南极，于是策划了一期《您好，南极人》特别节目。节目使用了4路直播电话：两路分别连通主持人与长城站、中山站的科考队员；一路连通科考队员在北京的亲属，使科考队员的亲属也能绕经广州，直接跟南极的亲人通话；最后一路电话供听众与科考队员通话。节目主持人、科考队员、科考队员亲属、听众多个声音，组成了包含祖国、亲情、事业、家庭等丰富的内容。

那么信息从哪里来？信息采集的内容范围：环境信息，如政府中心工作的有关信息；听众需求信息；国际环境信息。竞争信息，广播节目的策划从一开始就带有功利性和对抗性，要掌握和分析有关竞争对象的信息以及预测信息等。

二、确定策略

在掌握了有价值信息之后，接下来就要研究信息的开发、利用，也就是确定相应的策略，这是策划的核心问题。

策略的确定可以从时间上形成优势。先发制人能为受众提供新异的信息，形成积极的效果。德国世界杯足球赛是当年各家媒体都在主抓的重点项目。中国之声采取先声夺人的手段，抢占先机，获取主动。世界杯足球赛2006年6月9日开战，中国之声提前两个月就推出世界杯倒计时、冠军有奖竞猜、球迷经历征集、海选世界杯校园主持人等各类活动；提前1个月推出世界杯赛前报道专题；提前三个星期推出世界杯节目的各类宣传片花，在全频滚动密集播出，以达到长线预热，广泛宣传，提前吸引全国球迷关注中国之声世界杯报道的目的。这也是吸引投资方，给予赞助商更长时间回报的一种考虑。

策略的确定还可以以内容和播出形式为优势。6月9日，世界杯足球赛开战之后，中国之声推出了大型新闻互动直播节目《激情世界杯》晚间版：每天晚上8点40分到次日凌晨1点30分，用近5个小时的容量，围绕一个话题不间断地追踪、直播，这在中央台还是第一次。在近5个小时的直播时间里，节目以球赛现场直播为纲，策划设计的单元包括：①一天一个议论话题。如东道主究竟能走多远、喜怒哀乐话教练等，引导听众的参与热情。②每个时段一次的有奖竞猜和最佳评论，保持跟听众的互动与沟通。③《记者亲临现场》。由中国之声特派德国的两位记者通过电话连线，直接跟后方主持人对话，在赛场随时报道画面无法直播的电视盲点、赛场内外各类花絮，并带领听众寻访12个赛场城市。④《三十二强后视镜》。联合32强国家的华语广播机构、中央电台驻外记者和中央主要新闻媒体驻世界各地记者，报道参赛国舆论及各地球迷关注世界杯的情况。⑤《酒吧世界杯》。在北京特意派出几路记者深入球迷和一些公众观看球赛的场所，并把电话直接接到直播间，由经过认真选择的球迷与主持人对话，引导国内球迷理智和文明看球。⑥《的哥世界杯》。通过设在直播间的短信平台，跟不能看电视直播的各地出租车司机随时互动沟通。⑦国内国际政治、经济、社会等各类资讯。每逢正点播报资讯，不但没有分散听众关注赛事的注意力，相反有效控制了直播的节奏。在精心策划下，赛事、球队、球员、国家、文化、经济、社会等元素在长时间直播的时空跨度里得到最充分的展现，5个小时直播，所涵盖的内容和层面已经远远超出世界杯足球赛本身。

三、编制方案

策略确定以后，就要编制广播节目具体方案了。制订方案，包括方案设计、方案优化、方案论证和审定三个环节。

1. 方案设计

（1）选择节目对象。选择节目对象，一般有这几种方式：从年龄阶段中选择，如老年人节目、青年节目、少儿节目等；从职业类型中选择；从兴趣特点中选择，如电脑节目、汽车节目等；从社会需求中选择。

（2）确定节目内容和风格。要详细说明节目内各部分的进程以及程序。

（3）组织队伍。制作团队的人员构成是衡量和预测节目制作水平的关键所在。同时，在有意购买节目的情况下，节目制作公司的实力亦是预计节目播出效果的佐证。而且，主持人的选择尤为重要。主持人是节目的灵魂，节目的节奏都需要主持人来把握，主持人的主持风格与节目的风格息息相关。

（4）估算经费。包括播出时段费、主持费、制作费、资料费等。

2. 节目方案的编制、论证和审定

节目方案的内容一般包括：节目的宗旨和方针、节目播出的频率及时间、节目内容、节目长度、节目组织架构、节目动作程序和要求、节目经费预算等。

节目方案编制完成后，还可能会有不完善的地方，需要进行论证和优化以及主管领导的审核和批准，因为这涉及一个具体节目方案跟总体宣传任务的关系，涉及一个部门与其他部门工作的协调。

四、实施方案

实施阶段考验的是所有员工。对活动执行官的考验是指挥力、决断力、协调力、包容力；节目监制或大牌主持人这时只是一个普通的执行者，要学会听从、配合、服务。每个人都可以随时向执行官提出意见和建议。主管领导班子组成每项活动的领导小组，以便从宏观上把控。

五、总结经验

每次活动结束后，总结必不可少。哪项内容听众反响大、效果好，哪个环节还存在问题，大家提看法，谈想法，畅所欲言，既总结了经验和教训，为下次活动提供更多可资借鉴的东西，又基本明确了每个人在本次活动中的贡献，起到激励作用，形成良性循环。

第三节　各类型广播节目策划

一、新闻类广播节目策划

新闻类广播节目一般以广播的新闻报道为基础，是对新闻报道的补充和拓展。新闻类广播节目编排要从全局出发，反映时代全貌，体现党的路线、方针、政策，同时要发挥节目整体优势。另外还要考虑受众需要，要适应不同层次听众的兴趣和需求，做好服务。

1. 发挥容量优势，精心组织选题

（1）围绕党和政府的中心工作策划选题。党和政府的中心工作与社会的发展、群众的生活息息相关，为社会所广泛关注，是广播宣传的重要内容。围绕中心工作研究、策划节目内容，往往能够形成重大题材，不仅在配合中心工作方面起积极推进作用，节目也能形成重要影响。如系列报道《打造新东北》获 2003 年中国广播奖特别奖。中央作出“振兴东北老工业基地”的决定后，辽宁电台就推出系列特别节目《打造新东北》。节目为中央工作的实施鸣锣开道。为避免空泛，每期节目都选取一个新闻由头。比如，《观念篇》从蓝艺的一篇曾经引起争议的文章《振兴东北，先震东北人》谈起，话题集中，深入而辩证，有生动的事例，有理性的分析；从历史的角度、经济体制的角度，解剖了目前东北人身上的不足；对正在进行的振兴老工业基地起到促进作用，具有强烈的时代感和责任感。

（2）抓住社会热点策划选题。热点问题，就是社会上引起广泛关注的事情。社会热点，要求广播媒体正确引导，是节目策划的一个很好的切入口。“非典”肆虐时期的护士节非常特殊。在这个特定的时期，医务工作者和他们的职业精神成为社会共同关注的热点，北京电台紧急策划的《珍重生命，我们与天使同行》直播特别节目，邀请在“非典”一线的年轻护士、曾获南丁格尔奖的老护士以及知名医生和正在康复的“非典”患者参与，从不同层面讲述了护士的感人事迹。当时疫情仍很严峻，时间短、任务紧，节目组与各医疗单位联系，搜集了大量的一手材料，利用热线电话、手机短信等方式与嘉宾交流、与听众互动。

（3）适应受众的兴趣、需求策划选题。广播节目是为听众服务的，所以，关注受众的兴趣，满足受众对新闻事件、热点话题、社会信息等方面的需求是广播节目策划的重要方面。如新闻专题《搬迁》于2002年度获得中国新闻奖一等奖，同时获得中国广播奖一等奖。曾有“煤电之城”美誉的阜新，现在是无煤可采。煤矿倒闭，20万名矿工下岗；采煤沉陷留下了100多平方公里的巨大空洞，近3万户居民的住房成了危房。作为全国唯一一座资源枯竭型城市经济转型试点市，阜新面临转型的探索，矿工异地迁移就是其中的一条重要途径。于是，一批矿工将在一个新的地方开始新的生活。报道走近了一对矿工夫妻，记录下他们这段搬迁的历程。内容很有生活气息，引起听众的兴趣，参与的积极性也比较高。

（4）根据舆论监督职能策划选题。媒体的舆论监督是党和政府赋予新闻媒体的职责，在坚持正面宣传为主的方针的基础上，积极开展舆论监督，以正党风和社会风气，是新闻类节目策划应予以关注的一个方面。批评地方保护主义的《啤酒的烦恼》，获得中国新闻奖二等奖；《黑心矿主草菅人命》获得中国广播奖一等奖；批评形式主义的《造林还是造字》获得中国新闻奖一等奖。

2. 利用“参与”优势，强化宣传力度

从新闻传播的角度来看，如果人们参与了观点的形成过程，那么，他们对这些观点的接受就要比消极地听别人讲解容易得多。广播具有受众参与的优势，如依托信函、录音、直播访问、电话、手机短信等多种方式。

受众参与，是广播的优势之一。特别是电话，这种双向的传播媒体介入广播媒体后，为受众参与广播传播提供了极大的方便，在弘扬主旋律、实施舆论导向、执行舆论监督等方面发挥了不容忽视的作用。

有时受众的参与，还直接表现为作品的质量。例如广东湛江电台获1998年中国广播电视新闻奖一等奖的作品《好样的，女兵!》报道了一群参加1998年抗洪抢险的女兵的事迹。节目在进行过程中开通了热线电话，让听众与女兵们交流。听众向女兵提出了各种各样的问题，问得尖锐，答得自然。正是这些问答，生动地展现了女兵们美好而崇高的精神境界，深化了作品的思想内涵。比如，有听众问：“你们到前线去抗洪，是不是发自内心的？有没有捞一些功劳的意思啊?”女兵的回答是：“作为军人，灾情就是和平时期的战争。责任重于泰山，牺牲和奉献是军人应尽的职责，所以，我们已经养成了服从命令听指挥的习惯，这也许就是我们和普通女孩子不同的地方，因为我们毕竟是兵。”有些评论认为：“只有听众参与，才能提得出这么尖锐、这么生动的话题。”①

---

① 李东．广播节目创优论［M］．北京：中国广播电视出版社，2003：238.

3. 依托“威信”效应，增强节目效果

在信息交流中，有威信的人的意见总是最有影响力的。新闻类节目的内容由主管领导、主管部门的代表、有关的专家、有威信的人来说，效果往往会更好。这样，广大群众就有了权威和有威信的信息源，并且在错综复杂的情况下依靠这些信息源提出自己的看法。

让有威信的人说话。他们不仅德高望重，同时又有更多的生活阅历、社会经验和人格力量。节目中这些人的话语，让受众听起来通情达理，又有说服力，易于接受。

4. 运用综合手段，控制节目节奏

文武之道，一张一弛。从生理上说，人对某一事物的关注和兴趣维持一段时间之后，总会由兴奋状态转向抑制状态，因而需要以新的刺激物对人的这种状态进行调节，来唤起新的兴奋。广播节目，尤其是思想性比较强的新闻类节目在策划时就应当注意这种状态的转换。有些节目生怕浪费时间，把某一方面的内容安排得太满，其实这些做法会使听众维持抑制状态，甚至产生抗拒心理。综合编排有利于强化信息传播的总体效果，加深听众的听觉印象，营造节目声势。

示例：

2004 年《黑龙江省农民工工资保障规定（草案）》立法听证会现场直播

《让农民工的冬天不再冷》文字稿（片段）

主持人：听众朋友上午好，我是主持人洪源。我现在是在哈尔滨蕾博尔大厦为您现场直播《黑龙江省农民工工资保障规定（草案）》立法听证会。我们的直播间就设在听证会现场的一角，在这里，我们可以清楚地看到现场的情况。

在过去的这个冬天，因为欠薪，许多农民工不能回家过年，在春节的鞭炮声中还辗转在艰难的讨薪路上，有的甚至付出了鲜血和生命。农民工岳富国，因讨要工资不成，引发脑出血致死。宾县来哈打工的李士忠，讨薪遭到包工头的两次殴打。还有一位 50 多岁的农民工，因为讨要工资未成，从哈尔滨市道外区“皇家花园”的 11 楼跳下，当场身亡。在新疆，17 名四川农民工因为包工头欠薪，集体走入沙漠，一人因严重脱水抢救无效死亡。

在过去的这个冬天，欠薪让农民工感觉到分外的寒冷。为了彻底解决拖欠农民工工资的问题，黑龙江省在全国率先推出了《黑龙江省农民工工资保障规定（草案）》。如果这个规定得以通过，那么黑龙江省就是全国第一个以立法的形式，来保证农民工工资的地区。黑龙江省委、省政府，决心用制度和法律，让农民工的冬天不再冷。

（现场音响）

会议主持人：各位代表同志们，由黑龙江省人民政府法制办公室举办的黑龙江省农民工工资保障立法听证会现在开始。进城务工的农民以他们的辛勤劳动，为城市的建设、为税收的增加、为方便人民群众的生活，做出了重要的贡献。但是由于种种原因，农民工的合法权益在某些方面还没得到有效的保证。其中拖欠农民工的工资，是农民工工资权益没有得到保证的一个突出问题，不仅影响到他们本人和家人的生活，同时也成为影响社会稳定的一个重要问题。

（压混……）

主持人：听众朋友，《黑龙江省农民工工资保障规定（草案）》立法听证会已经开始，在我们的直播间里，还请到了两位嘉宾，一位是省法制办立法处主任刘子林，另一位是省社科院研究员田宝强。欢迎两位的到来。现在听证会进行第一项听证事项：农民工工资保障规定的必要性和重要性，请参加听证会的各位代表发表意见。

农民工：我是哈尔滨市道里区新农镇八里铺村的农民工，我叫刘凤学，我认为有了这样的保障，就排除了拖欠工资的后顾之忧。近几年来，由于不给工资、少给工资、克扣工资和拖欠工资，农民工进城务工有很大的顾虑。另一个农民本身文化程度也低，法律意识也比较淡薄，自我保护能力也比较差，所以在进城务工的道路上来回徘徊，不敢迈进，顾虑很大。从现在看咱们有工资保障规定了，这使农民工在进城打工的这条路上还能成倍增加，这是件非常好的事。

王朗：我叫王朗，从去年的10月份温家宝总理帮农民工讨欠工资之后，农民工工资问题成为社会的焦点问题，一时间上上下下主要是政府出面为农民工解决拖欠工资的问题，深得民心。但我认为，这只是一个应急手段，并不是长久之计。解决农民工工资的问题说到本质上就应该制度化，从法律的层面上解决它。所以，黑龙江省政府面对一个这样的问题，通过制定规章来规范我省的拖欠农民工工资问题，将对解决农民工工资问题起到规范和保障作用。你们在我们的城市当中流了很多汗，流汗不能让你们再流泪。

（掌声……压混……）

主持人：现在让我们把目光转回到直播间，有一个问题想请教两位专家，那就是为什么会发生这么严重的拖欠农民工工资的现象？它的根源在哪里？

田宝强：为什么拖欠呢？政府没有准备，各方面没有准备，没有制度规定。当出现很多问题，全国欠了几千个亿的时候，出现了农民工跳楼等社会问题，这时候反映到我们那里去了，大家才认识到这不是哪个省的问题，而是全国普遍的问题，所以说我们省出台这个规定，既是及时的，又是必要的。

主持人：刘处长，为什么要通过立法来解决拖欠农民工工资的问题？

刘子林：有人做了一个比方，两个人掰腕子的时候可以不管，但是两个人打架，政府要管。农民工的问题如果仅仅是一般的欠薪、局部的问题，它可以通过原有的民事法律关系进行解决。但是已经发展到农民工为此上大烟囱和跳楼，甚至因为几千块钱把包工头杀掉，等等。问题发展到这种程度，而现有的法律又不足以解决，政府就必须来关注。

主持人：这个规定的出台能从多大程度上解决这个问题呢？

刘子林：这个立法项目出台以后，是从法律上建立了保障农民工权益的一种法律机制。

田宝强：应该这么看，有条例和没条例之间相比，肯定是有条例好，这对于我们的行政体制改革，恐怕也是个促进。

主持人：在《黑龙江省农民工工资保障规定（草案）》中，有这样一条规定非常引人注目，那就是建设单位开工前，要先交纳农民工工资保障金。工程结束后，参加施工的农民全部拿到工资之后，才能退还保证金。这种做法，在全国也是一种创新。在立法听证会现场，代表们正在就《黑龙江省农民工工资保障规定（草案）》中的保证金制度进行讨论，让我们来听一下。

（现场音响）

以下略。

这个节目获得了中国广播电视大奖2004年度广播电视节目优秀现场直播奖。此直播报道有以下几个特点：

首先，这个选题既是政府工作的重心，又是社会的热点和百姓关注的焦点问题。2004年，拖欠农民工工资问题成为全社会关注的焦点。黑龙江省决定用法制来保障农民工的利益不再受到侵害，出台《黑龙江省农民工工资保障规定（草案）》。黑龙江人民广播电台新闻广播对草案的立法听证会进行现场直播。

其次，充分利用参与优势，直播中请嘉宾对农民工欠薪现象进行分析，让听众可以通过电话、短信等方式参与节目，也让听证会之外的农民工表达他们的想法，使直播的主题和典型音响明确、突出。

再次，体现了威信效应，直播中邀请了法治办和社科院的两位专家对《黑龙江省农民工工资保障规定（草案）》出台的原因、意义、效果等新闻背景进行了分析，并对农民工问题的解决从社会层面进行剖析。两位专家代表了这项工资保障规定的制定机构，具有权威性。

最后，综合运用多种表现手法。整个节目运用了各种传播手法，有现场代表激烈的辩论，有主持人跟嘉宾的现场交流，有主持人和记者的对话，有听众的电话参与，有听众通过短信发表的意见和看法，还有背景音乐、背景音效的运用，整个节目听起来音响丰富。比如在节目开头5分钟的时间，能听到资料回顾、音乐、会议现场介绍、农民工的发言、会议代表发言等多种音响，把新闻、文艺、现场直播的各种手段综合运用。

二、文艺类广播节目策划

1. 思想性和娱乐性统一

思想性是文艺类广播节目的灵魂，娱乐性是文艺类广播节目的本质属性。在确保节目思想性较高、导向正确的前提下，应最大限度地实现其娱乐性，否则，节目就会失去听众，失去市场。但是需要严格把握的是，绝不能为迎合某些听众和广告商的需求，而创作生产庸俗、低级、毫无思想内涵、偏离正确舆论导向的产品。

河北人民广播电台获得1998年度全国广播文艺专家奖一等奖的综艺专题《回家》，以一个漂泊游子的内心独白为主线，将歌曲、小品、电影录音剪辑片段、古典诗词以及微型广播剧等题材的文艺作品在思乡、回家的主题下巧妙地编织成一个有机的整体，不同种类的文艺作品衔接得巧妙而和谐，整套节目浑然天成。

2. 创新与适应性统一

随着听众娱乐需求的变化，那种“平庸无奇”和“叫好不叫座”的节目已经很难适应市场运作。只有那些真正切入社会，有创新意识，能够适应市场需求和变化，独具匠心，能给听众带来新鲜感和收听欲，给广告商带来经济效益的文艺广播节目，才是文艺广播节目走向市场的必然。

吉林台制作的《生命最后的眷恋》以国旗的设计者83岁高龄的曾联松老人和身患绝症的国旗班战士陶雏革的灵魂对白为主线。随着情感的起伏，节目推出了一首首歌颂国歌、抒发爱国情感的歌曲，情浓之处使人潸然泪下。节目把思路放在了“让听众怎么欣赏”这样一个命题上。新颖独特的立意，匠心独运的构思成了一套文艺类节目成功的关键。巧妙的立意体现出多姿多彩的编辑思想，洋溢出艺术之美的同时，也散发出思想之花的馨香。

近年来的广播文艺节目已经越来越多地调动起了文学手段，除了串联词的散文化和主人公形象的设计之外，有的还出现了简单的情节。山西台的综艺专题《父爱如山》以一个女儿为父亲选择生日礼物时的内心活动为主线，以选择的过程贯穿全篇。开始写女儿选择时的犹豫，继而顺着情感的起伏引出各种体裁的作品——歌曲、评书、电影录音剪辑等。最后，女儿终于决定以一首歌曲为生日礼物奉献给父亲。因为她觉得没有任何东西能够报答博大坚实如大山一般的父爱，也没有任何东西能够表达女儿对父亲的敬爱。情节的加入使文艺类节目又多了一种抒情达意的手段。

3. 听众需求与广告商认可统一

实践证明，凡是听众喜爱的节目，收听率均较高，广告也就多。听众需求与广告商的认可，在一般情况下表现为正相关，但也有的广告因其产品定位的特殊性，仅适合部分听众，如老年人、儿童等。这时，广告商对文艺类广播节目在内容和形式的选择上会有一些特殊的要求。如果一切以广告商的需求与兴趣为转移，无疑是不符合办节目宗旨的，也是我们不能同意的；但完全置广告商的需求于不顾，既不现实，也难免偏颇。正确的态度应该是，在不妨碍听众对节目欣赏的前提下，对广告商特殊而合理的要求予以充分考虑，因为这也是节目获得较高收益的一条重要渠道。

三、服务类广播节目策划

1. 平民视角，服务百姓

我国广播事业的飞速发展使得广播传播手段及传播观念也不断创新，传播视角由高高在上的俯视转为平视，传播模式也由传者为中心转向以受者为中心。而当今这种生活服务类节目的发展正是基于这种以受众为中心的原则。如《健康快车道》节目就成功地扮演了听众“健康顾问”“生活挚友”的角色，起到了实实在在为听众答疑解惑、排忧解难的服务作用。

生活服务类节目的目的就是要为公众服务，其平民视角说到底就是一种人文关怀。它最本质的内涵就是尊重每一个人，关爱每一个人，凸显并高扬人的主体地位，本着普通老百姓的日常生活中的问题和需求来进行节目的制作和传播。这类节目与人们的切身利益息息相关。这些节目都是以平凡为美，重视抓取不经雕琢的原生态画面，在人们熟悉的生活中寻找人们不熟悉的内容，并将其凸显出来。

2. 取材广泛

作为生活服务节目，不管它多小，也都要取材于生活中衣食住行的方方面面。如今，这类节目不再把视点集中在家居生活范围之内，而是从社会生活各个层面来挖掘选题，这就使生活服务类节目具有更大的包容面。从百姓身边的城建交通设施的变化到生活中关心的金融投资、从街头巷尾的小小变化到大局市场的震荡起伏，所有会影响观众的生活方式、生活规律和生活节奏，甚至影响着人们的生活态度的变化都可以通过节目视角来展现。如河北生活广播的《开心生活》传播日常生活中的各种知识，提供消费的各种资讯，共享生活的各种体验。

3. 实用与娱乐兼具

生活服务类节目按传统的操作观念，实用性和服务性显然是第一考虑。然而众所周知，被众多影视剧和综艺娱乐节目宠坏的观众的胃口早已变得十分挑剔。仅仅有饱满的内容、丰富的实用性是远远不够的，还必须得具有娱乐性的要素，要轻松好看。

随着社会生活的不断发展，时尚也成为更多受众的选择。生活服务类节目的受众多是中青年，为了迎合受众群的审美需求，此类节目在内容选择上和外在的包装上，都在向着现代化、时尚化的方向发展。许多栏目从名称上就透露出浓厚的时尚气息，如《时尚装苑》《尚方宝谏》《魅力前线》《国际时尚前沿》《摩登时代》等。

关注平民生活、服务平民阶层，是服务类广播节目的一致追求和生存基石。它以其独特的方式展示着服务性节目赖以生存发展的平民情结。

四、社教类广播节目策划

1. 抓典型事例

典型包括以正确的思想和行为给人以教益的正面典型，或以错误思想和行为给人以教训的反面典型，都具有代表性。对典型事例进行宣传策划要把握重点问题。

湖南人民广播电台经济频道采制的社教类节目《一面国旗，两岸情缘》，获得第十二届中国新闻奖广播专题一等奖。节目讲述了一位中国台湾青年小伟在网上听到经济频道节目后，对主持人表达了渴望得到一面五星红旗的迫切愿望。经济频道围绕这一事件发稿50多篇，制作专题2期。报道以台湾同胞想国旗，大陆同胞绣国旗、升国旗为主线，表达一面国旗引发的两岸情缘。电台把《一面国旗，两岸情缘》报道作为频道下半年宣传工作的重大选题来抓。播出小伟来信之后，在社会上组织了一些相关活动，如绣国旗比赛，主题班会、队会、升旗仪式等，使报道得以层层递进，层层深入。其间，省会几乎所有的报刊、电视台，以及中新社、中国国际广播电台、《中国广播报》和香港凤凰卫视都对“国旗报道”与活动作了跟踪报道。

2. 抓普遍现象

社会问题有时不一定以个别的、极端的方式出现，而表现为普遍的、平和的社会现象和社会需求。因此，要注意时机和切入口，把握“度”的问题。

荣获2003年度上海广播电视奖一等奖的广播社教特别节目《对话杭州——沪杭两地市长访谈》，是由上海东方电台和杭州西湖之声电台联合直播的市长访谈节目。它的题材重大，报道规模与气势恢宏，受众参与面广。两位市长——杭州市市长和上海市副市长，作为节目嘉宾，不是泛泛而谈长三角区域合作问题，而是通过饮食消费、交通提速、同城效应等百姓关注的具体问题，层层展开，步步深入资源共享、优势互补等有关经济建设的实质性问题。不仅两位市长发表意见，节目主持人还通过串联与热线电话联络，跟两地听众作了面对面交流，信息量增加。报道规模与气势恢宏，当天的节目直播达 4 小时。

3. 抓形式创新

对于一个内容不错但与老百姓关系不大的报道，如果按常规播报，听众是无法耐着性子听下去的。如珠江经济台的《早晨快餐馆》，把节目主持人角色化，赋予各个不同的职业、经历和生活习惯，换副脸孔来主持播出，或者说把节目内容戏剧化。《早晨快餐馆》设定了三个角色：快餐馆的老板娘芳姐，退休工人云叔，还有一个年轻人叫华仔。三个角色各有不同性格：芳姐关心社会，但水平不高；云叔性情耿直，但有些偏激；华仔见多识广，处事公允。特定场合是云叔和华仔经常光顾的一家快餐馆。他们和芳姐凑到一起，总有说不完的话题：国家大事、城市管理、邻里新风、陈规陋习等，每天早上节目开始，听众就会被卷到他们的是非争论里去，在他们不同见解和性格的撞击里受到教益。

第四节　广播节目设置

广播节目是什么？是具有明确编辑方针、固定名称和播出时间，有特定内容、风格的播出单元，即广播播出的内容、形式和播出方式的总和。

一、节目设置的依据

1. 时代和形势的需要

广播节目要紧跟时代步伐，不断改革创新是节目设置的普遍规律。以中央人民广播电台改革调整节目为例。在“文革”结束后，中央台清办广播的“左”的思想，重新提出“自己走路”的方针，恢复了“文革”时期被砍掉的一批知识性、服务性节目；20 世纪 80 年代初期，提出“扬优势，创新路”，新闻节目得到加强，增加了《新闻和评论》《新闻和通讯》等；同时，扩大经济战线的宣传，加强了对农村广播和对青年广播节目；20 世纪 80 年代末 90 年代初，广播从微观改革发展到宏观改革，重视广播整体效益；1992 年以后，加强经济、科技知识和思想教育方面的宣传报道，突出民族文化。进入 21 世纪，中央人民广播电台“中国之声”在 2004 年元旦正式开播，中央台完成了 10 多套节目的改版。其中“中国之声”在加强信息和深度的同时，办精品节目，推出了《第一报告》《新闻直播间》《新闻观潮》《传媒要览》《人物春秋》《要案调查》等强档节目，同时对于一些名牌节目，如《新闻与报纸摘要》《全国新闻联播》《新闻纵横》《晚报浏览》《法制中国》《体育直播间》等都进行了改造，更加适应了听众与市场。

2. 听众的需求和兴趣

在广播媒体竞争中，各电台纷纷应听众的需求来设置节目，如针对股民开办的证券台、针对音乐发烧友开办的音乐台、针对司机开办的交通台等，以确定自己的目标受众，牢牢抓住自己的受众群。节目制作者（记者、编辑、主持人）只有首先明确你所办的节目归属于哪一类受众的需求，制作的节目才有可能被受众接受，其价值才得以实现。所以，广播节目的定位、栏目的设置编排，必须依赖受众研究的结果，服从受众需求设置编排各类节目，否则，只能是吃力不讨好。

北京交通广播娱乐节目《欢乐正前方》以都市人为主要受众，都市快节奏的生活、拥堵的道路，带给人们疲惫和厌倦的感觉，节目中播出幽默诙谐的故事、热辣新鲜的笑话、时尚精彩的网络小说，亦庄亦谐，有理有趣，给听众带来轻松一刻。节目深受欢迎就源于广播编辑在策划这档节目时对受众明确清晰的定位。

乌鲁木齐人民广播电台 FM974 交通广播开展了大量有效的受众社会调查工作，分析其目标受众——司机的构成：出租车司机、单位专职司机、开私家车的人，分析他们不同的生活规律、工作特点及不同的需求。如出租车司机可能更关心交通路况，开私家车的则更关心车的保养、养护、修理与年检等知识与信息；单位专职司机可能更注重娱乐放松等，然后再根据他们不同的生活、工作规律与需求，合理安排节目播出时间，满足各类司机的需求。因此，定位了目标受众后，还要以目标受众为中心，以他们的需求来安排节目，这样才能抓住受众群，保持稳定的收听率。

广播节目在设置时要按不同年龄层次、不同职业范围、不同文化程度的听众的收听重点和习惯设置节目内容和节目时间，让不同的听众得到自己想要的东西。广播节目只有真正做到满足了听众“给我想要的，在我想要的时候给我，而且是以我想要的形式出现”，尊重受众的利益需要和兴趣，明确节目在“给谁说话，说什么，怎么说”，才能建立起拉不走的听众群。

3. 电台的编播力量

广播电台的人、财、物条件，是节目设置的物质基础。一名普通广播采编人员过去会写文字并掌握录音技术就行，现在必须具备能够提供纸质文字、网络文字、图片、视频和其他多媒体产品的能力，能在各个工种间自如转换，具备多媒体新闻产品采集能力，成为多媒介产品的统一输出口。如果是主持人型记者的话，还必须具备随机应变和现场调控的能力，与受众很好地进行沟通和互动。

二、广播节目设置的内容

1. 点明节目名称

节目名称在节目中起到画龙点睛的作用。节目名称要名实相符、新颖，名称与节目内容统一，能准确地概括节目内容，同时能别出心裁地突出节目特点，令人有思考的余地。同时，节目名称还需要简洁明快，语言简短、利索，语意明快，用词易懂易记，让人念得顺口，听众听得顺耳，还要有文采，回味无穷。

2. 明确节目类型

按照内容属性划分节目比较简洁明了，分为新闻性节目、文艺性节目、社教类节目、服务性节目。

3. 阐明节目方针

从节目类别、节目内容、节目的采编要求和节目形式等方面阐明节目的宗旨、编辑方针、任务和要求，比较完整和清晰。也有的电台从对外宣传和扩大节目知名度出发，在节目方针中只着重介绍节目的内容。

示例：

中国国际广播电台环球资讯广播《老外看点》节目方针

《老外看点》节目本着促进中外文化交流宗旨，通过中外人士的换位思考和深入交流，换一个全新的视野观察世界。每期节目就本周发生的新闻热点进行讨论，内容涉及教育、文化、经济、社会生活等各个方面。有时候这种讨论会演变成一场激烈的辩论会，中外主持人或者两个外籍主持人会因为观点不同争执得面红耳赤；有时候讨论则进行得比较平和，在对东西方文化差异的比较中，可以感受到不同文明的魅力。几位老外对中国传统文化的深入了解、对现代中国社会的独到见解使听众能够从一个全新的角度来反观中国、反观自己。

4. 确立节目对象

设置节目前必须开展一次较大范围的“准听众”调查，来大体上确定节目的听众群。听众调查可以从文化程度、职业、性别、年龄、兴趣等方面着手。确立节目对象时，还可以通过调查、分析其他电台在同一地区所播放节目的类型及效果，了解听众的兴趣和需求。

5. 选择播出形式

我国广播节目播出布局的总体形式，大致上分为两种：

一种是节目分割时段，节目独立。节目把整个播出时间分割成段落。各段之间，界限分明，既不能延长，也不能缩短。各节目之间没有直播联系，它们有各自独立的节目宗旨、内容和播出形式。优点是节目时间固定，便于听众选择，节目内容集中，有比较明确的对象感，容易形成稳定的听众群。

另一种是时段选择节目，节目综合。把播出时间划分为若干大时段，每个时段再根据它肩负的任务，选择相应的节目。这种大时段节目，又称板块节目，一般由节目主持人主持播出，整个时段呈综合性节目形态。优点是内容安排灵活自然，节目紧凑、流畅、生动，既增强了可听性，又能使重要新闻随时流动播出。

6. 规定节目长度

节目占用时间有长有短，应以短为主。因为生活节奏加快，听众普遍希望在较短时间内获得较多的信息。

7. 确定播出时间

从节目播出的基本周期一天来看，早晨一般时间紧，节奏快，节目应短小精悍，可信度高。为了调节文字节目，缓解疲劳，还可适当安排一点短小轻快的音乐节目。中午是工作中间的短暂放松期，一般以综合性节目和欢快热烈的文艺节目为主。晚上时间长，人们下班后需要放松休息或增长见闻，业余学习。傍晚以后的两三个小时通常是电视的黄金时段，广播节目可设置一些能和听众谈心、讨论的主持人节目、文艺节目，避开电视有利时段，发挥广播通过听觉贴近听众心灵的优势。一周这个周期，在节目设置上要考虑周末是个重点，节目应比平时更精彩。

8. 规范节目内容（节目内容全面和重点的关系）

一座综合电台所设置的节目，内容应当覆盖这个地区的各个行业、部门，以及这个地区的生活、经济等全部社会内容。设置节目在全面反映的基础上，还要有所侧重，重点突出。从综合台的节目比例关系来看，新闻节目是重点节目，无论是在人、财、物的调度，还是播出时间的安排上，都是给予了重点保证。重点节目一般占节目总时间的10%～30%，文艺节目所占时间最多，节目量最大，一般占50%～70%，剩下的为教育类节目和服务类节目。

9. 构思节目特色

节目特色就是节目的特殊风格。一个节目的风格不是一朝一夕形成的，而是编辑、播音员或节目主持人长期培育的结果。但在设置节目时，编辑有必要对节目特色进行构思，把它作为节目的方向确定下来，在节目中不断丰富和完善。

10. 制定节目时间表

广播节目一经确定，就要通过节目时间表把它固定下来，保持相对稳定，一般不要轻易改动，以方便收听。尤其是一些名牌节目，更要保持相对稳定。

第五节　广播时间与节目表

一、广播节目表结构特点

一张广播节目表是一家电台改革的缩影，真实地反映了电台的形象和水平。广播节目表究竟具有哪些结构特点？

其一，贵在求新，突出新构思、新形象、新节目。

音乐从本质上说是一种听觉艺术，而广播是一种听觉传播工具，两者在社会生活中自然结成密切联系。音乐广播已成为展现国内外音乐的广阔舞台，从内容上讲，音乐节目除了播出中外各类音乐、器乐作品、音乐知识外，还播出舞剧的音乐录音剪辑、选曲以及音乐故事等。

示例：

《音乐之声》的节目表

06：00～09：00　早安音乐（周六、日06：00～10：00早安音乐）
09：00～12：00　自在音乐（周六、日10：00～13：00音乐俱乐部）
12：00～14：00　全球流行音乐金榜（周六、日13：00～14：00音乐LIVE）
14：00～16：00　快意音乐（周六、日14：00～17：00音乐漫步）
16：00～19：00　都会音乐（周六、日17：00～19：00音乐新经典）

19：00～21：00　TOP 排行榜
21：00～22：00　卡玛音乐 V.I.P（周六、日 21：00～24：00 音乐寄情）
22：00～24：00　音乐万岁

（1）新构想。《音乐之声》在节目理念上的改革是分为很多方面的，包括大板块的采用，限制主持人讲话的时间（每小时只给主持人 7 分钟自主发挥的时间）等，终究是为了增加节目中音乐的含量，来突出频率的整体风格。《音乐之声》总监说："我们所有的人都在做一个节目。"也就是要淡化栏目之间的差异，深化频率的概念。经过调查，人们每天收听音乐广播的时间平均不会超过两小时，在不同的时间收听《音乐之声》找到统一的效果，就要深化频率风格。节目的编排伴随人们一天生活节奏的变化，早上、中午、晚上的节奏都是根据都市人一天的生活规律变化而定。就像一个背景音乐，不需要太多注意力去听，不会影响工作和学习，这是对听众收听习惯的颠覆。以这种简单的节目风格来代替现在电台节目越来越复杂化的策略就是《音乐之声》的一张王牌。

（2）新形象。"我要我的音乐"，是在收听《音乐之声》时听到最多的演唱，这是由萧亚轩用几种不同版本演唱出来的《音乐之声》的 LOGO 歌曲。有两个重点词，"我的"和"音乐"。"音乐"表明了整个频率的主题，而"我的"则体现了听众的个性化。俗话说众口难调，只有把节目风格更贴近听众生活，才能获得听众的认同。所以《音乐之声》的主持人的风格都比较亲切随意，活泼而充满朝气，就像和身边的朋友说话，改变过去的拘谨和严肃，让听众觉得放松。

（3）新节目。《音乐之声》根据对听众市场的调查分析，在 2003 年底进行了第一次大幅度的节目改版。周一至周五的节目编排，继续采用大区块时段划分方式，正式推出了《音乐太阳能》《音乐任我行》《音乐快餐车》《音乐下午茶》《音乐无极限》《Music Radio TOP 排行榜》。周六、周日的节目编排，除沿用日常版的大区块时段划分方式外，改变了节目主持人的排班方法，采用了早晚两个时段安排主持人，其他时段全部采用自动化播出的方式。正式推出了由田龙主持的早间节目《音乐深呼吸》，由黎春主持的晚间点播节目《音乐点播站》，在每周六、周日的其他时间，正式推出了全新的自动化播出节目《音乐维他命》《音乐 Live》《音乐周末派》《音乐放轻松》。在《音乐之声》的新版节目编排中，对 18 档整点动态信息专栏《News Update》以及《气象报告》等内容进行了相应调整。

其二，注重地域特色，展示个性形象。

示例：

珠江经济广播 FM97.4 的节目表

06：30 中央台新闻和报纸摘要
07：00 晨光粤韵
07：30 珠江第一线
09：00 经济在线
09：30 车乐汇

11：00 为食掌门人
12：00 小说连播
13：00 黄缨热线
15：00 974 微点唱
16：30 正点足球
20：00 超越流行
21：00 今日关注（电视直播版）
22：00 拉阔星空（微博互动）
23：00 足球狂热夜

二、广播节目编排策略

广播节目编排的目的是让有限的电台节目资源实现最优配置，取得最佳的播出效果和最高的收听率。随着媒介竞争日趋激烈，尤其是新媒体迭出，广播节目编排的策略也应该即时跟进和调整。

1. 依据频率定位进行品牌化编排

好的节目编排往往能传达出本电台的宗旨、定位和价值取向，或者说电台的核心竞争力取决于用独特的方式整合内容资源，加强节目的品牌化编排。北京有两家高收听率的音乐频率，一家是 1993 年开播的北京电台《音乐广播》，一家是《音乐之声》。两家同为音乐台，在节目设置中注重系统化，形成各自的风格和各自的受众群。北京《音乐广播》的节目定位是在满足主要目标受众（19～24 岁年龄段）的收听需求基础上覆盖更广泛的受众群体，提供多类型节目，主打四张牌——国际牌、青年牌、普及牌、参与牌。节目内容以流行音乐为主，同时还兼有古典、民俗等多种类型，将把古典和民俗音乐以快餐、片断介绍的方式播出，使严肃音乐通俗化。在参与性与国际化方面，北京《音乐广播》在 2002 开通全国卫星音乐广播协作网，与全国 16 家音乐台联网播放节目，覆盖全国主要城市。此外，北京《音乐广播》每年都对国际上的大型音乐会进行现场直播或报道。

《音乐之声》则定位在给目标受众提供完整的流行音乐听觉享受上，符合其纯流行音乐专业频率的特点。《音乐之声》的受众定位可以从其节目名称看出，“无极限、第六感、周末派”等，都带有明显的时尚、轻松味道，节目内容都是流行音乐，包括 POP 和摇滚等主流音乐。《音乐之声》打破传统编排习惯，采用整体化模式，每天的音乐节目以同一节目风格呈现，节目还根据人们的收听习惯，以 2～3 小时为单位，把一天时间划分为八个区块时段。

2. 依据目标受众的需求进行人性化编排

编排广播节目表需要以目标受众信息的收集和分析为基础，根据他们的需要确定播出内容、播出时段，使满足目标受众群需要的节目被安排在目标受众群最大多数接触广播的时段播出。如学生、老年人、上班族，这些广播收听人群的收听广播时间不同，那么在编排广播节目表时要研究这些人群的收听时间和习惯，根据他们的爱好安排合理的节目内容。

另外，广播听众的收听时间、收听习惯、收听类型、收听喜好等也随着社会发展在不断地变化。如广播的黄金时间在20世纪80年代以前是晚间，当时电视还没有普及，广播在晚间节目市场拥有大量听众。随着电视进入千家万户，收听广播的黄金时间变成了早间。当城市私家车日渐增多，驾车人士在车上可以随时收听广播，听众的这种移动的特性，要求广播媒体在编排节目时充分考虑，比如针对广播移动收听人群的信息量大、节奏快、内容及时的收听需求，出现广播节目的碎片化和滚动化编排。

3. 灵活运用多种编排技巧实现节目编排的创新

在新媒介新节目层出不穷、同质化节目日趋泛滥的媒介环境下，电台在进行广播节目编排时要讲求一定的策略和技巧。

常见的节目编排主要有横向节目编排和纵向节目编排两种基本思路，横向节目编排针对的是竞争台，纵向节目编排则针对本频率。在横向的节目编排中，一般采用的是竞争式编排和对抗式编排，两者都是依靠电台或节目实力直接与竞争对手抢夺听众资源。而一些电台另辟蹊径，采用错位竞争的编排策略，主张避免与竞争对手正面冲突，采用迂回的策略打败竞争对手，不和竞争实力较强的电台争夺优势时段，做强自己的时段，或者避开别人的优势节目，做自己擅长的节目。

纵向节目编排可采用相近节目的规模效应原则，将风格和目标收听群相近的节目编排在一起，形成规模效应，可以使听众延长收听时间，稳定收听群体。纵向节目编排中，还可以将两个收听率比较高的节目安排在收听率一般的节目前后，利用前后节目沿袭和牵引效应，带动中间节目收听率的提高。

广播节目还可以借鉴电视“播出季”的编排方式。2010年初，江苏交通广播网开始实施“播出季”，立足频率定位和受众需求，瞄准全年宣传任务和工作目标，生产和播出具有特定时间背景和主题的节目，并辅以特色活动作为支撑，向听众展现“播出季”订制内容的独有魅力。“播出季”的概念源于电视编排方式，打破了主持人和单一节目各自为政、自成一统的格局，发挥了名牌节目的优势效应，给受众以整体性的认知。

第三章 广播语言

广播是听觉媒介，通过声音来传递信息，只能诉诸接受主体的听觉器官。而各种各样的广播节目，除去音乐、音效，都是在语言这个大舞台上表演和变幻。广播节目在卸下它的各种声音包装之后，余下的全是语言，无论是提供信息、表达思想，还是传播知识、抒发感情，都是通过语言来实现。因此可以说，语言是广播的第一载体。

广播语言有广义和狭义两种理解。广义的广播语言包含人物语言、音乐、音效，三者构成了完整的广播语言系统。狭义的广播语言即人物语言，是播音员或主持人在广播节目中直接表达出来的语言。这种人物语言与书面语言及口语有紧密联系但又不尽相同。人物语言是诉诸听觉的，它同日常生活中的口语的显著不同在于，广播语言是经过加工而非日常口语那样随心所欲的。狭义的广播语言应当是书面语言与日常语完美相融的语言，是两者最佳的结合。

语言是有风格特色的，广播语言亦然。广播语言的特色表现在三个方面：广播语言的通俗化和口语化，广播语言的规范化，广播语言的优美动听。

第一节 广播语言要通俗化口语化

广播与报纸相比，在语言运用上是有区别的，报纸是供人阅读的，诉之于视觉，通过版面位置、字体大小、图片、花边等手段显示文章的重要程度和编辑的意图。而广播是有声语言的性线传播，诉之于听觉。广播语言在表达上，口语化性能强，播来上口，听来顺耳，易懂易记。两者的传播规律是有差异的。可以说，广播通俗化、口语化的语言是广播与生俱来的特质。

报刊上一篇精彩的文章在广播中播出时可能听起来效果并不好。同样，有些文章看起来不够“华美”，而听起来却很有味道。广播是给人听的，报纸上的东西是给人看的，把报纸上的文章变成广播稿，就要经过改写，使他适合于听众的要求。要达到这一目的，就要在修辞和语法手段方面做一番研究。

一、什么是广播语言的通俗化、口语化

什么是通俗化？广播语言有着最广泛的群众基础，因而具有很强的群众性，它是在通俗的群众的口头语言基础上进行加工、提炼、升华，以标准的普通话播讲。

美国一位新闻学教授这样解释媒介语言的通俗化："当你写新闻时，记住你是在为一个处于半收听状态的，年龄是9岁孩童那样文化程度的听众写的。同样，你的报道必须很有才气，能使45岁的公司经理和大学教授受到感动。"这说明，广播电台播出的每个节目，一言一语都要考虑让更多的人听懂。

什么是口语化的广播语言？口语是人在生活中使用频率极高，一听就懂的词语。广播新闻的口语化，总的要求是：念起来顺口，听起来顺耳，使人一听就明白。口语化语言具有简短、浅显、具体、生动的特点，贴近生活，有真情实感，有很强的感染力。

口语化和通俗化，是互相联系又有区别的。不口语，就不会通俗；而通俗，除了语言问题以外，还有个思想内容深入浅出的问题，含意更广泛。

试比较一篇广播稿和报纸稿件的语言风格差异。

《南京近日兴起民间"验房师"》　上海东广新闻台

各位听众，因为不具备相关知识，消费者买房时可能会被房产商蒙骗。最近在南京、重庆等城市悄然出现了"民间验房师"，专门帮购房者验房把关，这些验房师正准备进军上海滩。

买过新房的人都知道，买房子绝对是件麻烦事。赶在今年结婚，刚在龙吴路买了套新房的刘先生，对此深有体会。"买房子不像买其他东西，里面的花头也太多，开发商把钥匙交给我，我其实也不知道该看什么，说实话，有些问题蒙在鼓里也不晓得，得住了才知道。"

正因为如此，在上海的近邻南京最近悄悄兴起了一个崭新的职业"验房师"，专门帮购房者检验新房。丁渤，南京从事民间验房第一人，南京95%的新建小区都去验过。每次他验房，要查验包括墙体、裂缝、渗水、三表到户情况、水通、电通、层高、房屋几何尺寸等17个大项。由于非常清楚开发商存在的"硬伤"，丁渤经手的索赔成功率达到100%。

《"民间验房师"悄然兴起》　《经济参考报》报道

房子卖了不算完事，还要过交房关。一些开发商面对南京市民逐渐觉醒的维权意识，发出了这句感慨。2005年以来，南京房市悄然出现"民间验房师"群体，他们与消费者共同维权，引导房市理性发展，在许多城市引起反响。

丁渤，南京市某建设公司副总工程师，是"民间验房师"这一新兴行当的先行者。2005年，丁渤和他的团队共接受购房者委托验房4000多套，几乎包括新上市的所有楼盘，约占当年南京商品住宅销售总量的1/20，平均一天要验房10套。由于中国还没有"验房师"这方面的资质证，因此目前他们大都被称之为"民间验房师"。

他说，建筑面积是否如图纸所标的一致？墙面是否有空鼓？混凝土强度如何？精装修房用材是否合格……有关房屋质量的一切，都是南京"民间验房师"的验房内容。目前从事"民间验房"的人士大多是房地产业、建筑业的工程师，熟悉房屋建筑的结构、特点，以及建筑交付使用必须达到的相关标准，有关房屋质量的问题，难逃他们的"火眼金睛"。

就阅读总体感受而言，前篇稿件通俗化、口语化，后者语言规范化、书面化。具体来说，报道角度不同。这篇广播稿以听众、购房者为报道对象，对象感强烈；后面的报纸稿件则客观站在第三人角度叙述验房师这一新职业群体的背景、工作内容、社会价值。专业词汇的使用不同。广播稿在介绍验房的具体项目时使用了“墙体、裂缝、渗水、三表到户”等通俗词语，报纸稿件则是用“墙面空鼓、混凝土强度”等建筑专业术语来表述。数字的运用不同。广播稿中数字应尽量少，且提及的数字是听众好听好记的，将多个数字不加筛选和处理直接告知听众，听众听不懂也记不住。如上面这则报纸稿件中的数字“4000多套、1/20、10套”换用在广播稿里就不合适。

但要注意的是，强调广播语言口语化，不是指群众口头语言的自然形态。人们平时说话很随意，边想边说，来不及仔细推敲，常会出现重复、条理不请、不讲究语法，广播出去就不规范。所以，要对群众的口头语进行提炼和加工。作家老舍说：“广播说的是白话，但也应该是很好的散文。可以说，广播语言是经过加工的语言，属于‘文学语言’。也可以说，广播语言是文学语言的口头形式。”

二、怎样做到广播语言通俗化、口语化

1. 多用口头语，少用书面语

口头语是群众的日常用语，结构比较松散自由，生活气息浓，通俗易懂。口头语是说的和听的语言。书面语是写的语言和读的语言。口语和书面语都能在书面上使用，而书面语一般不在口语中使用。口头语和书面语有俗和雅的不同。口头语句子短，结构松散、自由，通俗易懂。书面语结构严谨、精练，关联词、文言词较多。

有的词听起来文绉绉的，用在报纸中尚可，但由广播播出则不太顺口。这时编辑可以做一下修改，如“诞辰”“日益”“十余日”“桑梓”“司职”“该”“正午的烈日炙热灼人”“东方泛起了一缕鱼肚白”，这些语言运用到广播里就需要进行口语化加工。

但是，在一些特定场合，广播语言必须使用书面语。首先，对特定对象的宣传。比如中国之声播出一篇新华社的评论文章，针对两岸合作、和平共存的本台评论，文章文体庄重，书面语不少，中国之声拿来广播时，编辑没有作通俗改写，因为这篇文章是播给特定对象的。其次，用于特殊题材。一些广播稿中引用的古诗词，尽管听众理解有难度，但也须完整引用，因为编辑的意图不是让听众理解这首诗的内涵，而是表达特定情境或证明其真实性。再次，有特殊修辞作用的书面语，如诞辰、瞻仰、逝世、牺牲、悼念等，这些词用于广播时一般不必改写。最后，用于庄重、严肃的语体。如外交活动的电文或党政军的公报等文告中出现的获悉、谨向、宴请、拜会等书面语，用于广播时一般不改写。

2. 不用现代汉语中罕见的成语和典故

成语的特点是言简意赅、高度凝练，有一些听众都能听明白，可以用在广播中，如“胸有成竹”“重如泰山”“三思而行”等。但有些成语比较生僻，用在广播中就不好，如“风雨如晦”“耄耋之年”等。有些典故是家喻户晓的，可以放心使用，如“守株待兔”“自相矛盾”“拔苗助长”等。但是如果用到鲜为人知的典故，就要给听众讲明白，否则就干脆不用。

同时，还需要注意错用成语和古语的情况。如一期广播节目中借用典故“成也萧何，败也萧何”，表述为“成也是汽车，败也是汽车……”看似合理，实则不妥当，因为古语中的“也”不是副词，而是语气词，相当于今天的“啊”，用成“成也是汽车，败也是汽车”，是对典故的错误理解。

3. 多用短词短句

口语中一个重要特征是短句多、长句少。短句简洁明快，容易说，也容易听，容易记。长句句子结构严密、精确，但读起来困难，也不易听懂。所以广播语言的运用，无论是广播新闻还是广播故事，都尽量多用短词短句子。

作家老舍在《关于文学语言问题》中谈道：“我自己写文章，总希望七八个字一句，或十几个字一句，不要太长的句子，每写一句时，我都想好了，这一句到底说明什么，表现什么感情，我希望每一句都站得住。当我写了一个较长的句子，我就想法子把它分成几段，断开了就好念了，别人愿意念下去；断开了也好听了，别人也容易懂。”老舍先生的这段话，对广播编辑工作很有启发。广播中要多用短句子，要顺应收听的特点，坚持一条主线。比如：“刘丽是一位有着三十多年教龄的、有丰富经验的、多次获得省市优秀教师称号的老教师。”这样长的句子，不仅播音困难，而且也会让听众听得喘不过气来，不如改成：“刘丽是一位老教师，有着三十多年教龄，经验丰富，多次获得省市优秀教师称号。”这样就好得多。

4. 简练

广播语言，不论是新闻还是讲话、评论，都应开宗明义地将要讲的统统告诉听众，拐弯抹角和听众兜圈子，人为地造成理解广播内容的困难。博士买驴，下笔千言仍未见驴字，废话太多，造成了信息冗余，影响了听众对信息主要意思的理解。

在国外，一些研究新闻可读性的专家，特别注意新闻的简短，主张用短词、短句、短的段落写成短的新闻，方便占人口大多数文化水平不高的读者阅读和理解。BBC 的一篇新闻报道，一般在 100 字左右，短则 50 字、长则 300 字，可见 BBC 广播新闻用语追求清晰简明，避免繁杂冗长，更不堆砌华丽的辞藻。在美国，报纸新闻一般每条 350 个字，广播新闻最多一分钟，一般半分钟。

《美国之音》的专题节目，为了吸引听众，在广播语言的运用上规定十条守则，可供借鉴：

① 写作之前一定要知道你写的是什么，不清楚的时候先别动笔；

② 一句话只包含一个意思；

③ 采用最简单、最短的句子结构；

④ 用最能表示具体动作的词，动词一定要靠近名词；

⑤ 一句话中避免用插入语；

⑥ 不要用太长的头衔；

⑦ 不要用太多的数目字；

⑧ 写稿简单些，但并非儿童作品，在需要用 1500 常用词以外的词汇时，要加以解释，有时可以换用；

⑨ 不要用罕见的词语、成语、典故、隐语和借用词；

⑩ 写好以后朗读几遍，看看能否再简化，把可有可无的词句删去。

5. 不用倒装句

广播语言要按照口语的顺序安排句子的结构，倒装句不符合中国人说话的习惯。在广播中，经常会引用新闻人物的语言，有时也从书上摘录语句。凡是人物的语言或引语都要放在主格的后面，不能放在主格的前面，也不能让主格穿插在引证中间。

在整篇广播稿的编写中，也不宜用倒叙，而要用顺叙，而且要开门见山，把听众感兴趣并能吸引听众注意力的新鲜事实放在开头，以达到一下子就抓住听众，让听众顺着广播稿的思路有兴趣听下去的目的。

第二节　广播语言要规范化

广播语言尽管要求通俗化、口语化，但其毕竟不同于日常生活中的口语。人们日常生活中的语言一般是没有经过仔细推敲的、比较粗糙的、不规范的语言。广播语言属于媒介语言，经过加工、提炼，是规范化的语言，除了信息告知功能，还具有媒介语言的示范性和规范性，因而比生活语言更符合语言规律。具体而言包含语音规范、词汇规范和语法规范三个层面。

一、语音规范

语音是说话的声音以及由这些声音组成的词的读法与发音。国家语言文字工作委员会、国家教育委员会、广播电影电视部 1994 年 10 月 30 日发出的《关于开展普通话水平测试工作的决定》中明确要求："县级以上（含县级）广播电台、电视台的播音员、节目主持人应达到国家一级水平。"① 但广播中的语音不规范现象仍然存在，尤其是生僻字词、多音字、生活中习惯读错的字词。

在语音规范方面，需要注意以下几点：

1. 语音受方音影响而失范

非普通话为母语的人在讲普通话时会或多或少地留有方音的痕迹。而当录播人员将注意力放在节目内容以及将表述什么的时候，方音的影响就会表现出来。比如生长在我国南方地区的人在平翘舌音（z、c、s 与 zh、ch、sh）、鼻音和边音（n，l）、唇齿音和舌根音（f，h）等，经常混淆不清或表述不注意而出现错误。

2. 语文拼音中的常见错误读音

汉字笔画繁多、笔形复杂，很容易导致人们辨认不清，读音错误。其一，分不清字形细微差别，比如"窠臼"错读成 cháojiù，"插科打诨"错读成 chākēdǎhún。其二，乱念形声字的半边儿，如"痤疮"错读成 zuòchuāng，"炽热"错读成 zhìrè，都是乱念半边的结

① 张颂．中国播音学［M］．北京：北京广播学院出版社，1999.

果。其三，因部件相同错误类推而造成误读，比如“不愠不火”说成 bùwēnbùhuǒ，“惴惴不安”说成 zhuìzhuìbùān。其四，未掌握低频字词，“溘然”错读成 hérán，“吞噬”错读成 tūnchì。为避免和及时纠正语音中的常见错误读音，广播节目录播人员，包括广播主持人、广播记者、广播编辑需常备汉语字典词典以便查阅、学习。

3. 多音字误读

现代汉语中多音多义字数量较多，有些广播人搞不清音和义的关系，就会导致读音的失误。比如“铜臭”因为没有注意名词与形容词的区别而读成了 tóngchòu。如“载人航天”误读成 zǎirén，是由于弄不清“载”读上声表示“年”和“记载”的意思，而读去声表示“装载、卸载”和“又、且”的意思。再如“逮捕”说成了 dǎibǔ，是因为分不清“逮”的文读音 dài 和白读音 dǎi。“熟悉”读成了 shóuxi，是没有区分“熟”的文读音 shú 和白读音 shóu。

如“说”字，在“说服”中应读 shuō，在“游说”这样的语境里则读 shuì。“悄”字，在“悄然”中读上声，而在“悄悄”这样的叠音语境里应读阴平。

4. 语流音变不当而造成歧义

标准流利的普通话，不仅表现在每个音节的声母、韵母和声调的发音正确方面，还表现在正确、恰当的语流音变方面。我们如果不能很好地掌握普通话语音的语流音变规律，出现了不恰当的音变，也属于语音不规范。如轻声词“报酬”说成了 bàochóu，就会让人们理解成“报仇”。再如普通话里语气词“啊”有六个变体，在语流中会因它前面音节而变读，从来不简单地读成 a。

广播语音不规范现象究其原因，一方面是由于广播人在文化知识和普通话学习方面的欠缺，另一方面缘于广播工作人员的工作态度不够认真。现在各广播电台的节目大多以直播为主，没有修改错误的机会。广播语音不规范不仅影响了信息内容的正确传达，而且还可能以较快的速度在社会上引起对发音人、节目传播机构的看法。这就要求广播节目录制人员除了平时加强汉语语音基本功的练习之外，在完成一档广播节目前要做好充分的准备，认清稿件中的每一个字，熟悉上下文内容，避免、减少在节目播出中出现不可挽回的错误。此外，广播节目录制人员还需要注意对文化基础知识和各地风土人情、地理常识的积累，扩大知识面，尽量避免在节目中出现令人啼笑皆非的常识性错误。

二、用词规范

广播语言的规范化还需要讲求词汇的准确和适用，避免滥用方言、土语、俚语、缩略语、生造词、外来语等。

1. 尽量少用方言

广播不受时空限制，方言土语流行的范围很窄，所以广播中对方言的使用必须有所选择。一些被普通话吸收进来的方言词在广播中是可以用的，那些没有被普通话吸收的方言土语词，广播里应尽量避免使用。

另一方面，我国民族众多，语言复杂，同一样东西，各地的说法不尽相同。如北京人说“公鸡”，广州人却说“鸡公”。比如普通话中的“我们”，上海人叫“阿拉”，东北人叫

“咱们”，山东人叫“俺们”，编辑用“我们”统一各地的方言土语可以让大多数人接受。又比如这句话：“榜样的力量是无穷的，前面爱比脚的大嫂在这几位老大爷的带领下，也把狗交了出来。”“比脚”是湖南方言词，只有本地人听得懂，而广播传播广泛，应该使尽可能多的人听懂。

2. 少用专业术语

有些稿件在行业内作用较大，对一般听众来说没有什么作用，广播出去也听不懂，还是不播的好。非播不可的话，要用浅显的文字进行解释。

比如一篇关于医疗手术的广播稿介绍的是脑血管搭桥术的事迹。开篇是这样写的：“桥，大家都很熟悉。它是人们生活中不可缺少的交通渠道。今天我们要向大家介绍的是个小得没法再小，不用建筑材料就能搭的桥。它的位置，也不在大河险川之上，而是在人身体的大脑里。”接下来解释所谓脑血管搭桥手术，是把病人右侧耳前的颧浅动脉和大脑中的动脉的一个分支成“丁”字形吻合起来，通过改变大脑的供血渠道，使大脑得到充足的血液。稿件中还反复运用生动的比喻，例如“耳前的颞浅动脉比火柴棍还要小，而大脑中的动脉的分支血管壁薄如蝉翼，管腔只有火柴棍一半粗。”作者成功地运用通俗的比喻，把复杂的医学知识讲得浅易明白。

再如下面这篇稿件：

示例：

《“土耳其医生鱼”游进重庆》

日前，重庆市的南温泉公园从海南引进一批美容“医生”——3 万尾小鱼儿。这种体长只有几厘米的鱼儿叫“土耳其医生鱼”，擅长清理角质、治疗牛皮癣等皮肤病。

“医生鱼”老家在土耳其。当人进入温泉池，它们立即蜂拥而至，脚指头、大小腿、胳膊肘……一处都不放过，啃食老化皮质、细菌及毛孔排泄物。那阵仗，跟食人鱼搞围剿差不多。

好在它们没牙齿。“刚开始不习惯，像被人挠痒痒。接下来是麻酥酥的感觉，跟过电一样。”昨日，一泳装美女被医生鱼啃得不想起来，索性搬张小桌子到水里，跟同伴边斗地主边“过电”。

据悉，“医生鱼”将在 10 月份正式“上岗”。

整篇稿件并没有从专业的生物学角度讲解这种鱼的物种特性、生存背景、功用等，而是以拟人化手法写作，听起来很有趣味，通俗易懂。

3. 慎用简称

广播稿一般不要使用简化名称，宁可多用几个字写成全称。

如果是经过规范的，社会上广为流传的简称，在广播中应该用，如省委、市委、县委就不必说中国共产党某省委员会、中国共产党某市委员会、中国共产党某县委员会等，这也可以说是约定俗成的了。但有些简称没有经过规范，社会上没有通用，广播出去，就听不懂。如果把计划委员会简称“计委”，把纪律检查委员会也简称“纪委”，这样听众往往听不明白。再如各地自创的“一二三工程”“三四五计划”等。这些简称都是在一定范围内使用的词汇。如果不是具体从事这项工作的人很难弄清其中的含义，广播稿中出现这样的词汇听众不易接受，最好还是把这项说清楚，讲具体。

4. 防止过多的数字联用

中国之声《全国新闻联播》2016 年 7 月的一期节目中有则新闻是这样报道的：“根据海关统计，今年上半年，全国货物贸易进出口总值 11.13 万亿元人民币，比去年同期下降 3.3%。其中出口 6.4 万亿元，下降 2.1%，进口 4.73 万亿元，下降 4.7%。贸易顺差 1.67 万亿元，扩大 5.9%。”广播里如果有太多的数字联在一起，听众往往是听其言观其行后面的，忘了前面的。

广播不同于报纸能够用表格表示较多的数字，不但可以少占版面，显得精练，而且还能起到对比的作用。所以广播语言在需要用数字说明问题的时候，只需要选用能说明问题的关键数字，并用汉字表示，而不必将大堆数字联在一起使用。

此外，广播语言在使用数字时可以使用模糊处理、对比、类比、换算等方法将数字简化，更易于听众理解。如一则广播稿中是这样表述数字的：“中转站明天运行后，北京、上海和中国中北部的几千万人将首次清晰地收听到 BBC 广播。”几千万虽然是概数，但是较之抽象呆板的数字，要生动形象得多，也能给受众留下清晰而深刻的印象。再如“十多吨”改为“像汽车一样重”，这样表述更便于听。

5. 善于吸收新词新语

由于缺乏视觉形象的辅助，广播的新词传播密度很难与阅读媒体和视听媒体相比，但广播具有比报纸、电视更加便捷的互动条件，互动氛围中的受众对语境中新词的关注度会比较高。现在已经相当稳定的一些新词，最初主要是通过广播媒体传播开来的，如“热线”“主打”“排行榜”“DJ”等。广播在移动人群、大学生、老年人和文化程度较低群体中拥有很广泛的受众面，是这些群体重要的新词传播源。

同时，汉语词汇出现了新的变化，波及了社会生活的各个领域。尤其目前大量网络语言的出现，在一定程度上对现代汉语予以补充和发展，但由于媒体引导的缺失和少数广播人语言素质不高，广播节目中不规范使用网络语言的现象还广泛存在。

新词新语是一种动态性强的语言现象，其中有不少词语很不稳定，有待规范化。作为规范型词典，《现代汉语词典》收录新词坚持“普遍性”和“稳定性”两条原则，不把没有被社会普遍使用的词语和短时间内流行、生命力不强的词语收入词典。例如：“神马、有木有”是网络词语，就是普通话词语“什么、有没有”，只用于网络这一交流平台，《现代汉语词典》不收这类词语，而将“宅男”“宅女”“首付”等列入词典。在新闻传媒中使用新词新语，必须注意选择，不能滥用，应当坚持以下原则：

第一，约定俗成。这是首要原则。要把符合词汇规范化的新词新语，跟由于临时表达的需要随意拼凑的生造词区别开来。生造词语的现象比较普遍，有些是根据要表达的意思想象出的词，有些是对词语记忆混乱而错用，还有的是随便缩减词语，如“非公有制经济”浓缩为“非公经济”。比如一期节目中有这样一句话：“执法人员在对栖风渡市场的集中整治中发现，农村医药市场的确令人堪忧”，“令人堪忧”是生造的词语，应改为“令人担忧”。

第二，不可取代。一个词语有它特定的含义，没有另外一个词语能代替它。有些方言词语用字精练、表现力强，进入普通话后经常使用，成了常用词。《现代汉语词典》1996年版收入了“巴士”“的士”“生猛”“炒鱿鱼”等粤港词语，2002年版增收“搞笑”“埋单”“人蛇”等，2005年版增收了“按揭”“置业”“物业”“炒更”“烂尾楼”等，2012年版又增收了“八卦”“狗仔队”“无厘头”“手信”等。有一些词，词义完全相同，在语法、使用范围上没有区别，两者并存只会成为语言的累赘。

第三，品位原则。如“玩电影”“玩文学”“玩新闻”等说法，似乎成为一种时尚，固然反映了在艺术创作上追求个性、冲破传统的主体意识，但像“玩××”这种表达方式，很容易给人造成一种不够严肃、随心所欲的印象。使用语言要讲究品位，弃粗俗，求文雅。

广播每天接触广大受众，影响广，速度快，在语言中使用新词新语一定要谨慎，对词义、色彩、语法把握不住，应向别人请教，或者查阅有关书籍资料。

三、语法规范

广播语言虽然使用的是口头语言，但是不同于人际交流中的口头语言。广播语言应由有口头语言的人际性、反馈性和接近性，广播语言更接近一种书面化的口语形式，所以要求语法的规范更为严格。例如，汉语语法规范中，程度副词不能直接加名词使用，所以在广播语言中不能使用诸如“他很小孩”这样的表达方式。有些广播语言中模仿港台话及其表达方式，或者普通话与方言、外语相互交织在一起，如：“你到过成都吗”这样一句话，说成“你有到过成都吗”，还有“好好搞笑”“不想去了啦”，等等，都是不符合语法规范的广播语言。

第一，词语搭配得当。类似这样的词语搭配“打击刑事犯罪和执法监督”“缔结了宝贵的和平”“克服了错误”“完成了目的”“增强了决心”“解决温饱”，均属于词语搭配不当的错误。节目中这样表述：“我发现今天来现场的朋友穿得都非常运动。”主持人是想说现场的观众大多穿的是休闲、适合运动的服装，显得很有活力，而“运动”一词用得不合适。同时，词语的色彩意义也要搭配和谐。比如，“咱们国家有一帮这么默默奉献的科学家……”这个句子中量词的感情色彩就不对，科学家用一帮这个量词显然不恰当。

第二，句子成分完整。广播稿在写作时，句子需要减少附加语，需要分层次，以便口述。短句子一般都是正常式，即主语在前，谓语在后，动词在前，宾语在后，附加语在前，中心词在后。复句里的偏句在前，正句在后，而且相距不远，这样比较适应收听的习惯。广播稿写完后，单凭眼睛去看查不出韵律。比如“中国女排打败了日本队获得冠军”，这句话是声律欠佳的弊病，靠阅览是无法发现的，但是，只要读一读，耳朵一下子就会敏锐地感觉到“打败了”缺乏力量，听得粗心大意还会引起误会。把它改为：“中国女排战胜了日本队获得冠军”，更加顺口悦耳、声情并茂。

第三，句子修辞得当。广播语言要能够熟练灵活地运用常见的修辞手法，例如比喻、拟人、双关等。从而增强广播内容的可听性。在使用时，需要广播录播人员对播出内容进行研读和分析，从而采用恰当的修辞手法，使节目内容更加有趣丰富。并且要做到修辞使用得当，能够掌握好分寸，为节目内容增色，使节目能引起广大听众的共鸣，并且把听众带入思考当中。

现代汉语中，词语句子的选择调整，有时可以形成固定的格式“辞格”，辞格是修辞学的重要话题。好的言语就是合乎修辞的语言。而广播语言中也常出现修辞不当的问题。如比喻生僻难懂、联想突兀等。

第四，句子结构清楚。主动句与被动句使用不当，陈述句与疑问句、肯定句与否定句的使用不当，由于句子层次不清产生的歧义，都属于句子结构不清楚的毛病。例如“看着新种的草和刷了绿漆的护栏，使人心情也随之舒畅。”前面是主动句，后面的句子应增加主语，或者去掉“使”，保持句意顺畅。此外，反问句表达强烈的语气，太长了语气就会被拉散。

同时，语法规范问题还需要排除地区方言、外语表述方式对普通话的影响。例如：普通话中“乘车比走路快”，而粤方言说“坐车快过行路啦”；日常生活语言中“这和你有什么关系”，而八股先生可能会说“于你何干”；我们常说“他知道前面有个街心公园”，有人却习惯用“他被告知前面有个街心公园”，后者是外语的表述方式。

第三节　广播语言要优美

广播语言以声取胜、以情感人、以言绘景，能激发听众的形象思维，给听众以极大自由想象的空间，具有其他媒体不可比拟的优势。因此，增强广播语言的艺术性，对提高广播的收听率和传播效果，有着十分重要的现实意义。

一、声调平仄相间营造韵律美

广播语言要求清晰洪亮、掷地有声。字音响亮，抗噪音干扰力强，响亮而有感情色彩的语声，能提高信息刺激强度。平声字比仄声字响亮，如天天比日日响亮，飘扬比飘动响亮。双音词比单音词响亮，如“现在”比“现”响亮，“比较”比“比”响亮，“因为”比“因”响亮。

广播可以通过营造音乐美、韵律美，增强传播的感染力。依照声音变化的规律，把不同声调的字搭配组合、平仄交错、有起有伏，就会形成抑扬顿挫、委婉动听的音韵美。比如：“花红柳绿”“雨过天晴”。相反，如果四声搭配不好，就会缺乏美感。比如，广播语言中仄声字用得太多，声调就会缺少变化，缺少抑扬和起伏。读起来声不响、字不顺、比较拗口，这样的语言听起来就会让听众感觉到平板、单调、沉闷，不仅谈不上美感，更谈不上悦耳动听。广播稿件的上下句之间，句尾的字音要尽量做到平仄呼应，读起来才能波澜起伏，富有音乐美。不然，尾音缺乏交错变化，播音员、听众都会感到趣味顿失，沉闷乏味。

广播语言中适当地运用对仗、排比等手法，配合运用双声叠韵的词语造成参差错综的节拍，能够增强语言的节奏美。如黑龙江电台获1999年中国广播新闻奖的《互联网上的正义之声》有这样一段文字：

女：历史是一座天平，一边盛着血泪，一边担着和平。

男：忘记过去就意味着背叛，我想我有责任把正义之声传给全世界热爱和平的人们。

女：翻开岁月的长卷，拂去迷雾天征尘；年轻的学子用耿耿忠诚，发出了互联网上的正义之声。

这段文字平仄相间，节奏明快，可以归纳为：用词是通用性强的词；句式层次清楚，多用短句；语音避免同音拗口，尽量做到朗朗上口，声声入耳；发音选用响亮的字眼；韵律和谐而富有节奏。

二、改单音词为双音词

汉语词是由单音节向多音节发展的。在广播语言里应多使用多音词，一是由于跟口语习惯相一致；二是由于多音节的词比单音节的词音素丰富，好听，好辨别；三是语意明确，如“时”，在现代汉语里可以指时候，也可以指时间、时刻。

三、不用同音不同义的字

广播语言要便于听觉的辨析和鉴别，避免造成听觉模糊。有时候，同音相混往往造成误听误解，如注明—著名、政见—证件等。同音词往往不同义甚至意义相反，如老王走近了大火炉，跟老王走进了大火炉，就是截然不同的意义了。有些近音词也容易产生混淆，如微观与围观、东经与东京等。要避免发生这些情况，就要尽量避免容易听混的字词，选用语意较确切的双音词代替。

四、少用代词

人们听广播往往是随意收听，很少守着时间从节目开头开始收听，如果打开广播，听到节目里反复提到“他们”“这家企业”这些代词，因为没听到头所以很难听明白。因此，广播语言里的名词要适当重复，不能一个劲地用代词，所用代词也不要离所代的名词太远。

如下面这篇广播稿：

示例：

《首位“换脸”人二次手术成功》

我国首位“换脸”人李国兴的第二次手术昨天在西安西京医院顺利结束。到目前，李国兴整个手术费用及治疗费用已经达到30多万元。

据主治医生介绍，这次手术修复了李国兴面部看起来还不太自然的右眼和嘴角，并将他臃肿的左脸削平，力图使脸的左右两侧基本对称。

来自云南省的傈僳族青年李国兴今年30岁，两年前，他遭遇黑熊袭击，面部被严重毁容。今年4月，李国兴在西京医院接受了我国首例“换脸”手术。

全篇稿件两百字左右，多次提及“李国兴”这个人名，使用的两次代词“他”也离主人公的名字“李国兴”较近，方便收听和理解。

广播语言中尤其是表示身份的代词要明确。例如，“本台讯：河南省语言文字工作会议在郑州召开，河南省副省长、省语委主任做了题为‘抓住机遇，开创我省语言文字工作新局面’的工作报告，在谈到我省语言文字工作以后的工作任务时……”这段报道中，“本台”是中央级的电台，报告题目中的“我省”使用正确，但是后面的“我省语言文字工作以后的任务”用得不对，应该改成“河南省”。

五、广播语言形象化

广播语言的艺术性和吸引力，不仅取决于内容是否生动，而且取决于语言水平的高低。一个优秀的广播人要在广播语言上多下功夫，这样才能满足听众的需求。1944年6月6号，美国广播公司播出名为《乔治·赫克斯现在向各位播音》的现场直播报道：“各位听众，现在我在美国海军旗舰信号台上面的一座塔楼上向各位播音。这艘旗舰离法国海岸线只有几英里，在那里，欧洲登陆战已经打响了。现在是5时40分，登陆艇都已离开了母舰，向着法国蜿蜒的海岸线进发。纵目望去，海岸线尽收眼底。我军炮击舰队摆在旗舰周围，开始猛烈炮击对面的海岸，我们能清楚地见到黄色火焰不断地升起……”这段口播语言简洁朴实，又不失文采，传神地描绘战争现场，让听众似乎“看”到了现场的紧张场景，弥补了广播只能“听”不能“看”的缺陷。

广播语言的形象化，就是将广播新闻事实中听众看不到的景象、事件和事理，运用具体和生动的语言，通过广播展现在听众面前，获得真切的感受和深刻的理解。符合广播特点的形象化语言应具有的特殊表现形式：

1. 要准确地使用动词，让形象化的语言产生“动感”

古人曰：“山本静，水流则动；石本顽，树活则夷”。具有“动感”的事物能引起人们联想和想象的，是人们获得强烈印象的有效方法，准确使用动词就能产生这种“动感”。在一些优秀的广播新闻中有很多运用动词，描写“动感”的好例子。在上面讲到的《乔治·赫克斯现在向各位播音》的现场直播中，广播记者充分传递了现场的军舰汽笛声、飞机轰炸声、爆炸声等，增强了报道的现场感和感染力，是文字报道无法替代的。

2. 要用细节描写，增强广播语言的形象性

美国著名记者米尔斯洛在讲到自己的写作体会时，曾讲过这样一段话：“写新闻最好不要把太多的东西告诉受众，否则你会失去他的。把小范围内的具体事告诉他，让他去发现大范围内的带有普遍性的东西。”广播稿宜短、宜精，更有特定的细节描写语言。这种描写语言应该是“浮雕”式的，即用概括具体的粗线条，寥寥几笔勾勒鲜明生动的形象。“浮雕”式的细节描写，更需要具备语言描写的功底。

细节描写一定要“说”得到位，“说”得精当，“说”得传神，以增强新闻的美感和可听性。如获得第十五届中国新闻奖一等奖的广播特写《女儿本色》，是这样开篇的：“四月的登封，桃花谢了，山花遍野。公安局调来个女局长。众人一看，个儿不高，体不壮，黑

妮儿一个。几百号人高马大的干警，顿时心里一怔，干警刘文治（出采访刘文治录音）‘当时有人说公安局没人了，派个女局长。男的还不行呢，女的会中吗?’（录音）众目睽睽，任长霞浑然不觉。”这里不仅有任长霞外貌的描写、风格的描写，也有干警的心理描写。

广播语言中细节的获取，一方面要善于观察，于无声处抓细节。新华社原社长穆青曾要求年轻记者学会写“视觉新闻”，就是要记者学会观察。在对客观事物进行由表及里的观察和思考中，做到全面仔细，抓到别人抓不到的细节，体会别人体会不到的微言大义。另一方面要善于表达，用最精到的语言表达最精彩的内容。这就要求广播工作者不仅要有很好的文字功底，更要有对广播特点的充分把握。

3. 广播语言要吸收群众日常口语中具有生活气息的健康语言，增强广播语言的形象性

老舍说得好：“从生活中找语言，语言就有了根。”如“很鲜”不如用“味真美”，“很酸”改为“酸溜”，“很香”用“喷香”更合适。

第四章　广播新闻编辑

第一节　广播新闻编辑的任务

广播媒介的特点，决定了广播新闻除了具备报纸、通讯社、电视新闻所具有的共性之外，还具有自身的特点：快，时效快，最突出的优势；实，用事实说话；短，句子更短，篇幅更短；浅，浅显通俗；活，新鲜活泼，以现场感人。广播新闻的写作要求，正是由其上述特点决定的。广播新闻是诉诸人们听觉的新闻，在编辑上必须注意研究听觉规律，在明确、有趣上下功夫。

新闻编辑最基本的任务是选择稿件、修改稿件、配置稿件、编写新闻提要、编排节目。广播新闻编辑根据电台的宣传方针、节目的宗旨和听众的需要，从众多新闻稿中挑选出最有新闻价值的稿件，进行加工，制作成节目。把新闻节目比作一盘菜，编辑是烹饪的厨师，记者是提供各类时鲜蔬菜的种菜人。编辑与记者之间是相互支持、谅解、合作的关系。

第二节　选择稿件

一、广播稿件来源

从广播节目的容量来看，广播稿来源广泛，大致有八个方面：本台记者编辑采写的稿件、地方台来稿、新华社电讯稿、中央和地方报刊稿、通讯员来稿、听众来稿、有关部门专稿、外电外刊稿等。

以中央台《新闻和报纸摘要》节目为例，编辑要从各单位提供的几十万字来稿中择优选用，因为半个小时的节目只能容纳6000字，还不到报纸的一个版。从优化信息质量来看，要选择这样的广播新闻：信息容量大，传播速度快，内容有新意，短小，具有特色的稿件。

二、选择稿件的标准

1. 政治标准

根据我国《宪法》《刑法》及其他法令的规定，凡属以下方面的新闻，都不应选用：

煽动——煽动推翻无产阶级专政的政权和社会主义制度，煽动群众抗拒、破坏国家法律法令实施的。

诽谤——捏造事实，破坏他人名誉和信用的。

诬陷——捏造事实，诬告陷害他人的。

侮辱——贬低他人人格，践踏别人名誉的。

泄密——违反国家保密法规，泄露国家机密的。

侵犯公民权——侵犯公民人身权利、民主权利的（如非法披露私人信件等）。

宣传封建迷信——借封建迷信，造谣惑众。

伤害风化——宣扬色情下流的东西。

某届“中国彩虹奖”节目评审中，有一档节目是报道省政协提案上网公布，反映中国政府政治开明、民主化进程与时俱进的主题，节目有说服力，制作精细。但是，节目中一句话传达了错误的信息，发生了政治偏差，它把“政协委员是由各党派、人民团体和无党派人士组成”，播成“政协委员是由各民主党派……组成”。两个不经意的字改变了政协的政治性质，产生了政治错误，节目当然落选了。

稿件中的泄密现象主要有三种情况：一是报道过细，“言多必失”而泄密，如报道高新科技领域的重大成果、军事演习、战况、灾情等，对其中的某些人名、地名、具体细节和数据等叙述过于详细；二是时间把握不当，有些事情今天不是机密，但在昨天可能就不得外传，如物价的调整、银行利率的升降就是如此，新闻报道不能盲目地抢时效而使国家蒙受损失；三是不注意内外有别，所谓“内外”是指国内国外、内部发行与公开发表等，有的信息对国内公开但对国外需要保密，有的信息是内部传达无须公开报道。

1998年，长江流域发生特大洪灾，军委组织部队赶往灾区救灾。在这个过程中，发生了因为新闻报道而泄密的事件。有的报道详尽介绍了开进部队的名称、人数、开进方式、军列到达时间、停靠地点、前进过程。不少媒体报道了军队番号、平时的驻军地点、编制情况等，出现了如驻某地、某部队等之类的词语。

2. 新闻标准

新闻标准是衡量广播稿中新闻价值大小的判断标准。具体而言，即分析新闻价值的五要素：时新性、接近性、显著性、重要性和趣味性。例如获得第二十届中国新闻奖一等奖的广播新闻《农民女代表顾双燕对话温家宝总理》，具有较大的新闻价值。

“你是代表，你有这个权利”
——农民女代表顾双燕对话温家宝总理

“总理在《政府工作报告》中说的都是大实话，我也想把我的大实话说给总理听。”

今天上午，温家宝总理在人民大会堂与出席十一届全国人大二次会议的内蒙古代表团共同审议《政府工作报告》。来自通辽市奈曼旗明仁苏木保安村的农民代表顾双燕发言时坦诚的开场白立刻引起了总理的兴趣。

“我就要给总理提几条小建议，供您参考，并不是说要求您怎样怎样。”

“不，你是代表，你有这个权利。”（笑声）

总理亲切的笑容，真诚的话语，让顾双燕彻底打消了顾虑。她把乡亲们托她捎的贴心话一股脑的说了出来。

“我希望国家再下大力度支持一下我们二、三产业，也就是养殖业和商业，多支持我们点贷款就可以。金融界能把这个门槛弄得低一点。”

“这说明我们的工作做得还不够。”温家宝总理一边在笔记本上记录一边回答。

“我不用发言稿了，干脆直接和您说吧！”

“第一，家电下乡是不是给农民消费券比较好一点？农民可以拿着这个消费券购他自己需要的东西。”

“我们交流一下，我们搞家电下乡其实是两重考虑：一重是给农民实惠，另外一重是要给企业以支持。”

“我的第二个问题就是农民的养老保险。您在报告当中提到了给了（农民）10%的指标。”

“不是指标。”

“那是？”

“这应该是这次报告中的一大突破。它突破不在于10%的数字，而在于我们开始给农民建立的养老保险制度。现在农民也要有养老保险制度了。有了制度，就有了根本保证。”

“但是，我咋想呢。假如不是10%而是50%，是不是可以提前覆盖全国？”

“这就说，今年我拿不出那么多钱来。我也给你说我的苦处，你有3台拖拉机，我还有13亿人民。”温总理风趣而又实在的话语，引得会场一片笑声。

“哦，那我能理解、能理解。”

“这个10%是开始，以后一定要覆盖全国。”

“那我就知道了。”

“这个意见，你也提得很好。”

“最后一个问题，也是2008年当中农民最困难的问题：粮食卖不出去，增产不增收。农民离卖粮点最远的达到六十公里，如果是（把粮食）送到指定地点还有运费、押车费，二千五到三千块钱。所以，很多农民不得不选择在自己家门口卖粮。”

“我们当时推进粮食价格放开，政策是对的。但是我们应该考虑方便农民，还要有一定的商业网点。如果农民售粮跑很远、交押车费很多，实际挣得钱就会少了。”

“对。按照国家规定，国家国储粮的一级粮保护价是七毛八分钱，但是粮食公司却抬水压价。这样农民卖一吨粮就有200元的差价被公司赚走了。”

“双燕，你回去给农民宣传两条，一是粮食产多了，政府一定得收购上来，不能谷贱伤农。第二，当粮价下降时，玉米、小麦我们推出最低收购价，不能让农民吃亏。”

“总理您这次的报告我听得非常仔细，特别是农民这方面的事。我也将发挥好代表的作用，争取把更多群众的心声反映给您。大家让我给您捎一句话：您一定要保重身体！”

“谢谢。”

“因为农民需要你，全国人民也需要你。”

“谢谢。”（掌声）

这篇广播新闻总时长四分钟，篇幅短小，内容精练。从新闻价值的五要素来分析，首先时新性和重要性、显著性毋庸置疑，报道开篇使用了“今天上午”这个时间状语，报道的是当天发生的最新鲜的事实。这篇广播稿通过一位普通的农民女代表在全国人代会期间面对面给总理提建议、总理坦诚回应的过程表现了我国民主政治建设的巨大进步，以及当代中国领导人民主、亲民的工作作风，也反映出普通农民代表参政议政能力的提高，因此从报道的内容和主题而言具有重要性和显著性。尽管报道主题重大，但并非严肃而刻板的传统时政新闻的表现手法，广播稿充分运用了直率而个性的农民代表顾双燕与温总理对话的实况，没有过多的文字介绍，把广播声音的优势和魅力发挥得淋漓尽致，极具感染力和现场感，会议现场的笑声和掌声也让听众听起来趣味盎然。

3. 处理稿件

（1）审读稿件

广播编辑的审读包括两方面的工作：观察与诵读。观察就是浏览全篇，摸清作者的思路和意图，明确重点、发现疑点、破绽，确定改稿的布局。诵读就是朗读原稿，通过诵读了解原稿的神韵、气势、感情以及语言特点等。通读原稿能帮助编辑察觉到原稿语言里不符合广播特点的毛病。

编辑在动笔修改之前，必须弄清原稿中的 7 个基本问题：

主题：文章所要说明和表达的主要问题，有何现实意义、针对性和指导意义。

观点：通过主题所要说明的思想和观点是否符合党的路线、方针，是否符合当前的宣传精神。

事实：新闻事实材料（事件、人物、地点、时间、数字等）是否真实确切；是否有造假或合理想象的地方；事实是否充分，尤其是说明主要问题的事实材料是否充分。

结构：从听的角度考虑，层次是否清楚，布局是否合理，逻辑是否通顺，是否适合听。

语言：是否清晰、流畅，有没有晦涩和别人难以听清听懂的字、词和句子。

文风：内容与形式是否协调，表达方法与体裁是否协调，各种声音的组合是否和谐。

效果：听众对稿件里所反映的事实和观点，会不会产生误解、异议，会不会提出反对的意见，稿件播出后有没有副作用等。

（2）决定处理稿件的方案

采用。主题抓得准，观点正确，事实充分，只是结构有些松散，布局不够合理，词句上有点毛病。这样的稿件，经编辑修改后可以采用。

待用。主题好、角度新，有现实意义，但事实交代不清，缺乏必要的背景材料，编辑可以提出修改意见，请作者补充或重写。

暂不用。内容好，基本可用，只是目前发稿时机不宜，等待合适的时机再用。

留用。有些稿件基本上不能用，但稿件中某一点或某一部分的具体材料有可取之处，可以留作资料或以后作综合稿件时用。

不用。有些稿件主题不是太好，观点欠妥，可以不用。有些经复查，发现同类题材不久前已经报道过了，也不应该用。

第三节 修改稿件

一、修改稿件要把好三关：政治关、事实关、文字关

1. 政治关

新闻稿政治差错的一般表现为两种情况：

差错是直接陈述出来的。如“某县委认真落实党的政策，努力减轻农民不合理的负担。”按政策，农民不合理的负担就是不符合党的政策的负担，那就应该是坚决去掉的问题，而不是减轻的问题。再如“怡和保险顾问有限公司通过其在香港的机构及在我国境内的代表处……”香港已经回归祖国，文中说“通过……代表处”，就把香港排在我国境内之外了，把香港和中国并列，属于政治性错误。在涉外和国际报道的稿件里，编辑更要严格审视，看提法是否有违方针政策。比如，由于亚太经合组织包括中国香港、中国台湾在内，因此只能提有 21 个成员，而不能写 21 个成员国。

差错是间接表现出来的。作者在叙事过程中，通过字里行间流露出来．显得比较婉转。如有篇稿件写道：近几年来北京市有 100 多家有污染的企业迁出城区移往郊县，从而减少了城区的污染，治理了城市环境，并说“迁往郊区的企业获得了较大的生存空间”。这里看似好事，城市减少了污染，居民生活环境得到改善。但从另一方面看，“污染源”并没有真正消除，只不过从城市移到了农村，会危害到郊区群众。如果是这些企业在搬迁的同时又进行了技术改造，减轻或是消除了污染，才是真正解决了矛盾。有的报道在写典型人物时也有这方面的毛病，只写成绩，回避缺点与问题，往往还把缺点也写成优点，这种写法反而会影响被报道对象。

2. 事实关

（1）情节、内容真实，合情合理

有一篇稿件写两个女放映员深入山区放映电影：一个女放映员“挑起了放映机、发电机这副重担”，另一个女放映员“冲到担子跟前，挑起放映机、发电机，提起影片箱，飞也似地上路了。”文章报道出去后，有放映员反映说，当时农村用的放映机、发电机，即使最轻便的，和附件、汽油加在一起，也有四五百斤，还要提影片箱，而且走的是山路，根本不可能，后来经过核查，证实情节果然是夸大的。

（2）新闻事实准确

例如，“西哈努克是 9 月 1 日抵达维也纳的，这是他于 7 月底开始的欧洲之行的最后一站。在此之前，他先后访问了埃及、法国、瑞典和挪威。”这篇稿子里埃及并不属于欧洲，文章表述不准确。

（3）新闻事实统一

《北京晨报》《上海青年报》曾刊登的文章《假新闻收入语文课本为教育孩子拾金不昧?》导语是：新学期伊始，王先生在他女儿所发的小学四年级的语文课本中发现一篇名

为《钱被风刮跑以后》的课文是曾刊登在《人民日报》上的通讯，从事多年新闻工作的王先生知道这是一篇著名的假新闻，在有些新闻学的教材上曾经以这篇文章作为反面教材，怎么就成了小学课文呢？

这篇假新闻曾转载在20世纪80年代初的《人民日报》上，当时曾被评为当年的全国好新闻。但是到90年代以后这篇新闻被认定为假新闻。按这篇稿子所写，老农在城里大街上边走边数钱，并不是在店里或摊点前购物时数钱。显然，数钱的目的是弄清楚自己所带的钱数，否则没必要这么做。这个动作表明，当时老人对自己所带现金的准确数目还不十分清楚。可是在文章的另一个地方却说，老人早在家里已经把钱数得清清楚楚，而且在钱被风刮跑之后，仍能一口说清钱的总数，以及每张的面值。显然，这两个地方的叙述是相互矛盾的。

（4）事实要交代清楚

示例：

由于该团地处山区，地下水位较低。官兵们训练回来一身疲劳、一身臭汗，洗个澡要跑到3公里以外的地方浴池去洗，且每周只能洗一次。官兵们守着温泉，却只能望而兴叹。解决官兵洗澡难，便提到了党委工作的议程上来。经过党委研究，决定从5公里外的温泉架起管道，直接把温泉水引入营区，引到家属院。一个月后，一座全天开放、能容纳300多人同时洗浴的温泉洗澡中心建成了。如今，官兵每天训练归来，不出营区便随时都能洗上温泉澡，既消除疲劳又强身健体。

评析：①由于地下水位低，跳到训练回来要跑到3公里之外的地方去洗澡，给人感觉句子中间似乎少了环节，话没有说到位。地下水位低，紧接着应当说打水井困难大，团里一直没有建个澡堂，官兵训练回来，一身疲劳，却要跑到3公里以外……交代清楚，作为叙述事实，“因为”“所以”都必须说到。②官兵们守着温泉，却只能望而兴叹，于是党委研究决定从5公里外的温泉引水入营。如果说作者写官兵训练回来不能到军营洗澡，是因为该团地处山区、地下水位低，打不出水井不能建澡堂，那么后边写的守着温泉望而兴叹，就有点莫明其妙了。两方面的原因都写进去。

3. 文字关

注意文字是否简洁、通俗、易懂，适合广播的听觉媒体特点。

中国新闻网的一篇报道如下：今天凌晨3点多，广西河池市环江县一木业公司发生泥石流事故，造成7人被困。当地消防部门透露，此前已有一人死亡，一人在刚才挖出，但是也已死亡。事发地位于环江县华山林场红祥木业公司，至凌晨4时52分，其中5名被困人员被当地民众救出，无生命危险，另外2人下落不明。

广播编辑的改稿：今天凌晨3点多，广西河池市环江县一木业公司发生泥石流事故，造成7人被困。目前，5名被困人员被当地民众救出，无生命危险，另外2人遇难。

二、修改稿件的方法

1. 压缩

对稿件进行压缩有两种情况。一种是绝对性压缩，稿件本身累赘繁杂，无论在哪儿用都要压缩。另一种是相对性压缩，稿件本身没有问题，只是为适应节目需要进行压缩。

压缩的要求：首先，突出主题。删去跟主题无关或关系不大的情节。其次，突出重点。有些稿件观点多，材料多，中心不突出，修改时要突出一个方面或者一两个问题。再次，删掉多余的段落和字句。

压缩可以从几个方面入手：

（1）压缩导语

广播新闻的导语跟报纸新闻的导语都要求开门见山、简明扼要、中心突出。广播新闻导语还有一些特殊的要求。第一，广播新闻的导语不能像报纸新闻的导语那样写得过于抽象或过于具体，而应像报纸新闻的标题那样，着眼于用最简练的文字，概述新闻最主要的内容，虚实结合。第二，广播新闻的导语尽可能只突出一个最重要的新闻事实，而把其他事实移到主体中交代，力求把导语写成一句话。导语中涉及的新闻事实越少，导语就越简练。第三，广播新闻导语最好用单句，即采用主语、谓语加宾语的句式，少用或者不用复合句，不用倒装句。

（2）压缩背景材料

一切游离主题之处的背景材料，都是多余的，要压缩。对背景的压缩，常见的是对背景材料进行提炼，巧妙地穿插在文章中间，形式多样，可以是注释、议论、叙述等，自然地深入新闻里，而不要固定死板。

示例：

（原稿）福建省各级妇联组织9日起向社会公开招募万名“爱心妈妈”，希望能以此给予农村留守儿童更多的亲情关爱，并呼吁全社会都来关注目前日益突出的农村留守儿童社会问题。

农村留守儿童是指那些父母外出打工后，被留在家乡独自或与其他亲人生活的儿童。中国妇联组织统计，全国现有农村留守儿童约2000万。福建省有农村留守儿童90多万名。

农村留守儿童问题是伴随着中国工业化、城镇化进程和劳动力转移而产生并将长期存在的社会问题，近五年来逐渐引起了社会的广泛注意。

由于现阶段农村经济发展水平较低，社会保障不健全等客观因素存在，加上长期缺少父母关爱及有效的家庭教育、引导、管理和监护，农村留守儿童往往在安全、健康、品德、学习及心理素质等方面存在不少困难和问题，出现了一系列的“留守儿童综合征”。

福建省妇联的调查显示，学业成绩不良，缺乏正确辅导，学习、纪律双差的约占留守儿童总人数的28.7%；部分留守儿童存在不良性格特征，如攻击型性格约占6.4%，畏缩型性格约占25.2%，行为欠佳甚至违法违纪的情况在留守儿童中也比较常见，留守女童更容易遭受侵害。

福建省妇联主席刘群英说，农村留守儿童缺少的往往并不是物质上的帮助，而是亲情的缺失，精神上的抚慰对他们来说更是弥足珍贵。

福建省此次向社会招募万名“爱心妈妈”，是希望这些“爱心妈妈”在和留守儿童结对后，不仅起到对留守儿童日常生活学习的代理监护作用，更能给孩子精神关爱，让留守儿童更多地感受家庭温馨和生活情趣，得到一个良好的成长环境。

（修改稿）福建省各级妇联组织9日起向社会公开招募万名“爱心妈妈”，希望能以此给予农村留守儿童更多的亲情关爱。

农村留守儿童是指那些父母外出打工后，被留在家乡独自或与其他亲人生活的儿童。妇联组织统计，福建省有农村留守儿童九十多万名。福建省妇联主席刘群英说，由于现阶段农村经济发展水平较低、社会保障不健全等因素，农村留守儿童往往在安全、健康、品德、学习及心理素质等方面存在不少困难和问题。

（3）压缩主体

通过比较，删除非典型材料，选用最有说服力、最接近事实本质的材料。

示例：

（原稿）记者从重庆市沙坪坝区政府召开的新闻通报会上获悉，今日上午8点20分左右，重庆市家乐福沙坪坝店在自行组织的10周年店庆促销活动中，其东门入口处因群众滑倒而引发踩踏安全事故，截至目前，死亡3人，医院收治31人（其中7人重伤）。

事故发生后，沙坪坝区区委、区政府高度重视，区有关领导带领公安、安监、商委等部门第一时间赶赴事发现场紧急处置。沙坪坝区委书记李剑铭、区长张敏立即召开紧急会议，落实中央政治局委员、市委书记汪洋，市长王鸿举等领导的重要批示精神，安排部署救治和善后事宜。

一是立即成立事故处置指挥部，分别由区级分管领导负责，有关部门全力以赴做好处置工作。

二是全力以赴抢救受伤人员。

三是切实做好群众安抚工作。

四是尽快开展事故调查工作。成立事故调查组，由安监局牵头，尽快启动事故调查，查明事故起因和责任。责成家乐福店立即停业整顿。

五是举一反三防止类似事故发生。

事故发生后，市政府家农副市长、小军副市长，明树副秘书长和市级相关部门负责人赶赴我区指导开展善后处置工作并到医院慰问伤员。

（修改稿）重庆市沙坪坝区“家乐福”超市昨天上午进行十周年店庆促销，由于人多拥挤，有顾客在超市入口处滑倒并引发踩踏事故，目前已经造成3人死亡，31人受伤，7名重伤者中仍有1人病情危重。

当地政府已责成家乐福超市立即停业整顿，并由安监局牵头，全力查明事故原因。

（4）压缩语言

叙述啰唆、描写不当的语言要压缩修改。如下面的描写：“舱内各具形态的死亡形象目不忍睹：遇难者一个个面容肿胀，一位年轻的女士身子卡在窗户里，双臂向外弯成凝固的求救状；一位70多岁的老人死死抱着撞坏的船舷；一对年轻的夫妻互相拥抱着怎么也分不开；另有两青年在逃生时被人抱住了双腿，最后同归于尽。”这里描写欠妥，遇难者的命运本来就让人同情，再展示他们的惨状，太残酷。在一些社会新闻里，往往掺杂了不少残暴的描写，让人产生恐惧心理，也需要压缩。

议论失衡的语言要压缩。一篇稿件反映了一位年轻女军人自强不息的事迹，写她的科研“42 万字的专著《气爆》不久将由国家科技出版社出版，轰动在望。有人预言，她将是 21 世纪中国的居里夫人”。书还没出就轰动在望，还将成为 21 世纪的居里夫人，未免夸大。

陈词滥调要压缩修改。有些作者喜欢用一些穿靴戴帽式的套话，常见的有：认真学习、为了贯彻、提高了……认识、掀起了……热潮、在……推动下等没有实质性内容，再如：大家认为、一致表示之类，给人不实的感觉，应视情节删除。

2. 增补

有些稿件很有意义，但作者写得不清楚，如只说因未讲果，只谈果未说因，缺少某些要素等，使人一知半解。

示例：

（原稿）河北两棵会“走”的柳树又从河西岸返回到河东岸来了。这两棵树生长在隆化县小扎巴沟村西边一条十多米宽的河沟里，树身卧地部分各有七米长。它们距离现在已经有二百多年。

（修改稿）河北隆化县小扎巴沟村西边一条十多米宽的河沟里，两棵会“走”的柳树又从河西岸返回到河东岸来了。科技人员考察表明，这是两棵适合当地生长、生命力很强的古旱柳树，距离现在已经有二百多年。据介绍，原来那两棵树因为受巨石的影响，树身向西倾斜，后经山洪冲击，完全倒向西岸。树身在河床生根后不断更新，不断向前爬行。植物有趋光趋水性，柳树便逐渐从西岸转回了东岸。

具体增补的方式有：

（1）增补背景资料

介绍新闻中的人物、事件、地点的历史、背景和有关知识的注释。如稿件里先说“首届中国特殊奥运会今天在这里举行”，接着介绍举行了什么项目的比赛，哪些人获得团体和个人冠军。什么叫特殊奥运会，稿件没有解释，使人茫然。可以增加解释：参加这一运动会的运动员都是特殊群体，来自全国各省市和香港特区。

（2）增补回叙

对已经报道过的新闻的简要复述，方便听众理解新闻。一些连续报道，每次报道的都是事件发展的最新变化，但听众不一定听过，听过的也记不清了，作适当的回叙，方便听众收听。

（3）增补必要的事实

对于缺少必要事实要素的稿件，应尽量补充详情完整报道。可以请作者补充事实，也可以电话补充采访。这种情况多见于服务性的消息上。如消息：公交二厂方便市民扫墓，清明开设定点专车。报道里只说了新增的四路专车的乘车区间，而对专车的开车日期、开车时间都没有提到，叫听众怎么坐车？编辑可以向公交二厂打个电话询问，补充进各路车每周几、何时发车，每条线有几班车及返程的时间。

3. 改写

稿件的观点和材料不统一，内容与体裁不协调，或结构杂乱、导语枯燥等，需要对稿件动大手术。常用的修改方法：

(1) 改变主题

改变原稿中不够新颖的主题，重新确立新主题。如：德国大众汽车公司和长春第一汽车制造厂签订合同，建设年产十五万辆轿车的基地。记者写了这件事，但主要写如何签订合同、如何征地、如何尽快投产等。通过这些内容反映我国轿车工业有了新的发展。这样的主题虽然也有意义，但它对普通老百姓来说，似乎没有多大的关系，一般读者不感兴趣。如果改变一下原来的内容，重点放在合资生产的这种轿车有什么特点，可以坐几个人，价格是多少，一个家庭积蓄多少年就可以买得起等，显然要生动、亲切得多。

(2) 改变角度

对同一事件进行不同角度的报道，稿子的意义和所体现的思想意蕴就完全不同了。如2002年河南人民广播电台制作的《刻在石碑上的友谊之歌》获得中国彩虹奖二等奖。记者经采访得知老共产党员李公涛花费数百万为国家建碑林，但并没有类似其他媒体从奉献精神、舍小家为大家等传统典型报道的角度出发，而是从中韩两国的民间文化交流的角度，深化了十六大报道提出的“广泛开展民间外交”以及中韩建交十周年这个更有深厚意义的主题。可见，报道角度改变，使得立意更新，新闻价值也更大了。

(3) 改变报道形式

创新手法是广播节目创优最有效的手段。比如2002年青岛人民广播电台制作的节目《葛路——我们为你送行》，采用的是热线直播方式，通过前方、后方连线，把葛路牺牲处、追悼会现场与直播间联系起来，实现时空场景的自由转换，通过主持人、前方记者与听众的热线，营造了一个万人为葛路送行的悲壮氛围，很好地服务了主题，还使主人公的事迹更加真实可信。这篇作品获得中国广播新闻奖一等奖。

郑州人民广播电台制作的《子夜枪声》，以目击纪实的手法，再现民警子夜追劫匪的情景。音响声声相连，情节环环相扣。整个节目主持人只有几句背景交代，通篇都是用现场音响编织的故事。作品获得了河南省2003年好新闻创新奖。手法创新的形式很多，如知识性节目的拟人手法、童话体；播出形式与报纸、电视、互联网的同步联动；全国、全省统一联播；现场直播；多点连线；进行式报道等。

(4) 改变结构

广播新闻的结构形式是由广播新闻的特点决定的。一是线索单一，广播新闻的结构多为单线条，或两条线交织进行，一般不采用多条线索穿插进行，这样更符合广播顺时收听的听觉习惯和心理。二是行文简练。同样的新闻事件，广播新闻稿可以比报纸新闻稿短一些，这是因为广播新闻一般采用粗线条叙述，不像报纸那样对内容照顾得那么多，方方面面都要涉及。大多数广播稿只告诉人家大概是怎么回事，把事情讲清楚就行了，而同样的内容，报纸新闻则要深入一些，承载更多更深的内容。

4. 综合

综合是把内容相关的或是反映同一主题、同一方面的问题，或是反映同一地区的若干篇稿件综合成一篇稿件。综合稿件常用的方法：

（1）按问题进行综合。把反映同一主题、同一问题、不同地点的几篇稿件集中进行分析，找出内在联系，再提炼概括，重新安排段落结构，写出一条综合新闻。

（2）按内容综合。把几条反映同一方面的内容、报道角度不同的稿件组编在一起，前面加一个总标题，组成专栏或专题新闻。如一组抗洪抢险救灾报道、一组经济信息等，可以充分利用稿源，综合多个稿件，增强报道气势。

（3）把同一报道对象、发生在不同时间的几条动态性消息综合成一篇稿件。如党和国家领导人出国访问，一天之内往往有几项活动，如抵达、欢迎宴会、会谈、参观访问、参加晚会等。报纸常常分开写，分别报道。广播往往把几条动态消息综合起来发一篇综合稿。

（4）采用集纳的方法综合。把反映某个问题或某件事情的几篇稿件组编在一起，加上编者按、编后话或配写上串联词。

第四节　广播新闻评论

社会舆论具有多样性，经过媒体的过滤和传播，会使一部分意见和观点具备一致性和广泛性，成为社会上的“主流”或“强势”意见，进而产生“导向”。新闻评论具有强烈的思辨色彩，这是媒体性质所决定。

当受众面对信息的倍增及其来源多样化的时候，对信息源会提出两点要求：一是具有个性化，个性化越突出，越是方便受众选择；二是要客观报道与主观评价相结合。受众越来越明白，任何“客观报道”都掺杂观点，与其遮遮掩掩，还不如让它亮明立场，使之成为与事件并存的另一种“客观”。

一、广播评论的特点

广播评论是按照广播的传播特点，以便于口说耳听的方式撰写、制作和播出的新闻评论，是一种政论性的广播新闻体裁。

广播评论的特点表现为短小精悍、浅显明快、平易近人、上口动听。

1. 短小精悍

广播具有快速性和易逝性的特点，这就要求广播新闻评论在保持深度的同时要比报刊新闻评论更短小精悍。因为篇幅短小，广播评论适合小论题或小切入，选题不能过于空泛。

2. 浅显明快

广播评论要照顾多数听众的接受能力，深入浅出、简洁通俗地讲道理。要运用听众熟悉的事实来引入，并调动举例、比喻等各种表现手法来说理，避免假、大、空和生硬晦涩的说教。

3. 平易近人

要用和读者处于完全平等地位的态度来说理。在广播评论中，善于以商量的口气和听众交换意见；把说理的重点放在启发思考上，而不是把结论生硬地塞给听众；相信群众的分析判断力。

4. 上口动听

“上口”和“动听”分别是相对于传播者和听众而言。广播评论的内容好，还得有好的传播形式，语言朗朗上口且动听可以更好地吸引听众，有利于内容的传播。

二、广播新闻评论的种类

广播评论可以分为两大类。一类按新闻评论的共有形式划分，分为不署名评论和署名评论两种。不署名评论意味着以媒体名义发表意见、表明态度。这种形式按论题的重要程度又可分为本台评论、本台评论员文章、短评和编后语。署名评论包括署名短评和记者述评，虽然是以个人名义发表，但一般认为仍然代表着播发媒体的立场。另一类属于广播特有的评论形式，如广播谈话、录音评论、口头评论等。这些形式目前仍在不断发展创新之中，比如有词锋犀利的杂文式评论、具有欣赏价值的散文式评论等。

1. 广播谈话

广播谈话是说、听双方平等的谈话体评论。谈话体是它的母体，说、听双方处于平等地位则是它的本质属性。

“类交流”是广播谈话的灵魂。广播谈话是说、听双方不在同一场合，这种空间距离使双方无法进行即时的直接交流，只能由说话的一方借助某种中介，创造类似双方交流的语言环境。其中的交流感，不同于日常交谈的直接交流，称为“类交流”。

广播谈话的基本形态：漫谈式广播谈话、对话式广播谈话、访谈式广播谈话、论坛式广播评论。

（1）漫谈式广播谈话

采用谈话的写法和口吻，在播音员播报评论稿件的过程中，营造一种与听众进行拟态交流的氛围。

在写作及播出广播谈话时，既把听众作为收听者，又作为对话、交谈者；在“自问自答”“自说自话”中融入交谈、对话的因素。

（2）对话式广播谈话

变一人口播为两人对播，消除了一人口播的单调感，通过一问一答、探讨切磋、关照呼应等方式，使谈话形成交流和互动。

有助于活跃评论的气氛，调动听众的思维，使其置身于对话与交锋之中，通过谈话的逐层深入，听众自然而然地进入交流的情境之中，并自然而然地了解评论的主旨和意图。

（3）访谈式广播谈话

由主持人（或记者）与谈话对象就某一事件或问题，以面对面或电话访问等方式进行的，以了解意见性信息为主的一对一或一对多的谈话节目。

在这类节目中，主持人（或记者）以访为主，以提问为主；嘉宾以谈为主，以回答问题、表明态度、发表议论为主。访谈的对象多为公众关注的新闻人物、社会知名人士或某方面的专家权威。如“中国之声”倾力打造的大型广播谈话节目《新闻观潮》。

（4）论坛式广播评论

由两位以上的嘉宾直接参与，在交流与讨论中对事物或问题发表意见、做出分析、展开讨论或论辩的谈话类评论。

在这类谈话中，主持人（或记者）与嘉宾即席侃谈，主持人（或记者）在谈话中起提问、引导、串联、补充等作用。谈话者起分析、解释、议论、争鸣等作用。还可通过热线电话、电子邮件或手机短信等方式吸引听众参与讨论。如 2001 年 4 月 3 日中央人民广播电台《午间一小时》“帮人为什么这么难”这期节目，请来了印发帮人名片的吴新生和曾经采访报道过这件事的河南《城市早报》的记者，同时邀请了有关专家、学者来分析这些问题背后的原因。

2. 录音评论

录音评论是指兼用现场音响、资料音响和解说、论述性语言表达内容的广播评论形式，与口播述评的最大区别是音响的运用。它是广播述评中的特殊类型，也是最能体现广播传播特点、发挥广播传播优势的广播评论类节目。

示例：

广播评论《严禁酒驾带给社会的启示》（2012 年中国新闻奖一等奖获奖作品）

今年 5 月 1 日起，正式生效施行的我国刑法修正案（八）中，对“醉酒驾车”和“违反食品安全”的惩处都前所未有地加大力度，两者都是“只要有行为、不论结果”都将处以严厉的刑事处罚。然而相同的力度却有着不同的结果：全国醉酒、饮酒驾车同比大幅下降；而食品违法行为却屡见不鲜。为什么“严禁酒驾”能够在全国取得良好效果？它带给社会其他领域怎样的启示呢？来听记者丁芳发来的新闻综述：

【检查现场：“请问有没有喝过酒？”“没有。”“用力往这个位置吹？滴……噢，显示绿色，您没有喝过酒。谢谢配合。”“有没有朋友因为酒驾被抓住过啊？”“现在没有，以前多，我们是百分之百执行。因为现在抓得严，有典型了，高老师嘛！”】

24 日晚，恰逢周末，又是西方的平安夜，23 点的西藏路淮海路口依旧人来车往。此时全国范围的“查酒驾”统一行动拉开帷幕。黄浦交警豫园中队在此路口设卡检查。在记者跟随采访的两个小时时间里，这个点共检车辆约 150 辆，却没有查到一起酒后驾车行为，黄浦交警支队勤务路设科李科长告诉记者。

【去年我们查酒后驾车最早从 8 点半开始查，基本查到 11、12 点已经战果累累了。5 月份入刑以后，运气不好的话查 100 辆都不一定有。各个区交警支队基本上每天晚上都有设卡。1 月份到 4 月份，醉酒驾车 55 起，5 月 1 日到现在为止，5 起，下降 90％多。】

25 日早黄浦区交警支队汇总数据显示：24 日晚的统一行动黄浦共设检查点 8 个，从 23 点到凌晨 2 点共检查车辆 1800 辆左右，查获酒驾 5 起。难怪有社会学者称：“严禁酒驾”取得的成效，可以说是共和国 62 年历史上，“执法见效”最成功的案例之一。市交警总队事故处陈伟群科长介绍：截至 12 月 15 日的数据显示，今年整个上海酒驾人次也大幅下降。

【今年 5 月 1 日醉驾入刑后，到目前全市查处的醉酒驾车是 1091 起，同比下降约 78%。饮酒驾机动车同比下降 57%，下降的趋势是很大的。】

酒驾大幅下降的成效在全国带有普遍性。如此良好的社会效果只是因为法律上加大惩处的缘故吗？社会学家、上海大学教授顾骏认为，重典固然重要，但更重要的是“执法力度的加大”和所有人在法律面前的“同一待遇”。高晓松案就是一个典型案例。

【它的严格执法程度从未有过，所有的人都不能幸免，拒绝通融，拒绝具体情况具体分析。法律要发挥作用，必须对一切人有效。如果管不住一部分人，法律就管不住所有的人，再有力度的法律规定都没有了意义。】

交警总队勤务处王世杰科长说，现在在查处酒驾方面，不仅对民警执法环节的要求不断提高，对执法者自身的行为要求也比任何时候都严。

【“警务通”一抓到了，这个警务通就上传到所有公安系统里了，你连求情的时间都没有，就现场了，我们从各个环节堵住漏洞。酒后驾车是严重违法行为一律顶格处理、一视同仁的，不管你有什么职务、处于什么岗位，只要你酒后驾车了，必须清理出公安队伍。】

“严禁酒驾”的确已在全社会取得良好社会效果，然而法律同样严格“对待”的食品安全问题，依旧和社会其他领域的许多治理一样，面临着“走不出”的困境。市食品安全委员会办公室副主任顾振华介绍：

【上海一年食品安全方面违法案件少说有四五千件，这些查处大部分都是以罚款的形式来进行处罚，上海每年大概有两位数的数字追究刑事责任已经很不错了，酒驾抓到一个就是刑事责任。】

多年从事法制研究的、上海市社联党组书记沈国明对这一现象也非常感慨：

【刑法修正案里既规定了醉酒的问题，也规定了食品安全的问题。而且有个共同点，不管有没有压死人、不管有没有吃死人，它是不管后果的，只要你有这个行为，就判刑了。它的力度和醉酒是一样的，但是你看连人家知都不知道。说明执法认真不认真，造势情况如何、宣传怎样都很重要。】

不可否认，食品安全的查处难度远远高于醉酒驾车，一件食品安全事件的认定远非像“吹口气”来得那么容易，沈国民认为：食品安全问题，的确复杂，但再复杂的事件也有解决的路径，切断“利益链”让法律做主，很重要。

【如果我这个企业在什么区，我对他 GDP 贡献很大，区里也不希望我垮掉的。地方政府就是这种很微妙的态度，在某种程度上，他们都有保护伞，他不是一对一，不知道背后有多少力量。都有部门利益、地方利益，所以大家基于利益这个角度来权衡对法律的态度，这使得很多法律都不能得到很好的执行。】

法治社会要求：每个人或每个部门都只对法律负责。严查酒驾的“人人平等”，凸显了法律的作用和威严。然而当下，环保、拆违等很多领域在执法时往往强调事物的特殊性。上海市联合律师事务所高级律师江宪和顾骏教授分析说：当总是强调特殊性时，问题就出现了。

【我们目前走到今天，确实是由于我们在强调事物的特殊性，忽视了法律主要是针对事物的普遍性的。我们现在总是把法律当作一种很实用的东西，我要用的时候用一用；千

万不要搞成法律只是治一部分人，却放过另外一部分的。执法者首先必须守法，法律管不住执法者，执法者就管不住普通人。】

改革开放以来，中国加快“立法”建设，基本解决了无法可依的状态。江宪律师说，中国当今的问题不是法制缺失的问题，而是要充分体现法律的公正性和严肃性。

【我们现在的问题是有法不依的问题。在有些事情上严肃执法了、有法必依了，但有时又有法不依了，这样造成整个社会起起伏伏（沪语）。】

建立一个健全的法制社会，受益的将是社会中的每一个人。而每一个人又都是法治社会的推手。市绿化市容局的一组数据值得深思：今年1月至10月，本市工程渣土车涉及的交通事故共50起，其中28起是由助动车主、自行车或行人负主要责任。上海人大法工委主任丁伟说，公众在强调权利的同时不能忽视责任和义务。“警在法在”的现象要改变。

【现在整个国家法的发展趋势是不断限制公的权利。公权力加以限制我认为是社会进步的标志。相对来讲私权利就扩张了。现在普通社会公众你们准备好了没？如果你们遵法守法意识没跟上的话，那么我认为这个社会也会不稳定的。】

越来越多的事例告诉人们：社会治理没有什么其他办法，唯有依法。

人们只有敬畏法律，把法当真，管理部门像查处酒驾一样来查处所有的违法行为，社会一定有条不紊。

评论作者从“醉酒驾车”和“违反食品安全”这两个带有普遍共性的社会现象入手，通过采访执法者、专家、学者、地方官员等，揭示了问题的现实性，同时将欣喜、忧虑和现状呈现给听众，并且提出了应对的思路和观点。运用大量的人物谈话录音和现场实况音响，首先提出问题和现状，在醉驾入刑后醉酒驾车的现象大幅度减少。接着分析其原因，并将其与另一个社会治理难题食品安全问题进行对比分析，给社会以思考和启示。

录音评论中的音响材料是作为论据的一部分存在的，主要起支持和说明论点的作用。而录音报道中的音响，则是新闻事实的一部分，它同叙述语言融为一体，共同表现或再现新闻事实的全貌。也就是说，同样运用音响材料，录音评论与录音报道对于音响的取舍标准和运用原则是不同的：前者以能否证明和说明论点为转移，后者则服从于完整地表现事实的需要。

音响的基本类型按音响的来源，可以分为伴随事物发生和因采访发生的两种。前一种音响，是事实的一部分，可以在一定程度上再现事物的现状和发生、发展过程，具有一定的客观实证能力。后一种多为语言音响，主要是受访人讲述事情发生的情况或对事情的看法，带有说话人的某种主观倾向性。

按音响在评论中的作用，则可以分为下面几种：现场谈话，记者在采访现场的提问和采访对象的谈话。环境音响，现场采录的用以表现环境特色、交代环境背景的音响，包括自然界和人类社会的各种音响。后期解说，记者或主持人在后期制作时录制的解说和论述性语言。资料音响：为引出话题、交代背景、烘托气氛而选用的以前录制好的声音资料，包括昔日的讲话、音乐、歌曲及其他唤起人们记忆和佐证评论观点的音响。

就目前的情况看，广播评论所运用的音响，多数是因采访发生的、受访人讲述事物的情况或对于事物看法的音响。伴随事物发生的音响不多见；表现评论主体倾向的音响也多为提问，很少有主动的插入。

3. 口头评论的特定含义

口头评论：由评论员、记者自己播讲，运用夹叙夹议的方式反映和分析新闻事件或社会现象问题。我国的广播评论长期由播音员播送，为同这种播出方式相区别，人们把由评论撰稿人自己播讲的评论称为“口头评论”。

口头评论与广播谈话既有联系又有区别。这两种评论形式是按不同标准划分的，既不排斥，也不能直接等同。口头评论是按播出方式划分的评论类型，基本标志是撰稿人以个人的名义发表意见，他完全可以根据表达的需要运用不同的文体，包括运用谈话体。广播谈话有鲜明的文体特征，形成“类交流”，由撰稿人还是由播音员播讲都行。两者可以统一起来，但需要一定条件，比如评论本身具有谈话体的基本特征，评论作者具有一定的口语表达能力，尤其是话题本身适合以个人的名义来阐述。

第五节　新闻节目编排

一档综合性新闻节目，时间至少二三十分钟，篇幅数量较大。从地域上分有本地新闻、国内新闻、国际新闻等；从内容上分有时政新闻、经济新闻、体育新闻等；从体裁上分有消息、录音报道、言论等。节目编排就是运用各种编辑手法，把这些内容串联起来，将编辑思想和意图体现出来，表示倡导什么，反对什么。

一方面，直接体现节目编排。常见的议论性语言，包括节目开头语、稿件的编后话或评论等，是编辑思想的直接体现。其目的性极强，开门见山、态度鲜明，对于体现鲜明的节目主题具有很重要的作用。另一方面，间接体现节目编排。通过节目编排语言体现编辑思想，包括编写提要、稿件排序、组合搭配、专栏设置、栏目曲或间奏乐等。

湖北之声每天晚上直播的《新闻联播》节目流程如下：首先是今日头条，接着是省内主要新闻提要、省内主要新闻、省内简讯，再就是国内国际提要和国内热点，最后是国际简讯。这样的节目编排体现了湖北之声立足于湖北地区，突出地方新闻的同时，关注国内和国际新闻以及湖北之声广播以都市生活为基本主题、以市民为目标受众的基本定位。

一、根据新闻价值排列稿件次序

编排时要对新闻价值进行综合考虑，但应当把重要性放在首位。长期以来，我国广播新闻节目的国内新闻排在前，国际新闻排在后面。国内新闻包括工业、农业、政治、军事、外事、文教、科技、体育、卫生等内容。在一般情况下，经济新闻排在前面，文教新闻排在后面；政治、军事、外事新闻，多数排在经济新闻和文教新闻之间；重大事件也可排在前面。外事新闻的排列，一般以我方为主，我方的排在前面，对方的排在后面。而现在一些率先进行改革的地方台，正改革传统的模式。完全按新闻价值的大小来确定新闻的排列次序。

以往我们选择头条时，总把主要领导的活动、重要的会议消息作为首选。但是选编头条，还要注意新闻规律。如湖北电台在2004年上半年的新闻报道中，所发头条多为事件重大、在全省有指导性经验性的新闻。例如《老河口市推行村务公开听证，还权于民》《我省落实八件实事，把百姓关心的事做好》《我省整治土地市秩序取得成效》《每周评论：给孩子一个健康成长的好环境》《录音新闻：长江珍稀水生物放流行动在汉举行》等，新闻实实在在，价值大。把中央的重大精神和省里一段时间内的工作重点，化解成具体的做法，宣传效果更好。

二、充分考虑几个方面的结构组合

1. 篇幅长短的组合

长新闻易于沉闷枯燥，短新闻又急促肤浅。无论是长新闻还是短新闻，要尽量避免过于集中挤在一堆，而应适当地穿插编排。

2. 节奏快慢的组合

在不违背内容整体性的情况下，作适当穿插，表现层次感。如楚天台《早间新闻报道》和《事事关心》都选用了标志性的间奏乐，新闻内容转换时，适时插播间奏乐，既增强节目的节奏美感，又能引导听众收听。

3. 体裁单一和多样的组合

一档新闻节目中，除以消息为主外，还应兼有通讯、评论、录音报道。通过对新闻体裁变化和长短的搭配、录音音响的合理运用以及新闻主持人播音语速的快慢的调节来实现新闻节目的整体播出效果。

4. 区域远近的组合

由近及远，先近后远，是新闻节目的一个原则，可以加强信息与听众之间的接近性，增强节目的可听性。

三、运用多种编排手段，突出重点新闻

重点新闻都放在头条或头几条，以起到先入为主的作用。此外，还可采用配言论、加编后、写新闻提要、搞音响报道等编排手段，把重点新闻突出起来。尤其是配言论和写提要的效果更好，配言论既可采用各种报纸有关评论，编辑也可自己撰写评论，还可播发听众有关来信；写提要时可把重点新闻写入提要，在节目开始前播出，还可以整个节目结束时再重播一次提要，加强听众的印象。

四、运用各种编排方法，增强节目整体播出效果

1. 集中编排

把同类主题、题材，或有内在联系的两篇以上的新闻性稿件接近编排，联成一组。如编排一组全省各地欢度中秋的报道，一组奥运花絮等，突出主题。有的大中型新闻节目，还设置有固定名称的专栏，如一些节目的“科技短讯”“国际短波”等。

这种节目编排的优点：一是同类信息内容集中，便于了解新闻事实，使听众印象深刻。二是条理清楚、层次分明、便于记忆。如中央人民广播电台的《体育节目》就是一档

通过宣传开展体育活动的意义、作用，介绍、鼓舞人们参加体育活动的节目。新增《体育与健康》《听众信箱》《国际体育漫谈》等专栏，将具有共同内容题材的新闻集中编排。30年来，《体育节目》对全运会、大运会、奥运会、亚运会和乒乓球、排球、足球等单项世界杯比赛，都进行过大量的、连续的、系列的报道。

2. 对比编排

这是把两类内容具有对比性或对立性的稿件编排在一起的方法。好处在于显示同一事物矛盾双方的差异，来揭示矛盾或者说明某种观点。对比编排一般采用正反对比、今昔对比、特色对比的方式。这样可以增强反差的刺激性，使听众在强烈的对比中识辨真伪。对比编排，一般依据先入为主的思维特性，将下面的、提倡的编在前面，反面的、批评的内容编在后面，或依据稿件的重要程序，一般将重要的或主要矛盾方面排在前面，次要或次要方面排在后面。

3. 连续编排

广播以时效快的特点报道一些正在发展变化的信息，同时也就促成它自然地运用连续报道的形式。如2002年“4·15事件”空难发生后上海东方广播电台的连续报道紧跟事态发展：

《中国客机在韩国坠毁百余人遇难》（中国国际航空公司北京到韩国釜山客机今天上午11点40左右在韩国庆尚南道金海市坠毁，机上有155名乘客和11名机组人员。机上20多人被送往医院救治，其余人可能全部遇难）

《国航班机坠毁原因韩国媒体提出质疑》（各位听众，国航班机在韩国釜山机场附近坠毁后，韩国媒体对机场当时的地面指挥情况提出了疑问）

《国航客机坠毁釜山》（各位听众，执行北京到韩国釜山飞行任务的中国国际航空公司CA129航班昨天上午10点40分左右在韩国釜山机场附近坠毁。截至昨天19点，已有54名机上人员送往当地医院救治，11名中国公民幸免于难）

第六节　编写新闻提要

新闻提要，是指一次广播新闻节目中主要新闻内容的高度概括、提示或评点。新闻节目中除了三五分钟的“简明新闻”“快讯”等不设新闻提要外，时间较长的（如超过10分钟以上的）新闻节目，尤其是各地的重点新闻节目都应设新闻提要。如下面的一组广播新闻提要：

武汉市鼓励二环线住宅小区新车位配比达1∶1。

沪指今天收跌1.64%成交额首次破万亿元。

山西大同一煤矿发生透水事故，24人被困井下。

一艘载有700多人偷渡船在意大利南部翻沉，目前仅28人获救。

第十届两岸经贸文化论坛今天在上海开幕。

尼泊尔官员称强震已导致7040人遇难、1.4万多人受伤。

调查表明，注意收听节目提要的听众，远比收听整个节目内容的听众多。表面上看，新闻提要应该是客观介绍一组新闻节目的主要内容，似乎反映不出主观意图，其实不然。一组节目要播许多条新闻，哪条应该上提要，提要应该怎样写，都在表达编辑的态度。

一、新闻提要与报纸标题、新闻导语的异同

共同点：对新闻主题的鲜明提示，对新闻事实的高度概括，表达简洁明快。

区别：

1. 任务不同

广播新闻提要除了概括和提示某条新闻的内容和中心思想之外，还要概括和提示一次新闻节目的内容和中心思想，即考虑到新闻提要这个小整体自身整体性的需要。这就要求新闻提要的内容尽量不重复。如有两篇反映同一内容、同一问题的稿件，一般只精选其中一篇写提要；反映地区不同，一般只精选一篇最富有地区特色的稿件；语言表达方面，一组提要的语言表达、写作手法避免雷同。

2. 结构不同

报纸标题由主题和辅题组成，辅题分为引题和副题；新闻导语结构富于变化，种类多样；新闻提要只有主题，一二句就成，结构简单，便于收听。

3. 写法不同

报纸标题讲究文采，表达含蓄，对仗句式；新闻导语虽不一定五要素齐全，但几个主要要素不可缺少；新闻提要要讲究简练朴实、通俗、适合听，笼统、空泛的提要会使听众在收听到的一瞬间不知所云。例如2002年“4·15”空难发生后，上海东方广播电台发布的一系列新闻提要都是实题，如国航客机坠毁釜山、国航班机坠毁事故原因尚不清楚，“4·15”空难首笔人寿保险金交到家属手中、国航客机事故调查和善后处理进入实质性阶段等，后续报道的提要都以简洁的语言如实报道事件。

二、编写新闻提要的要求

1. 突出主要内容

提要既简明扼要，又能把最重要、最鲜明的内容告诉听众。如广播稿“据中国之声《央广新闻》报道，长期以来，关于境外生育算不算超生，怎么算，一直颇具争议。而就在近日，刚刚通过的《深圳经济特区人口与计划生育管理条例》明确规定境外超生违法，超生一个按三倍征缴社会抚养费。该条例将于2013年1月1日起施行”的广播提要可以概述为：“深圳首次明确境外超生属违法，超生一个征缴三倍社会抚养费”。

2. 事实准确

提要必须准确反映正文内容，而不能超出及游离于正文之外。题文不符南辕北辙，听众听后摸不着头脑，是编辑提要之大忌。1992年，在日本举行的第5届富世杯世界围棋锦标赛首轮比赛中，我国选手刘小光、俞斌和车泽武都取得了胜利，广播台拟编摘的消息标题是：我棋手俞斌、刘小光首轮告捷，原稿标题中漏掉车泽武胜李昌镐。事实上，这则消

息恰恰是这场比赛中爆出的最大新闻。因李昌镐被誉为世界棋坛无冕之王，对中国棋手而言还从无败绩。编辑在播出前及时将内容提要补上：第5届世界围棋锦标赛我棋手车泽武大胜李昌镐、俞斌刘小光首轮告捷。经过处理后的内容提要言简意赅、切合实际。

3. 思想鲜明

广播新闻提要不仅是对内容的概括提示，而且还要亮出政治倾向和褒贬态度，旗帜鲜明地赞成什么、反对什么。如新闻提要："张家界官员变稻草人拍江南style奉献精神值称赞""儿童用药'基本靠掰'难煞家长，专用药缺乏需重视""重庆十大老字号小吃抱团经营，一站式吃遍重庆美食""天津市各级工会送温暖活动四季如春""第七届中国投资贸易洽谈会开幕，上海展厅精彩亮相"。这几条广播提要中的"值称赞""需重视""美食""四季如春""精彩亮相"通过字里行间间接地表达或肯定或警醒或赞扬的态度和立场。

4. 语言通俗

广播新闻提要的语言要符合人们听的特点，语言生动，读起来朗朗上口。如这两则广播提要"飓风过后美国忙拾'烂摊子'，重建工作已经展开""喝污水饿肚子，伊拉克人怎么过日子?"语言通俗易懂，一下子吸引了人们的注意力，产生了引人入胜的效果。广播新闻提要的语言应防止生硬、呆板、言而无物，回避"副词""形容词"等虚词，防止模式化、概念化。

5. 形式多样

要使提要活起来，编辑中讲究修辞方法，如比喻、借代、夸张、拟人等多种辞格。如"老字号倚老卖老，新思路厂新店新"，朗朗上口。如某电台编发了一则短消息，原题大意是：长沙郊区开通了程控电话。主持人在播出前将原题改作副题，另拟了主题："村头一拨通天下，程控电话连万家"，添加短短几字，将程控电话的功能诠释得一清二楚。

示例：

2015年5月1日湖北之声新闻联播节目流程单

这里是FM104.6 AM774湖北之声每天晚上6点为您直播的《新闻联播》。首先关注今日头条：

我省铁路公路今天迎来出行高峰，多个景区推出特色项目吸引游客。

今天是五一小长假的第一天，武汉三大火车站今天计划发送旅客34万人次，客流主要集中在上午。铁路部门介绍，武汉站和武昌站首次在小长假期间采取春运的工作模式，均有武警协助维护旅客进站上车秩序，并有志愿者帮助买票、进站等。

根据气象预报，小长假期间，武汉会受到降雨的困扰，武昌站、汉口站附近拥堵情况可能加剧，提醒出行旅客最好能够提前出门。

在高速公路方面：今天是五一小长假高速公路小车免费通行的第一天，市民自驾游热情高涨，我省高速公路迎来车流高峰，部分路段出现拥堵。湖北之声记者报道：略。

再来关注旅游市场：今天，恩施迎来众多游客，与以往从陆路游览恩施风光不同，今年五一小长假，游客们会选择乘坐游轮，在清江上饱览清江画廊美景。报道：略。

新闻联播，直播新闻，下面关注天气：

【省内主要新闻提要】

新闻联播、直播湖北，以下继续关注省内新闻：（提要 2～3 条）

武汉硚口江滩今天正式开放以运动作为主题。

我省 H7N9 疫情首发地严防严控禽流感。

新闻联播，直播湖北，经过两年多的紧张施工，武汉硚口江滩公园今天正式对外开放。作为武汉首个运动主题的江滩，多个体育场馆、舒适的绿化环境，给武汉市民提供了又一个休闲健身的好去处。湖北之声记者报道：略。

新闻联播，直播新闻，关注一组省内简讯：

记者从武汉地铁集团了解到，在开通运营 11 年之后，轨道交通 1 号线将在全线 28 座车站安装站台屏蔽门，保障线路运营安全。

武汉铁路局透露，今天起，铁路部门拟调整暑期列车运行图，5 月 1 日到 9 日，暂停发售 6 月 29 日及以后车票，5 月 10 日起恢复。

武汉首个半程马拉松赛事——2015 武汉后官湖半程马拉松明天将在蔡甸区后官湖开跑。本届大赛作为武汉首个上榜中国田径协会赛事目录的半程马拉松赛事，也是 2016 武汉国际马拉松的预热赛。

今天，恩施机场停航一个月后的西安—恩施—杭州航线正式复航。据了解，该航线是恩施州第一条直飞外省的航线。

4 月 26 日，我省确认了首例人感染 H7N9 流感病例，患者来自黄冈市。该病例被发现后，黄冈市加强防控，严格管理源头，关闭活禽交易市场。来听湖北之声记者报道：略。

新闻联播，直播新闻，关注今天国内热点：

今天，一批经济领域的新法规和新政策正式施行。其中，广受关注的《存款保险条例》规定，存款保险实行限额偿付，最高偿付限额为人民币 50 万元。我们来详细了解下：0501 存款……

中央气象台今天早上发布暴雨预报：预计，今明两天，湖北中东部、湖南东北部、江西西北部等地的部分地区有暴雨，局地大暴雨。

今天凌晨 2：30 左右，厦蓉高速江西赣州市境内会昌路段发生一起三车追尾事故，事故已造成 8 人遇难。

今天中午，浙江省温州市平阳县昆阳镇龙山公园游乐场狂呼项目发生意外事故。目前该事故已导致 2 人死亡。目前，游乐场已关闭，业主被警方控制，接受调查。

中央纪委监察部网站日前开始向社会公布 2014 年中央巡视组第三轮专项巡视整改情况。从已经公布的 9 家单位的情况看，一批人员因涉嫌职务犯罪、顶风违反中央八项规定精神等受到处理。

新闻联播，直播世界，目光转向国际：

来关注尼泊尔地震的后续消息：截至目前，尼泊尔 8.1 级强震已经导致该国超过 6200 人遇难，近 1.4 万人受伤。另外，尼泊尔周边国家因地震遇难的人数累计已过百人。来听报道：略。

继续来关注国际新闻：

今天，日本大阪市一所公寓内发现一名中国籍女性倒于血泊中，送医后确认该女性已死亡，目前，警方正在展开调查。

据警方透露，该女性手腕和脚部有伤口，脖子上或存在勒痕。沾血的利器掉落在近处，送医后确认该女性已死亡。警方称，正就他杀与自杀两方面的可能性展开调查。

据美国地质勘探局消息，北京时间今天下午4点06分，巴布亚新几内亚东部发生里氏7.1级地震，震源深度54公里。

30日，数以千计的美国人在纽约、华盛顿及波士顿等大城市再次示威，声援巴尔的摩市黑人的抗争行动，他们要求政府制止并结束警察执法不公及滥用暴力的行为。纽约警方最终以扰乱交通的罪名，逮捕了60多名示威者。

俄罗斯总统新闻秘书德米特里·佩斯科夫30日说，朝方已通知俄方，朝鲜最高领导人金正恩取消访问俄罗斯并出席卫国战争胜利70周年庆典的安排。

世界卫生组织发布的也门局势报告显示，3月19日冲突升级后，已有1200多人死亡，另有5000多人受伤。

国际原油价格4月强势反弹。纽约原油期货价格30日继续上涨，并冲向每桶60美元重要关口。今年4月，纽约国际原油价格一路高歌猛进，上涨了25%，获得近六年来最大月度涨幅。

新闻联播，直播新闻，来关注今天湖北之声的新闻话题是：（湖北之声全天重点新闻的延伸话题讨论）

昨天汉口学院公布一项关于应届毕业生调查显示，九成简历千篇一律，七成大学生特长高度相似，毕业生自荐极少能脱颖而出。有人说所谓的“特长”栏本身设计的没多大意思，也有人说特长项不特长，折射的是学生诚信的缺失。您对此怎么看？

一位世界五百强企业的人事主管曾对媒体说过：由于时间有限，只能用差不多10秒钟来浏览每一份简历。在如此之短的时间里，只能程序化地看几个标准关键词：“学校、专业、成绩、排名……”在这种情况下，随便找个简历模板改改数据，虽然省事，但绝对是对自己就业的不负责任。实际上，很多毕业生是具有无限创意的。给大家举个例子：一位动漫专业的毕业生用Flash做了一个短小的视频，把自己制作成动画短片当中的主人公，将自己的优势和特点在几分钟的视频里面进行了全面的展示，而且用了很幽默的语言，让人耳目一新，并对他的能力“眼见为实”。

由此可见，传统简历虽然仍将是大多数用人单位初步筛选人才的主要模式，但是这种单一、高相似度的简历只能让用人单位泛泛而过，迅速筛选。由于这种简历存在局限性，应该鼓励求职者推出更加新颖的模式，用最能反映自己优点的新型简历来俘获用人单位的心！

第五章　录音报道

第一节　录音报道概述

对于广播听众来说，具体扎实的素材能够给人以鲜明的感受，便于听众在最短的时间内对报道内容从选择性注意进而达到选择性记忆。因此，广播与报纸的报道手法应该有明显的不同。广播稿要求写人叙事更加具体、形象。一方面，可以提供更多具体可感的材料，尽量让听众在听而不见的情况下，有形象联想。另一方面，节奏有张有弛，使整个报道顺应听众思路。

录音报道是广播新闻所特有的一种报道形式。录音报道相比广播文字新闻的优势在于增强了报道的可信性、现场感和感染力。录音报道充分运用了人物谈话录音和现场实况音响展现新闻事件的真实场景和过程，由新闻人物直接出声说话更真实地表现人物关系和人物情感。

一、录音报道的基本概念

运用新闻事物的实况录音和新闻人物的谈话录音进行的报道。“新闻事物实况录音”是指新闻事实发生的真实声音的录音；“人物谈话录音”是指由于记者的访问或提问而出现的人物谈话录音；“报道”是指记者对新闻事件发生的时间、地点、背景等的介绍以及记者对新闻事件的分析、判断、评价、感想等。记者的报道既可以在新闻现场，也可以在非新闻现场进行。

二、录音报道的构成

录音报道一般由记者对新闻事实以及新闻现场的叙述、人物谈话录音、实况音响组成。实况音响、人物的谈话和记者叙述三部分缺一不可，录音报道呈现给听众的是一个总合成稿。

人物谈话音响：是指在报道中由于记者访问而引出的人物谈话。人物谈话也是一种现场音响，与其他音响相比，它可更直接地体现人物的思想感情，更好地表达主题。因而它在广播报道中占有重要地位。

实况音响：新闻现场实况音响。被报道的新闻事物所发出的真实音响及其环境发出的各种声音，目的是指明环境、渲染气氛和表现烘托主题。那些能直接说明主题、表现主题的音响叫主题音响或骨干音响。有些音响虽不能直接说明主题，但能表现新闻事件的时间、地点、条件和气氛，叫烘托主题音响又称环境音响。

记者叙述：交代时间、地点、人物，介绍新闻事件发生的背景和过程，描述现场的情景，从而更好地揭示主题。

录音报道的构成一般表现为五种方式：一是实况音响＋人物谈话音响＋记者叙述；二是实况音响＋记者叙述；三是人物谈话音响＋记者叙述；四是人物谈话音响；五是实况音响。

示例：

第20届中国新闻奖广播专题一等奖作品

——《小岗村的好书记——沈浩》　安徽人民广播电台

【片花】

他，一名普通的选派干部——

“沈浩同志是我们安徽省下派干部的优秀代表，是基层干部的学习楷模。”

他，深深热爱这片土地——

“我对这块土地也怀着深深的感情……”

他，用生命在群众心中树起永恒的精神丰碑！——

“这给你立的是墓碑，但是你在我们心中永远是丰碑，沈书记安息吧！”

请听安徽人民广播电台记者黄美娟、黄铮采写的录音通讯：

《小岗村的好书记——沈浩》

11月6日（2009年）早晨6：00多，一个极其普通的时刻，但是对于安徽省凤阳县小岗村的村民来说却像是天塌了一般。他们的好书记沈浩因长期操劳过度、积劳成疾，在小岗村不幸逝世，年仅45岁。胡锦涛总书记闻讯后作出重要批示：“沉痛悼念沈浩同志，请转达对沈浩同志亲属和小岗村民的亲切慰问。”11月8日下午，安徽省委书记王金山亲切看望了沈浩同志的亲属，转达胡锦涛总书记的重要批示精神，对沈浩同志表示沉痛悼念，向他的亲属表示亲切慰问。

2004年2月，沈浩作为安徽省财政厅的干部被选派到“大包干”发源地——凤阳县小岗村担任村党支部第一书记。上任伊始，沈浩怎么也没想到，闻名遐迩的中国农村改革第一村，竟然只有一条泥土路通往外界，自来水还没入户，村里人均年收入只有区区2300元。村里流行着一句话：“一朝迈过温饱线，20年没跨过富裕坎”。

沈浩并没有被眼前的困难所吓倒，他一方面召集村两委干部开座谈会，了解小岗村方方面面的情况，一方面起早贪黑挨家挨户走访，在近一个月的时间里，沈浩访遍了全村每一个家庭。村民韩庆江回忆说：

【录音起】“听说财政厅调一个沈书记来，这个人一开始来呢，在村民开会的时候就讲：‘我争取在每家都吃一顿饭，就是了解群众生活情况，把小岗搞好。’”【录音止】

在掌握了小岗村的情况后，沈浩带领村里的党员干部、群众代表、“大包干”带头人到外地学习考察，解放思想，转变观念，制定了小岗村的发展目标。

要想富，先修路。小岗村友谊大道以东1.2公里的泥巴路要改造成水泥路，但是对外招标的报价是58万元。沈浩召集村民精打细算，决定由村里租机器、请技术员，村民出工自己修。就这样，沈浩每天亲自扛水泥、拌砂浆，一身泥巴一身灰地带领大伙一起干。

“大包干”带头人、小岗村村委会副主任关友江：【录音起】“这条路实际当时招标58万，后来我们铺成功过以后，总共我们才花掉27万块钱，所以就省了20多万元，村民也很满意。”【录音止】

路修好了，省出来大量资金又能投入到更多的基础设施建设上来，村民还用自己的劳动得到了实惠，这让村里的人重新打量起这个省里来的选派干部。

集体经济要发展，招商引资是关键。沈浩在小岗工作6年来，对招商引资工作常抓不懈。2009年1月8日，小岗村与美国GLG等4家企业签下投资大单。总投资达15亿元的小岗村GLG农产品深加工高科产业园项目今年3月28日破土动工，项目全部建成后，将形成60亿元的年产值，通过建设2000亩甜叶菊育种基地，带动并辐射周边乡镇发展20万亩的甜叶菊种植规模，每年为群众带来6亿元的收益。

规模以上企业的纷纷落户，无不凝聚着沈浩的心血和汗水。在沈浩去世的前一个月，他还四处奔波，代表小岗村与深圳普朗特集团达成协议，计划投资6亿元，流转土地4300亩，打造小岗村生态农业园项目。

沈浩生前曾说：“过去分田搞‘大包干’是改革，现在搞土地流转也是改革。”为了提高规模效益，沈浩在小岗村积极推动土地流转，目前已有3000多亩耕地实现流转。

据不完全统计，2004年至今，小岗村累计利用国内外资金达30多亿元，项目涵盖了农业综合开发利用、村级工业发展、旅游业振兴、医疗卫生体制改革、改善村容村貌等多个方面，为当地老百姓带来实实在在的效益。2004年沈浩刚刚上任时，小岗村人均年纯收入仅为2300多元，到了2008年底，这个数字达到了6600元，比2004年的水平翻了一番还要多，同时也远远高于安徽全省农民的平均收入水平。

群众利益无小事。在小岗村，沈浩的房门是永远都不上锁的，村民有事随时都可以找他聊一聊。回忆起沈浩书记，小岗村五保户韩庆江心情再也不能平静。2005年，他因为一场大病住进了医院，可是自己没有钱，眼看着病情一天比一天严重。沈浩得知这个消息，立即前往看望。

韩庆江：【录音起】“沈浩头天听到后，第二天亲自跑去的，跑到我那里……（哽咽）当时就给我200块钱。他又打电话给小溪河医院里姓张的院长说药费由他负责，直到病好为止。我在那里住38天医院，花了4000多块钱，合作医疗报掉70%后还剩几千块钱，结果（沈浩）也没问我要。在医院期间，沈浩经常去探望我，还亲自到我家看望我3次，买了10斤猪肉、1桶油、1袋米、1袋面……当时，我激动得流泪。我说沈书记啊，我的第二次生命是你给的。”【录音止】

其实，被赋予第二次生命的，又何止韩老一人？小岗村的这6年，家家通了有线电视和自来水，村民住房得到了大大改善，村里还兴建了文化广场和卫生服务中心，“农家乐”也渐渐兴盛起来了。在小岗村，一些村民家庭暂时困难，沈浩总是无微不至地关心他们，从家庭住房到粮食种植，从孩子上学到医疗养老，他事无巨细，经常过问。村里财政困难，他还自掏腰包支援困难群众。每年大年三十，他总是陪村里的五保户过完年才匆匆赶回合肥的家中，到了年初三又回到小岗。2007 年农历除夕，沈浩走进当年“大包干”带头人关廷珠的家，看望 86 岁的关廷珠遗孀邱世兰老人，老人十分热情，留沈浩在她家吃年夜饭。

【录音起】“那天请他吃饭，他笑：‘这老奶奶这么大年龄了请我吃饭，我怎么好意思。’我说好意思！人家出多大力，广场盖好了，你看大家也都盖上房子了！”【录音止】

那一天，沈浩到深夜才回到合肥家中，而留在小岗的，却是无穷的温暖。

【片花】

“红手印”对于小岗村村民有着特殊的意义：1978 年，小岗村 18 户村民摁下了石破天惊的“红手印”，掀开了中国农村改革的序幕。28 年后的 2006 年，在沈浩即将完成 3 年选派任务时，98 位村民又集体摁下“红手印”，挽留将要离开的沈浩。

当年“大包干”带头人严金昌：【录音起】“我们为什么留沈浩在这呢？因为沈浩刚刚把我们小岗村这个平台搭好。哪个地方，没有稳定的干部就没有稳定的发展。从‘10 大名村’我们可以排排，哪个村书记是今天换他，明天换他的？”【录音止】

沈浩是出了名的孝子，他上有年过九旬的老母亲需要照料；他又是一个慈爱的父亲，下有上中学的女儿要照顾。他常说，自古忠孝不能两全。几年来，为了工作，他不得不把母亲送到萧县老家交给哥嫂照料，但老人十分深明大义，在沈浩赴小岗村工作前夕，老母亲把沈浩叫到身边对他说：

【录音起】“乖乖，在人家那儿把人家搞好，把老百姓搞好。听党的话！”【录音止】

3 年的选派期即将结束，离开，就可以和母亲、妻子、女儿共聚天伦，但小岗村人摁下“红手印”的恳切挽留让沈浩心里十分矛盾，沈浩想，小岗村的事业稍有起色，新一轮改革才刚刚开始，他又怎能辜负小岗村人民的信任呢？

【出沈浩生前录音】“我是作为省直的选派干部被选派到小岗村。小岗村人又按（摁）下了手印把我留下来，这是对我工作上的认可，我对这块土地也怀着深深的感情，能够把我放到这个地方，实际上也是组织对我的信任，更主要的是小岗村人想过上富裕生活的那种企盼。”【录音止】

在组织上征求沈浩意见时，沈浩舍小家、为大家，做出了常人难以想象的选择——继续留在小岗村再干 3 年。这在安徽省选派干部中是首次。

2008 年 9 月 30 日胡锦涛总书记视察小岗村，当他听说村民摁下“红手印”要挽留沈浩继续在小岗村工作时紧紧握住沈浩的手对他说：

【出胡锦涛当时的讲话录音】“群众拥护你，是对你最大的褒奖啊！”【录音止】

总书记的话，极大地鼓舞了沈浩，他的干劲更大了。2008 年 12 月 30 日，在总书记视察小岗村的 3 个月后，安徽农村广播 20 多位编辑、记者、主持人来到小岗村和沈浩及小岗村居民座谈，共话小岗村下一步社会主义新农村建设规划时，沈浩向我们描绘了小岗村的未来。

【出沈浩生前录音】"我们现在制定了一个规划，'四型村'的建设定位：现代农业的示范村，城乡一体的先行村，制度创新的试验村，全面小康的新农村。规划出来了，下一步就是要靠干部带头、党员带头，上下团结一致，按照科学发展观的要求，要加快发展。小岗人现在的信心很足，所以我们也相信，不要三五年，展示在世人面前的新小岗应该是一个富裕、美丽、文明的社会主义新农村。"【录音止】

再过一个月，沈浩的第 2 个 3 年任期又要到了，当年"大包干"带头人严金昌和村民商量，这样好的致富领路人还是应该留在小岗，于是，小岗村的 186 名群众又一次摁下鲜红的"红手印"，写信给省委组织部和省财政厅，要求再次挽留沈浩在小岗村工作。而沈浩也说，只要小岗村民同意，他愿永远留在小岗村，再也不离开。可万万没有想到，11 月 6 日的那个清晨，他的生命永远定格在了这里。严金昌谈起沈浩，一直摇着头，唏嘘不已，叹息声中透着无奈，更加饱含惋惜。

【录音起】"太年轻了，才 49 岁正是干事业的时候啊！说实话，我们现在想起来有点儿后悔，如果我们不给他扣在（小岗村）再干 3 年，也许……他没有（不会）今天离我们而去。他也是为了小岗村的发展，为了我们小岗村人致富花尽了一切心血。沈书记这种精神说实话在我们小岗村是永远忘不掉的，不但我们忘不掉，我们下一代、子子孙孙都忘不掉的。"【录音止】

两届任期呕心沥血，六载离家造福于民。凤阳县委书记马占文在接受记者采访时说：

【录音起】"小岗村这 6 年是过去 31 年来变化最快的 6 年，也是小岗村的村民得到实惠最多的 6 年。我们应该学习沈浩勤奋敬业、艰苦奋斗、为民爱民、锐意改革、无私奉献的精神，继承沈浩的遗志，深入推进'四型'小岗村的建设，把小岗村建设得更好，不辜负沈浩对我们小岗村的一片真情厚意啊！"【录音止】

沈浩的先进事迹，集中体现了新时期党员干部牢记党的宗旨，紧跟时代步伐，践行科学发展观，为党和人民的事业尽职尽责、鞠躬尽瘁的理想追求和精神风貌。沈浩不愧是安徽省选派干部的优秀代表，是千千万万党员干部的杰出楷模。

中共安徽省委书记王金山接受本台记者独家专访时就如何学习沈浩先进事迹动情地说：

【录音起】"沈浩同志是我们安徽省下派干部的优秀代表，是基层干部的学习楷模。他的不幸逝世，不仅是家庭的重大损失，是小岗村的重大损失，也是我省干部队伍的一个重大损失。我们将把沈浩同志作为学习实践科学发展观的先进典型，作为党员干部教育的生动教材，为加速安徽崛起不断做出新的贡献。"【录音止】

11 月 12 日，狂风夹杂着雨点，小岗村的公墓里立起了一块新制的石碑。小岗村民满含热泪，第 3 次为沈浩摁下了"红手印"，把沈浩的骨灰永久安置在这块他奋斗了 6 年并终生热爱着的土地上，让沈书记永远见证小岗村的发展和繁荣。

金杯银杯不如老百姓的口碑。沈浩走了，永远地离开了我们。他用实际行动践行了党全心全意为人民服务的宗旨，赢得了小岗人永远的赞誉，更在他眷恋的民众心头，铸立起了党的时代丰碑！

第二节　录音报道的分类

一、录音新闻

录音新闻：利用新闻事实的实况音响、人物谈话音响和记者叙述录制的消息。录音新闻的结构和一般的文字新闻一样，有导语、主体和结尾，一般3～5分钟。中国新闻奖参评的录音新闻规定4分钟以内。不作细致描绘评，用于动态性、时间地点集中的事件和活动；报道各种重要会议的开幕、闭幕，或重要工程开始和完工的消息；工农业生产各条线的新成就，国家或民族间的外交活动等。

录音新闻的特点：体现为它在内部结构和写作上的特殊性。

1. 录音新闻内部结构的特殊性

标题——广播新闻中的文字新闻一般不要标题，而录音新闻一般有标题，录音新闻的标题只有主题，也有些录音新闻没有标题，而用导语来代替，录音新闻是否安排标题要根据报道的内容和节目的前后承接情况来确定。

导语——尽可能做到在报道的开头，即导语部分尽快出现新闻音响，充分发挥用现场音响报告新闻的优势，让听众尽早体会到新闻现场的气氛。

主体——其一，用典型音响阐发导语中提出的观点、思想或问题，以提示主题。导语只能简要道出主要新闻事实，或提出观点，或摆出问题，详细介绍由主体完成。其二，主体部分音响最为丰富和集中，因此音响的安排要层次分明，逻辑性强。其三，避免音响互相重复，音响和材料内容不能雷同。

结尾——录音新闻结尾没有固定模式，也不必刻意造作。最好把事实交代完以后即收笔，不留尾巴，自然收尾。

背景——录音新闻要求用精当的音响和精练的语言，简单明白地把事情告诉给听众，所以对新闻事件的背景和性质不作过多的介绍和交代，也很少发表议论。

2. 录音新闻写作的特殊性

首先，主线单一，中心突出。广播属于线型传播，听众的空间感觉呈线型状。录音新闻在音响的安排上考虑这一特点，报道集中表达一个内容，形成明晰的思路，便于听众接受。避免拉长报道的篇幅，必须主线单一，中心突出。

其次，文字和音响配合默契。录音新闻要充分发挥音响的作用，依靠音响表达主题。能用音响表达的意思，尽量不用文字叙述。但并非音响越多越好，选择最恰当的音响。好的录音新闻，音响和文字是相互依存，水乳交融，不能独自成篇的。

二、录音通讯

录音通讯是运用新闻事实的实况音响和描述性语言进行报道的广播通讯。录音通讯与文字通讯的区别：不仅要求记者描述细节，还要求用音响来展现细节，要求有细节音响。

录音通讯与录音新闻的区别：反映新闻事件更为深刻、具体，描述典型人物、事件更为生动、形象。这种形式适合报道典型事件，宣传先进人物和事迹，反映新面貌。

一篇好的录音通讯不仅要求记者描述细节，还要有好的“细节音响”。如《南极作证》的录音通讯，这篇通讯开篇所创造的“意境”是这样的：

“在地球的最南端，有一片白茫茫的冰雪世界，这里地势高峻，气候严寒，风暴猛烈……不落的太阳和无尽的黑夜都是这里独有的风景，这就是南极……李植生来到了南极，开始了他对南极的探索”。这样一种意境，马上就把听众的思绪带到了南极：弥漫的风雪，长期没有太阳的静夜。作者创造这样一种意境的目的是反映科考队员生活之单调、条件之艰苦，从而使听众听起来有一种“苍凉”的美感。

当文章写到李植生得知自己在南极患了癌症，中科院领导让他回国治疗的前夜，他的队友有一段录音讲话：（出录音）“李植生那一夜都没睡，他一瘸一瘸地在房间里（癌症病灶在脚上）收拾采集到的‘样本’，每拿起一快‘样本’，都像拿着一块宝石一样小心，我劝他早点睡，他却说：‘唉，睡不着哇！看来，南极，我这辈子恐怕再也来不了啦！’”这是一段细节音响，通过李植生的队友对他离开南极前夜言行的描述，反映了一位科学家的人生境界。

采写、制作好录音通讯的关键在于表现手法灵活多样，尤其要注意音响的运用。几种常用的音响运用手法：

1. 用压混解说将音响驭繁以简

如录音通讯《用镜头凝固历史的人》中的一段：

11 月 8 日是记者节。在今年“盛世中华新中国六十年文化先锋人物”的评选大会上，我们天津市的一名区县记者，为大港区文化发展服务了三十多年原《天津石化报》摄影记者王新榜上有名。组委会曾经这样评价老记者王新的贡献，说他“为祖国的新闻摄影事业添色彩，为平民化摄影艺术辟蹊径，最早用镜头展示天津大港工业发展的画卷……”

1975 年那个冬天，30 岁出头的王新还是天津棉纺厂的政工干部，风华正茂，按照组织上的要求，他和同事们积极宣传着即将在天津北大港上马的“大化纤”工程。这是国家引进精良的进口生产设备，采用聚酯熔体直接纺丝法或聚酯切片间接纺丝法，纺制出涤纶短纤维，从而结束“布票”时代，解决全国人民的“穿衣”问题。“大化纤”是当时国家全批的重点工程，她需要有更多的年轻人参与进来，但是在动员大会上，大家都不愿意去传说中那又艰苦又遥远的北大港。

“条件很艰苦，现在的年轻人很少能想象得出来……”

而就在此时，王新却做出了一个让所有人都万分惊讶的举动：自荐去北大港工作。

这篇录音通讯讲述了摄影记者王新的故事，其中有一段讲了王新不畏艰辛自愿到条件艰苦的北大港工作，在处理这部分音响时，编辑将描述当时北大港的音响素材予以删减，简单出几句音响后，便压混解说，体现主题。

2. 用背景音响烘托和深化主题

背景音响虽不是音响主体，却是录音通讯中不可缺少的部分。成功运用背景音响，可以烘托人物，说明环境，深化主题。

3. 用对话音响直接叙事

在录音通讯中，这是一种常用的手法，它可以使文章直接、简明，把事实交代清楚。常见的对话是一问一答，也有一人问众人答的。

4. 运用和主题密切相关的音响首尾照应，引起听众回味

好的通讯都讲究照应，前有提问或交代，后有呼应。要善于捕捉与主题相关的音响素材，引起听众回味。

5. 让人物自己出声说话，抓住听众

录音通讯中最能体现声音特点、最能打动听众的往往是新闻事实中的人物对自己、对他人思想、行为的概括、评价、感觉，对事件经过的准确描述，或是人物与人物的对话，或是人物的内心独白。

三、录音访问

是记者运用录音手段进行的人物访问，剪辑后播出的一种录音报道。其形式有录音专访和答记者问两种。录音访问的类型：因事访问、因人访问、因问题访问。

1. 录音专访

录音专访是围绕某新闻人物、新闻事件或热点问题进行专题性访问的一种音响报道形式。通过访问活动的现场音响，尤其是人物说话的音响，加上记者的述说、解释，展开报道。

2. 答记者问

用记者提问、被访问者回答的形式组成的录音访问称作答记者问。一般有两种不同的开头方式：一是由播音员或节目主持人以跟不同的身份开头，然后引出一问一答的谈话录音；二是由记者本人开头，以第一人称交代访问的时间、地点和背景，然后引出一问一答的谈话录音。用这种形式反映的问题一般都是群众普遍关心的，具有较强的针对性，谈话主题比较集中，也可以通过电话录音访问。

四、录音特写

用现场实况音响和语言描述，集中再现事物或人物某个富有特征的侧面或片断的广播新闻报道。

示例：

录音特写《女儿本色》(荣获第十五届中国新闻奖新闻专题类一等奖)

2004 年 4 月 15 日凌晨，破案途中，车祸夺去任长霞 40 岁的生命。消息传开，接连几天，二十万百姓自发地涌向长街，痛别这位共产党的干部。这是登封历史上第一次。

任长霞：登封市公安局长，任期内侦破大案要案一千多件……

而在登封父老心中，这位公安局长只是自己的亲人，自己的女儿。

（录音：群众一：多好的孩子，好人哪，可惜了呀！恁好的人，那闺女，好！群众二：长霞，好闺女，不能走！）

请听录音特写：

女儿本色

（现场音：整队，立正，向右看齐……）任长霞活着的日子。每当嵩山披上第一缕霞光，她准时率领干警出操。雄壮的脚步声，印证着一支队伍的信心与精神。

（录音：大多数人认为，公安这个职业是男同志干的，但我认为没有多大差别，女同志如果责任心强，如果愿意付出是能干好的！）

这是她长留于世的声音。责任、付出、自信，丰厚的内涵装点着壮美的人生。

让我们把时间切入2001年4月的登封，桃花谢了，山花遍野。公安局调来个女局长。众人一看，个儿不高，体不壮，黑妮儿一个。几百号人高马大的干警，顿时心里一怔，干警刘文治：

（录音：当时有人说公安局没人了，派个女局长。男的还不行呢，女的会中吗？）众目睽睽，任长霞浑然不觉。

（录音：她来的第一个星期，先到登封十几个乡镇派出所和群众中了解民情）

登封因少林寺而闻名，流动人口高于常住人口，又因山多地旷，发案率高，破案率低……这时，37岁的任长霞来了，这是河南省第一个女公安局长。头个星期，她就跑遍全市十七个乡镇派出所。这是她第一次面对全体干警。

（出录音：公安局是干什么的，是保护人民的盾，对付敌人的刀，过去我们破不了案，群众把我们叫“粮食局”，这是我们的耻辱）

任长霞出鞘的第一刀，就是整顿警风警纪……一场从严治警的风暴让每个人都重新认识警察的天职。干警刘文治：

（录音：任局长经常说，公安公安，心里公，百姓才能安。她提出要求整队伍，跟我学，向我看，对我监督）

天地间自有一杆秤，任长霞以自己为秤星，毫不犹豫地把自己推向风口浪尖。

任长霞出生于郑州一个工人家庭，从小爱舞枪弄棒，最大的志向就是当警察，她高中同学钱红梅记得：

（录音：我们俩躺在床上，她说，我想当警察，我说，你咋想当警察呢？特别辛苦呀。她说，我很气愤那种以强欺弱，以势压人。她说我看到那些不公平的事，我就生气，我就要打抱不平）

高考的志愿，她填的全是警察学校，再后来，从警校到预审科，到技侦队，到登封市公安局，老任家的女儿按自己的选择一路走来，风风火火。

登封公安干警记忆中，流动着任长霞那繁忙的日程：四月到任，四月下访，四月整顿警风警纪。还是这年四月，任长霞的刀又一次出鞘。这一刀是对准王松黑社会团伙，一个在登封势力影响都很大的团伙，当农民王中央要揭发这一团伙的罪行，看看单薄的任长霞，他犹豫了。干警刘文治：

（录音：任局长笑了，你回去吧，你啥时候信任我了再来。结果他是4月24日找任局

长，25 日就成立了专案组，29 日就把王松抓起来了。登封人民伸大拇指，这个女人敢干，敢动真格的）

仍是四月，任长霞化装成农妇，出没西岭，调查一桩历时四年的系列强奸杀人案。接着，她又把视野投向危害百姓的砍刀帮。依旧是四月，女儿被残害 11 年积案未破的韩素珍家，来了任长霞。

（录音：告状告了十几年了，家没任啥，又脏又穷的，你到我家来不嫌我？不嫌弃。你管不管，任局长。我管嘛，你放心，我一定要替你查清）

为天地间的正义，也为更多像韩素珍一样的百姓能直诉心声，任长霞定下了局长接待日。干警刘文治：

（录音：每月 19 日为接待日。第一个接访日接访了 124 起，180 多人。124 起接着啥概念呢，中午不吃饭，晚上也不吃饭，一下接到晚上 11 点，接不完，根本接不完，接不完咋弄，把老百姓的信件收起来，晚上回到屋里抽时间再看。第二次，群众去的更多了，290 多人）

接待日从每月一次到每周一次，任长霞脸麻了，嘴木了，心却与百姓更近了。

自打登封来了女公安局长，老任家就少了顶梁柱。走马上任前，父亲对长霞说："咱家出了你这闺女，掌握生杀大权，可别放过一个坏人，也别冤枉一个好人，别给祖宗挣骂名！"看着父亲那满脸皱纹，女儿点点头，句句记在心里。父亲一年老一年，又偏瘫在床，女儿挂心哪！回郑州开会，再晚再晚，女儿也要回家给父亲搓脚揉背，可女儿能回来的时间太少了。父亲心里清亮：自古忠孝难两全，咱闺女没给老任家丢脸。妹妹任丽娟说：

（录音：我姐她是忘我的工作，确实舍了小家，只要有机会，有时间，她对家的爱护，包括对父母的情感，无法比喻的。让我妈说，她是撑着家里的一片天）

在登封父老心里，长霞更是响晴的天……

在登封百姓心里，长霞是善良、温暖的化身。处理一次瓦斯爆炸时，看到 11 岁的刘春雨成了孤儿，任长霞一把搂过女孩说：以后，我就是你母亲。天冷了，她送来粉红色的棉袄；开学了，她带来文具、书包。人常说，男儿有泪不轻弹，任长霞说，"女人家泪窝浅"。战友们记得，接待来访，百姓说到伤心处，她落泪。

（录音：群众的冤屈她听到以后她哭了）

得到百姓的信任，她落泪。

（录音：冬天特别冷，群众给我们端茶，递板凳，当时她感动得哭了）

……

那潸潸清泪饱含着她对这一方土地一方百姓的深情。

而在任长霞的丈夫卫春晓心里，长霞变了……自打妻子到登封工作，俩人难得见上一面，匆匆一面，再没有当年的儿女情长。

（录音：随着事情越来越多，几乎家里就顾不上了，回去后最多时间在打电话，安排工作）

长霞太忙了，总是来也匆匆，去也匆匆。卫春晓看得出妻子变刚毅了，那是因为她肩负着一方平安；妻子话少了，是因为登封让她牵挂的人和事太多了。而长霞也想尽到一个妻子的责任。她觉得欠这个家的太多了，咋样才能补偿补偿？干警吴宏敏说：

（录音：如果回家，我就知道，她都从家捎回脏衣服、床单去洗，都是趁空捎回去洗的，已经换季了，她丈夫的毛衣和他孩子的棉坎现在洗了还没拿回去呢）

任长霞最疼的是儿子。那年儿子想妈妈，初二的孩子骑车跑了 80 多公里，路上车胎爆了，人摔到沟里，看到伤痕累累的儿子，任长霞又落了泪。干警张金莲说：

（录音：对不起孩子，妈妈实在是没有时间照顾你。当时她流泪了。她给我讲，心里很难受，对不起家里和孩子）

今年三月，儿子在北京做手术，电话打给妈妈，妈妈心疼地哭了，可最终也没去陪他。孩子大了，懂事了，他知道，妈妈不仅属于他，还属于登封群山中那千千万万个老百姓。

从 2001 年到 2004 年，任长霞在登封忙碌了三年零三天。干警小杨：

（录音：开门在那楼上就能看到她的灯光，每晚 2 点钟以前都不会休息）

伴着这灯光，她批阅无数百姓的信件，做出无数重大决定……伴着这灯光，市里行风评比，公安局跃进前五名；伴着这灯光，登封人心定了，上访的人少了，可登门的还多。

（录音：有的群众来说，任局长俺不是来上访的，俺是想来看看你。任局长笑了，来来来坐着喝水。任局长下乡时，老太太都撵着看任局长，都喊着，闺女，你慢慢走啊!）

2004 年 4 月 15 日零点 40 分，带着侦破“1·30”案件的使命，任长霞遭遇了车祸，死时还睁着眼睛。案没破，她心不甘哪!

当登封百姓知道这消息，无不痛哭失声。韩素珍大娘倒了三杯酒：

（录音：第一杯我就说，慰告任局长在天之灵，你永远活在我的心里边）

张生林老汉刚拿到任长霞买的药。干警刘文治：

（录音：老头老泪横流啊，失声痛哭，瘫倒在地。他拿着任局长给他的药，背着祭文在登封贴了三天）

更有许多不知名的百姓。

（录音：1. 长霞你才 40 岁，你咋走了，啊?! 我比你大十几岁，我还……啊?! 2. 任局长为啥会受到人们这样爱戴，她确确实实是为民办实事，她爱民，处处想着老百姓）

前后几天，登封街头白花、挽幛、祭文、哭声，把天地之间填满。

花如雪，泪如河，长霞在几十万双泪眼中走去，化为一缕最绚丽的霞光。她那爽朗的笑声永留天地之间。

（出全国十大女杰报告会现场音：十几年的公安工作，实现了我人生最高的价值。我认为警察就是我的天职，为自己所执著追求的事业而献身，值!）

这篇录音特写从结构而言围绕两条线索展开，一条是工作中的任长霞，以任长霞在登封的工作历程和与百姓的感情为主线，表现了一位雷厉风行、对百姓无比温暖的女公安局长形象，另一条是生活中的任长霞，以任长霞与父母、丈夫、儿子的感情起伏为辅线。标题中的“女儿”二字包含双层含义，一方面是父母的女儿，另一方面是登封百姓的女儿，两者并行，相辅相成。录音特写运用了大量的人物谈话录音，从多个侧面塑造了任长霞真实而丰满的人物形象，使人听起来情感真挚，极具感染力。

录音特写的特点可以概括为以下几方面：

（1）报道内容上侧重展示横断面。录音特写不同于录音新闻，后者大都要交代新闻事件发生、发展的经过；也不同于录音通讯报道事物时以纵剖面为主，着重反映事物的发展变化过程。录音特写抓取的是新闻事物发展过程中的某一场面、瞬间，只抓侧面或片断，用文学描写手法作细腻描绘渲染。

（2）写作手法上侧重动感画面的描绘。录音特写在写作手法上较多描绘，用音响和文字描绘事件发展进程中的一个或几个具有动感的画面，写活动着的情景，表现活动着的人物。

（3）表现上侧重现场音响，解说只起辅助作用。录音特写中的“特写镜头”和活的画面，光靠文字是无能为力的，只有运用现场音响才能充分表现。

五、现场报道

现场报道是记者在特定的现场、特定的时间，对当时发生的事件进行直接口头叙述所录下的录音报道。定义中强调特定的时间、特定的地点，是因为这样报道的对象才更明确。在现场报道中，仅用现在这样的时间用语是不具体的，时间、地点说得越具体越好。

现场报道的优势在于提高了广播新闻的时效性。现场报道改变了过去那种记者先进行采访录音，后写文字报道，再由播音员播读，然后复制合成的模式。采取了记者在现场采访、口述、录音，回去后稍加剪辑就可以播出，甚至可以进行现场直播。

现场报道的一般规律：

（1）记者叙述，实况录音都是在新闻现场同时录下来的。

（2）记者的表达方式是直观、直述；边听、边看、边采、边录、边说。

（3）新闻的时间和地点要素由记者在口述中交代。要在报道的开始交代新闻事件的时间、地点等要素。有时为了增强新闻事件的吸引力，说明新闻事件的意义，还要加上为什么等要素。

现场报道的采制：

1. 选择合适的题材

现场报道对题材的一般要求是：

（1）新闻事实内容单一，层次清楚，便于记者在现场有条理地采访，自如地解说。如果新闻事实内容复杂，头绪多，记者在现场一下子难以说清楚。

（2）新闻事件正在发生和进行中。记者在现场报道中只能用现在时，用直观的语言表达。

（3）新闻发生的时间跨度小。便于记者在受到限制的广播时间里，采、录、播在现场一次完成。

2. 选择合适的新闻现场

新闻现场具备如下条件：

（1）既有气氛音响，又有典型音响。音响丰富，才会带来浓烈的现场气氛。现场典型音响是报道的骨干，说明新闻事实，突出报道主题。有的报道以人的声音为典型音响，有的以新闻事件发出的声响为典型音响，有的兼有。

（2）新闻现场的地点应集中，空间跨度在记者的视觉范围内，便于现场观察、采访、解说和录音，否则不宜采制录音报道。

3. 现场报道对记者的选择

现场报道中，记者叙述是报道的重要组成部分。对记者的要求：

（1）能用准确、形象的语言和条理清晰的叙述将新闻现场的情景展现在听众面前，跟新闻事件有机联系在一起。

（2）能用符合现场气氛和节奏的语气、基调传情达意，使叙述和现场实况融为一体，把听众带入现场环境。如在《我国第一颗地球同步试验通信卫星发射成功》这则现场报道中，描述现场正在发生着的情景，如“火箭已经从发射台上升起来了！庞大的火箭，笔直地上升着，尾部喷射着橘红色的火焰……现在火箭逐渐倾斜，开始转弯，向着东南方向的太空飞去……”“这些黄点连成了一条直线，现在它沿着理论轨道在不断延伸……我看到两种颜色的线几乎完全重合了……”记者边观察、边描述的语言，把听众带入了紧张兴奋的发射现场。

（3）能处理好现场叙述和音响的关系：

首先，要让听众听到音响后再进行解说，以便把听众自然引进新闻现场。

其次，要敏捷抓住典型音响表达主题，如现场报道《上海市进行一次大规模控制爆破》中，记者在现场口令、爆破轰鸣等直播揭示主题音响报，紧接着叙述：

“各位听众，现在我们听到的就是爆破声音。随着一阵轰鸣声，这个坚固的框架变得松散，一股巨大的尘烟腾空而起，刹那间，整个建筑倾倒，塌落在原地，成为一片废墟。整个爆破分十几段进行，一共才十来秒钟。既没有乱石飞舞，也没有剧烈的震动，周围建筑物安然无恙，爆破成功!”

这段叙述解答了听众在听到爆破声后心里的疑问：建筑物是否炸塌了？周围建筑有没有受到影响？听到记者的叙述后，疑问都解答了。

再次，要注意音响之间和音响与叙述之间的衔接，不至于让听众产生突兀和摸不着头脑的感觉。

第三节　录音报道的采制和写作

选择什么样的题材是采制音响报道首先要考虑的问题。选择题材从内容和形式两方面考虑。首先，考虑题材本身的新闻价值；其次，考虑新闻现场有无合适的音响可录。既有新闻价值，又有丰富的音响的题材才适宜做录音报道。有些题材音响不够清晰，主要新闻人物的表达不清或乡音重，难以听懂，也不宜采用音响报道。

一、音响的采录

1. 音响在录音报道中的作用

（1）主体音响

指被报道的主要事物或人物发生的声音，又称典型音响、骨干音响或主题音响。其作用为直接提示主题，直接展现人物精神境界和事物本质特征。

（2）背景音响

指与被报道的事或人发生联系的其他事物发生的声音，以及被报道的事或人所在环境中的各种声音。其作用为现场新闻现场场景，烘托报道气氛以及表现新闻时间、地点、场合和条件，增强报道现场感和感染力。比如，中国国际广播电台采制的录音通讯《寻找遗失的风景》讲的是湖南凤凰古城作为全国闻名的旅游城市在发展过程中面临的环境保护、历史古迹的保存以及城市发展等一系列难题，当地政府和社会各界为凤凰古城的发展出谋划策。全篇录音报道有大量的背景音响，开篇和结尾安排了古城沱江上苗家少女的歌声，农妇在沱江边捣衣服的啪啪声，中间穿插了日渐繁华的古城越来越多的车水马龙的音效，让听众产生一系列联想。背景音响在录音报道中只起辅助作用，如果录音报道中只有背景音响而无主体音响，就是本末倒置。

（3）结构音响

指贯穿整个节目的线索音响和衔接时空变化或转场连接的过渡音响。结构音响一般表现为特定声音，如钟声、歌声、鸡鸣狗吠等，对听觉起导听作用。其在各音响间、各场景间、各段落之间起连接作用，连贯上下。

2. 音响的运用原则

（1）真实性原则

这是坚持新闻真实性的基本要求，也是录音报道的生命。要杜绝预录补录和造假现象。造成音响失实的几种情况：一是记者在现场摆布，事前录音或事后补录；二是模拟音响代替现场实况音响；三是移花接木，把甲地音响说成乙的，把彼时的音响说成此时的。此外，记者复制时随心所欲地复接，或在文字叙述时不尊重客观事实，也容易违背录音报道的真实性原则。

（2）注意音响和记者描述、音响和主题、音响和音响之间的合理布局

现场的各种音响与记者的现场叙述交替使用，将最真实的新闻事实传播给听众，其效果是文字稿播音所达不到的。例如：系列报道《浙江遭遇建国以来最大旱情》，其中一篇描写温州地区，几个村子的村民在一眼泉水边整夜排长队取水的情景。记者采录了排队等候人群的喧闹声以及金属水桶碰撞声之后，又采访了一位正在取水的大妈。现场录制的声音有记者和大妈的对话交流的同时，还夹杂了大妈用塑料勺刮到水底石头舀水的声音，而且间隔的时间比较长，配以记者的稍加解说，很形象地告诉听众这个水泉快干了，每舀一次水都要等上一段时间，泉水才会聚拢来。这个现场音响对听众很有震撼，可见当时的旱情的严重程度。

人物谈话音响的运用应该讲究刚柔相济、阴阳和谐。比如在一篇音响报道中需出现几段人物谈话录音时，在不影响报道主题的前提下，则尽量将男声和女声的谈话录音交叉使用，这样，听众在收听时就能获得一种参差错落的美感。相反，如果几段人物谈话录音全是男声，听起来过于“厚重”；如果全是女声则听起来过于单薄。如一篇题为《缝缝补补又一年》的录音报道，主要反映在街头替别人缝补为生的人们的生存状态。按说这样一篇音响报道是很难做到刚柔相济的，因为谁都知道缝补浆洗主要是女人干的活。但作者为了

在人物谈话音响的处理上有一种参差错落的美感，花了大量的时间在武汉三镇寻找替人缝补衣衫的男性。最后的结果找到了，从而使得这篇以女性为主角的音响报道中，也出现了男性的谈话录音。报道听起来不仅有一参差错落的美感，而且报道本身的新闻性也比原来有所增强。

（3）紧扣主题，精用音响

制作一篇录音报道，关键是抓住几个有特点的典型音响，来说明报道的主题。录音报道的主体音响必须是典型音响。例如关于一场举重比赛的录音报道，现场的运动员上台有力的脚步声、吼叫声，杠铃举起后的静音及杠铃落地的声音，现场观众的掌声等都属于举重比赛的典型音响。

二、人物谈话的采录

1. 人物谈话的选择

（1）谈话对象的选择：一是新闻人物或者与新闻事件有关的人物；二是在某方面或对某问题的看法有代表性的人物；三是对新闻事件有发言权的人物（目击者、权威者）。在此基础上，选择口齿清楚、表达能力强的人物谈话。万一对方不善言辞或语音难懂，可以采取压混或混播的办法补救。

（2）谈话环境的选择：选择有利调动讲话人情绪的典型环境作为谈话录音场所，同时考虑外界声音干扰小、录音效果好等因素。

（3）谈话内容的选择：一是引导谈话对象讲有特点、有个性的内容；二是讲听众关心的内容；三是讲谈话人熟悉的内容，增加真情实感，谈话也较为流畅、动听。

2. 人物谈话的采录要求。

采录人物谈话的关键在提问。提问的要求：一是提问要具体。提问从个体事实入手，引导对方作具体回答。二是提问要明确。提问时要尽量用通俗易懂的话来表达，不用文绉绉的词语和晦涩难懂的话。三是提问要能引导对方说出事实。事实让采访对象讲比记者讲更令人置信，更有说服力。即使记者之前已经了解清楚事实，为了录音报道的需要，也要通过巧妙的提问，由对方口里讲出事实。四是提问内容必须是对方所熟悉和对方愿意回答，不要强人所难，以免造成尴尬局面和报道内容的失实。

三、录音报道中的记者叙述

记者叙述是录音报道中除新闻音响和人物谈话之外的文字，又称记者述说或记者描述。记者叙述可以由记者本人述说，也可以由播音员播讲。

1. 记者叙述的作用

广播听众缺少视觉的元素，所以颜色和形状的语言描述是很重要的词汇。除了这眼睛能看到的，还应包括耳朵听到的、鼻子闻到的、手触摸到的、脚踩上去的感觉等。通过记者的口，说出现场的气氛。

（1）介绍新闻事件发生的基本情况，如时间、地点、人物、事件经过等，属于陈述性的介绍，用作全篇的引子和骨架。

(2) 交代新闻事件的背景材料，帮助听众了解新闻事件的前因后果，来龙去脉。

(3) 介绍从新闻现场观察到的情况，对现场音响作解释、说明，加深听众对新闻的认识。

(4) 抒发记者的看法、见解和情感，提示和深化报道主题。

(5) 由叙述引出现场音响和人物讲话，用来转换段落；压缩过长的人物讲话。

2. 记者叙述的要求

(1) 记者叙述与现场音响要协调有致

录音报道中，记者叙述应该首先考虑音响的安排，不能撇开音响单独撰写文字稿，不能认为，音响报道就是文字报道中穿插几段音响。记者叙述在音响采录后写作，根据采访所得和采录的音响来确定报道主题和统一谋篇布局。如果新闻现场本来很喧闹，而解说词部分说："鸦雀无声，一片寂静"；记者介绍说："某某同志兴奋地告诉我们"，可是听音响丝毫没有兴奋的意思。记者叙述的语言风格也应与音响反映出来的气氛、情绪相一致。同时，叙述内容要避免与人物谈话的内容重复。

(2) 记者叙述与现场音响、人物谈话录音要衔接自然

记者叙述与现场音响的衔接有以下几种形式：

一是先出音响，以音响引出文字。如以一些现场音效炮声、鸡鸣声引出记者叙述。

二是先出文字，以文字引出音响。如：任长霞出生于郑州一个工人家庭，从小爱舞枪弄棒，最大的志向就是当警察，她高中同学钱红梅记得：（出录音：我们俩躺在床上，她说，我想当警察……）

三是音响启发文字，文字承接声音，借声音发挥。

本章实验：采制录音报道

一、实验目的

广播新闻采访、写作、编辑等基本技能的实践。

二、主要设备

录音笔、播音室、音频工作站。

三、实验要求

节目时长十分钟内，报道主题鲜明，结构清晰，录音素材运用合理、音质好。

四、实验内容

(1) 选择并确定录音报道的选题。

(2) 利用课余时间运用录音笔或其他录音设备进行录音报道的采访。

(3) 整理录音素材，确定报道主题和角度，并写作录音报道的记者叙述部分。

(4) 根据报道主题，利用音频编辑软件对记者叙述部分进行录音，并将其与外出采录的人物谈话录音和现场实况音响进行编辑、合成，制作完成一篇录音报道。

第六章　广播文艺节目

第一节　文艺节目的作用

广播文艺节目是以音乐、戏曲、广播剧、电影录音剪辑等文艺节目负载于广播之上的节目类型。广播是节目的载体，文艺是节目的本体。正如宣纸是国画的载体，胶片是摄影的载体，剧场是表演艺术的空间载体。广播作为文艺节目的载体，应尽可能地发挥文艺节目的听觉感受，而实际上，声音的音色、音响、力度也可以带来空间感、视觉感和触觉感。文艺节目本身的多种艺术形态之间是借鉴与交融的关系，运用手段、方法、风格、韵味之别，使得诗中有画，画中有诗。而广播面对文艺，势必形成多元化趋势。

任何文艺作品都有原创、继创和再创。作品的原创很重要，它是继创和再创的根基。然而，衡量作品优劣的标准不在于它是否是原创。有时原创的作品比较粗糙，通过继创和再创，才成为精品。对于广播文艺节目而言，也有原创、继创、再创三种类型。

原创包括两种：一种是记录社会文艺的原创，即尊重原作，如实地记录和播出文学作品、音乐作品、话剧作品、戏曲作品、电影作品。另一种是广播文艺的原创，即利用广播特点的广播评书、广播小说、广播戏曲故事、广播剧等。继创则主要在原作基础上进行程度不同的编辑处理和广播化加工。如录音剪辑、作品赏析、文艺专题、综艺晚会等。“阅读与欣赏”之类的对艺术史、艺术理论及艺术知识的概括与介绍也可以说是一种继创。再创，如广播评书、广播小说、广播剧等，体现为对其他文艺题材及作品的移植、改编和二度创作。

电台文艺编辑的大量工作属于继创和再创。只要不是平庸的照搬和抄袭，而是带有广播特点的继创和再创就不会亚于原创，这一点在历届评奖中不乏其例。

在新的时代背景之下，广播文艺节目也经过了不断的革新和融合发展。如北京音乐台、中央台“音乐之声”与社会性的民营公司合作，吸纳境外广播运作模式和节目内容，节目质量、收听率不断攀升，广告额度不断增加。北京交通台大量吸纳文艺节目，与交通节目紧密融合，拓展了交通广播的市场，成为京城受欢迎的主流媒体。

中央台文艺之声以小说连播、评书联播、相声小品、影视剧广播版为主体内容，同时还有短故事、情感夜话、读书专栏等直播节目。文艺之声为更加适应市场对广播文艺节目的需求，进行了多次改版和革新。比如在充分照顾原有中老年听众的基础上，改变全天节目设置，适应中青年听众。在早晚出行高峰时间安排针对路上移动人群的故事类直播节目，娱乐性强、贴近百姓生活。又扩容了传统故事类节目的内涵，把“长篇连播”节目丰富为四个系列：经典文学、优秀作品、畅销书、青春文学，特别是新增畅销书和青春文学系列，通过音乐、效果、戏剧等制作手法颠覆传统“长篇连播”节目风格，增强可听性，适应中青年听众。此外，在追求艺术品位的同时，挖掘“故事类”节目的实用性。如《睡前故事》栏目，为孩子们在每天睡觉前固定的时间给学龄前儿童讲故事，解放辛苦一天的孩子家长，寓教于节目。

文艺节目在整个广播中占的比重很大。文艺频道、音乐频道，主要是播放文艺节目，其他频道的文艺节目播放量也占较大份额。具体来说，文艺节目的作用如下：

一、娱乐作用

广播文艺节目提供给听众的应该是一种审美性娱乐，既能调节生活、消除疲劳，又能提高审美能力和艺术修养。在传统文艺理论中，经常会将娱乐与审美相互对立起来，认为娱乐会导致节目文学艺术性的变质。而实际上，游戏娱乐是人们追求自由的一种直观体现，艺术作为人类游戏活动中最具人性价值的活动，是人类本质力量的审美性，只有将审美与娱乐相互结合起来，才能够产生优秀的文艺作品。

当然，娱乐作用和教育作用不能等同。事实上，每个节目这两方面作用有所区别。有些文艺节目娱乐性强，又有较高的艺术性、思想性；有些节目娱乐性强，但并无深刻的思想内容；有些节目，思想内容深、艺术水平高，但没有多少娱乐作用。文学艺术是丰富的，听众的需求是多样的。高雅、精深的作品应该有；可供休息、娱乐的作品也应该播出。广播是面向广大群众，文艺节目应以寓教于乐为主。

二、社会教育作用

广播文艺节目在政治、道德、社会历史、科学文化以及文学艺术修养等方面都可以起到教育作用。广播文艺节目应进行多层次的社会教育。

广播文艺节目和新闻节目、评论节目发挥社会教育作用的手段有所不同。新闻节目主要是通过所报道的事实给人以启发和教育；评论节目主要是讲清道理，依靠逻辑的力量说服人；文艺节目则依靠形象和典型来感染人。比如，善良、美好的形象让人感到可敬、可爱，使人在感情上感受到一种高尚的美，给人以熏陶和教育；邪恶的形象则让人感到可恨，可能激起人们与之斗争。它并不急于宣传什么，或者讲出多大道理，教育人们怎么做，而是当你看完、听完或读完以后，就会感到它的内涵十分丰富，从中受到启迪和教育。

三、普及文艺知识、指导文艺欣赏

广播文艺节目在普及文艺知识方面有一定优势。首先，广播不论是普及文艺知识还是分析、评价作品，都可以结合作品欣赏进行。边介绍，边分析，边欣赏作品，以生动的艺术语言和饱满的感情色彩传递鲜活的人物形象和曲折的故事情节，具有很强的吸引力。其次，广播文艺知识一般都深入浅出，容易接受和理解，其内容和形式能够符合大多数人的欣赏能力与审美习惯。拥有不同文化修养、处于各个社会阶层的听众，只需要“听”，不需要去“看”或者“读”。这样，有利于提高听众的文艺情趣和鉴赏能力。

第二节　文艺节目编排

一、采录节目

采访文艺动态和文艺界人物、采录文艺作品。近年来，在某些地方广播文艺奖的评选中除传统的音乐节目、文学节目、戏曲节目、曲艺节目、综艺节目、小说连播等外，还有广播新作采录（包括新歌采录和曲艺新作）等。如广播文艺节目《精彩纷呈茉莉花》以其真实、丰富的现场采录获得南京市区县台好稿评选一等奖。《茉莉花》在流传过程中，受各地人文习俗和方言语调等方面的影响，衍生出许多版本，像东北版、安徽版、北京版等。《茉莉花》还被国外的音乐家演奏成萨克斯演奏曲《茉莉花》意大利歌剧《图兰朵》中的《茉莉花》，编辑把这些不同地方特色、不同乐器演奏、不同演唱形式的《茉莉花》串织在一起，请教文艺工作者，加以适当点评，做成一档融知识性、欣赏性为一体的广播文艺节目。

二、选编、串编节目

目前国内外的广播电台播放的文艺节目，大多不是自己原创的，而是靠编辑把各类节目汇集起来，组成一档主题节目。比如，一些音乐频道全是串编起来的流行歌曲。有时根据节目内容编排，有时根据重要活动、节假日的主题编排，有时也可根据节目形态、类别编排。比如山东广播第六频道的《戏剧大舞台》节目，就面向中老年听众，选编各种戏剧、名家唱段，每期收到大量听众电话和手机短信。围绕节目定位，精心选编，组合节目，是办好广播文艺节目的一个重要原则。

1. 强调知识性、娱乐性、欣赏性

这是制作广播文艺节目的一贯提法和要求，也是文艺节目构成的三个基本要素。听众通过广播收听文艺节目，总是想得到些什么，要有所收获，这是收听广播文艺节目与听家庭音响的最大区别。假如听众在收听广播文艺节目时，除了纯粹意义上的欣赏却没有其他收获，那他不如去听家庭音响。当然，这里所说的知识性是广义的，节目中传递的信息等方面都应该属于这个范畴。娱乐性就是要求节目播出的内容要有意思、有味道，这是能不能吸引听众的关键。欣赏性则包含两个方面的内容：一是审美价值，二是音响效果。审美价值说得简单一点就是可听性；音响效果则涉及节目制作方面的问题。

2. 突出个性

所谓“最具民族性也就最具世界性”，特色或特点可以是“新”“奇”，还可以是地方特色。如广州电台的板块节目《穿梭孖宝》就是一个典型的例子，节目调动了几乎所有能利用的广播元素：主持、演绎、音乐、音效、电话等，融新闻信息、市井话题、广播小品、热线参与等于一体，用嬉笑怒骂的方式对当天发生的新闻事件进行艺术加工，即兴编成广播剧现场演绎、评说，亦庄亦谐，被理论界称为“一幅当代都市中的广播漫画”。节目开播后收听率一直名列前茅。

3. 具有鲜明的时代特征

“以小见大”透过一点去感受恢宏，是广播艺术创作遵循的原则。应该将立足点放在本地丰富的地域文化土壤上，体现出相应的优势和特色。在进行选材时，应该从周边的文化环境和社会环境着眼，对日常生活中的点点滴滴进行捕捉，站在普通听众的立场上去寻找题材，确保文学节目能够迎合听众的喜好。

三、删改节目

删改、加工要从广播的听觉艺术效果出发，从节目的特色出发。如刘白羽的散文《长江三日》，中央台把它做“配乐散文”时删去了一千余字，删去之处主要是作家思绪离开眼前情景的某些叙述或文中一些有关的知识叙述文字。这些在原作中，表现出的是作家思想的自由驰骋，但在广播里，却应紧紧扣住展开在听众眼前的这一条线，使情节更加流畅，过多的枝蔓会削弱广播的传播效果。

四、配乐、配音响节目

小说、诗歌、散文等节目大多配有音乐、音响，这也是某些戏剧、电影录音剪辑节目经常运用的方法。如在广播散文节目《长江三日》中，全篇不时出现或缓或急的江水音响，江轮汽笛音响，在适当的时候再配入基调明朗、抒情的音乐，使听众如身临其境，领会了散文的意境。如朗诵到“你看那急速漂流的波涛一起一伏，真是‘众水会涪万，瞿塘争一门’。而两三木船，却齐整地摇动两排木桨，像鸟儿扇动着翅膀，正在逆流而上。”此时配入音乐——激浪怦然有声，令人振奋；旋即，朗诵转入“不久，江面更开朗辽阔了。两条大江，骤然相见，欢腾拥抱，激起云雾迷蒙，波涛沸荡，至此似乎稍为平定，水云极目之外，灰蒙蒙的远山展开一卷清淡的水墨画”时，舒缓的音乐又引人进入特定的文学意境，展开遐想。

但目前的大多数音乐节目里，音响还没有充分发挥功用。事实上，音响可以从几个方面影响听众。一是描绘。用音响创造环境，说明时代背景和特征。在介绍少年时期的莫扎特四处奔波、流浪演出的节目，伴随叙述语言和快速的音乐，马车的音响持续不断，一方面提示莫扎特所处的年代，另一方面渲染了年少的莫扎特马不停蹄、疲于奔命的生活。二是想象。比如，在叙述莫扎特死后下葬的情景时，狂风大作，暴雨倾盆的自然音响和《安魂曲》的音乐交织一起，使人对音乐短暂、悲惨的一生产生联想。三是审美。音响或纤细，或壮美，或震慑等，包含美的因素。

五、录音剪辑节目

剪辑既传达原作，又传达编辑对原作的理解、形象感受。剪辑中处处贯穿着编辑的思想感情、贯穿着编辑对人物的评价，这种感情、评价是节目的根本。

1. 电影录音剪辑

电影录音剪辑常常需要对原影片进行结构上的变动，如把原来的倒叙结构变为顺叙结构，把多线交织变为侧重一条主线的表现，把用“平行蒙太奇”表现的情节，变成适宜广播的单纯推进方式。有时，对原影片情节甚至作某些小变动，使戏听起来更整齐流畅。

以电影录音剪辑《暖春》为例：

《暖春》是一部农村题材的电影，说的是一个无家可归的孤儿小花从外村跑到了芍药村，被年迈的老爷爷收留。小花异常的懂事和心疼爷爷，爷俩儿相依为命，土坯屋里有了笑声。老爷爷的儿媳香草因为不能生育而十分妒忌，她一次又一次骗走单纯的小花，但最终都没有如愿。小花非但不记恨，还一次次用真诚和稚嫩的心去接近他们。她的宽容和善良撞击着香草的心灵，她面对着眼前七岁的孩子，终于流下了忏悔的眼泪……

广播编辑将这个简单而感人的故事由电影转化为电影录音剪辑，由视听综合艺术转化为单一的听觉艺术，是一个再创作的过程。首要面临的问题是影片内容的取舍。好的电影录音剪辑，应该把电影的对白、配乐、音效等最精彩的方面集中展现出来。这部影片的故事框架简单明了，细节场景感人，但部分过场戏如果单靠听觉就显得有些拖沓了，个别情节也过于煽情，同时在听觉上有些雷同。经过反复审听，保留了故事框架，压缩过场，突出细节，删除重复。最后这部时长 100 分钟的电影浓缩成不到一小时的剪辑作品。

其次是旁白的创作和解说。旁白必须与对白融为一体，具有细腻的表现性。完整的音效加贴切、动情的解说，再加上精彩的对白，这才是一部完美的电影录音剪辑。旁白可以采用第一人称或者第三人称。两种人称各有利弊。第一人称以剧中主人公角色来讲述故事，更易于拉近与听众的情感距离，但第一人称不便于客观叙述场景、人物、情节等故事要素。第三人称便于对场景与环境的交代，写作起来也方便，但是却总有游离于作品之外的感觉。而这部电影录音剪辑最终使用的是第一人称，以长大之后的小花“我”的视角讲述这个故事。解说旁白的播音员也需要思考如何塑造好小花这一形象，完全投入其中之后，开始录制，整个录音过程顺利，每一段录音几乎是一气呵成。旁白解说从文字本身到录音，都与电影录音非常贴合，经过剪辑合成，最终融为了一体。

再次是电影录音剪辑的开头部分。电影录音剪辑不同于电影，电影可以通过演员表演，场景布置以及综合音响吸引观众看下去，电影录音剪辑要想使听众有兴趣地听下去，就必须有一个引人入胜的开头。对电影情节、场景、人物考虑，决定从童声歌声中插入第一人称的旁白，用倒叙的手法将孤苦伶仃的小花流浪到芍药村昏倒被老爷爷救助并收养为剪辑的开头。这是一种背景介绍式的开头。首先把时间、地点、人物、背景都交代清楚，然后引出“我和爷爷的故事”。一个 7 岁的他乡女孩突然出现在芍药村并且饿昏过去，这必然要引起人们的关注和议论。围绕收养女孩的问题，人们在道德、良心的较量上，有了第一次碰撞。小花的命运怎样，故事会怎样发展，一开头便留下了一个个悬念，牵着听众的心。

2. 话剧录音剪辑

基本保留原剧情节结构，但可以打破话剧分幕分场的幕间间隔，使故事听起来一气呵成。删去不易在广播中表现的戏剧场面，如较长时间的“静场”和“战争场面”，与主线关系不大的过场戏也应设法删减。

3. 戏曲、歌剧、舞剧录音剪辑

这几种艺术体裁都具有载歌载舞、歌舞并重的特色。在剪辑这类作品时，就要突出它们各自的特点。戏曲突出它的唱和念成分，歌剧突出它的歌唱艺术，舞剧剪辑则力求以优美的解说配合舞剧音乐，形成特定的广播节目形式。

六、串联与解说

串联是把一组节目有机地联系、衔接成一个整体。串联有报幕式、交流式、介绍式。

解说一般分为两类，一类是广播剧的解说词，需要和剧本一起创作。另一类是录音剪辑的解说词，是节目制作时由文艺编辑加上去的。解说词在写作时要符合一定的要求，首先能推动剧情的展开。其次，与原作风格统一。再次，讲究语言精练，同时富有感情色彩。最后，解说词的人称要适当，一般采用第一人称和第三人称。

第三节　广播剧

一、广播剧的特点

1. 广播剧是声音艺术

广播剧用声音塑造形象、表现环境、推动剧情，这是它独特的表现形式，也是它特有的局限性。广播剧与无声电影正好相反，观众从那些动作和画面中仿佛能听到各种各样的声音，而广播剧则是从各种各样的声音中表现人物的动作和种种形象。

近几年，国外已经有了不用语言，只用音响效果完成剧情的广播剧，即从声音的表现中，听众可以明白整个剧情的发展。这虽然仅仅是一种尝试，但说明声音的表现力是极富艺术魅力的。剧作者在创作广播剧时，应该认真研究声音和不同声音所能唤起的视觉印象。电影《陪安东尼度过漫长岁月》中的小樱就是一个声音设计师，她用心捕捉大自然的各种声音，听大海的声音、海豚的声音、风的声音，然后将它们编织成动人的故事。

2. 广播剧是想象艺术

广播剧的编剧、演员、听众都需要通过声音来展开各自的想象。即便是不识字或文化程度较低的人也能够自然地从听到的声音联想到自己曾经历过的相似的感受和印象，受到某种启示。曹禺老先生评价说：“广播剧的生命，在于它有独特的个性。广播剧的艺术家，给听众留下的广阔天地，使听众参与了创作。听众是广播剧的创作者。闭目静听，一切人物，生活的无穷变幻，凭借着神奇的语言和声音，你不觉展开想象的翅膀，翱翔在奥妙的世界中。”声音没有视觉角度的限制，没有具体形象的限制，于是大大拓展了广播剧的想象空间。

二、创作要素

1. 选材

广播剧的选材多种多样，大致有现代题材、历史题材、儿童题材、神话传说题材、童话寓言题材、科幻题材、外国题材、侦破题材、惊险题材等。

2. 人物设置

广播剧中的人物按照角色地位可以设置为主人公、重要角色、次要角色、群众角色、解说或旁白。

广播剧中的人物是没有可视形象的，他的性格、脾气甚至高矮肥瘦，都要靠语言来反映，靠声音来塑造。话剧《茶馆》是一部名剧，但要把它用广播剧的形式表现，不但时间不允许，还会带来许多麻烦。听众分不清人物就是最严重的问题。因此，广播剧比起其他剧种人物设置要求更少一些，三十分钟的戏，有两三个重点人物就够了。再就是要用声音来设置人物。剧作家老舍先生说过：我要是设想张三是个心眼爽直的胖子，我要是假设他是一个宽嗓门，就让他放炮似地说直话。同样地，我设想李四是个尖嗓门的瘦子，专爱说刻薄话，挖苦人，我就让他提高了调儿，细声细气地绕着弯子找厉害话说。这一胖一瘦若是争辩起来，胖子便越来越急，话也就越来越短促；瘦子呢，调门大概会越来越高，话也越来越尖酸，说来说去，胖子是面红耳赤，呼呼地喘气，而瘦子则脸发白，话里添了冷笑……人物声音搭配是广播剧重要一环，这不光是导演的事，作者在写本子时就应想到，落实到剧本中去。

3. 语言

广播剧中的语言主要有两种类型，其中作为主体的是人物语言，它包括：对白，指的是人物之间的对话，要求通俗、易懂、口语化、具体、形象；独白，是剧中人物以第一人称所表达的心理活动、意念、幻觉等叙述性语言；旁白，以第三人称所表现的人物内心活动或展示剧中情节的叙述语言。

另外一种是解说语言，用来介绍时间、地点、环境、人物；描述人物动作、表情、外貌；描绘景物揭示人物心情；评述和议论。

4. 音响

大自然里充满了各种声音，人类社会更是热闹。广播剧正是要利用这些声音，进行筛选、编织。通过这些声音描写环境、烘托气氛，让听众从这些声音中了解剧中人物的一举一动：打架、走路、跑步、开门、关门、抽烟、喝茶、打电话等。既是写实音响，那就一定要真实。英国广播公司有一次播了一个反映“二战”题材的广播剧，剧中的大炮音响却是“二战”后的大炮才有的，其真实性就受到了听众的质疑。正如前文所述，编剧在构思剧本时，应当把在生活中观察到的声音元素尽量使用进去，并有机地配合起来，共同推进剧情的发展。

5. 音乐

要是剧中写一个人沉默或是烦躁不安时，光靠旁白解说一句，那会是苍白。如果用上适宜的音乐，效果就不一样了。获奖的两个广播剧：《远山的呼唤》《山里的故事》，写的都是湘西大山里的故事。不同的是一个写苗族，一个写土家族。用了两个民族代表性的音乐《苗岭的早晨》和《土家咚咚喹》，让人们一听就知道故事发生的地点，制造出了一个极好的氛围。同样，歌曲也是广播剧的一种补充。大家都知道，每一个时期都有着那么几首有代表性的歌，人们一唱起它，就会联想到那个时代，就会牵动人们的情愫。歌曲还能反映人物的身份。青年人爱唱流行歌曲；老知识分子爱唱俄罗斯的旧民歌；而老人们却喜欢哼哼几句老戏。

6. 类型

广播剧的类型分为单本剧（上下集）；连续剧（三集以上）；系列剧（10 集以上）。每 25 分钟为一个播出单元（即一集），每集需要写 5000 字左右。

三、广播剧创作

1. 立意

广播剧的魅力到底在哪里？相对电影来看，广播剧似乎是有局限的，它没有画面，只有声音。但是正是这一点才是凸显广播魅力之所在。声音在传达个体心灵体验上，有其独一无二的优势。借助声音，表达思想，才是创作正途。让声音传递心声，让故事关注情怀，以小博大，更能展现广播所特有的魅力①。

广播剧其最终的目的是引起传受双方的共鸣，然而受众是一个非常复杂的群体，不同年龄、职业、民族、性格和文化水平造成了他们不同的收听习惯和不同的审美心理。因此，广播剧的创作必须使受众和剧中人物在人生经验、心理状态、情感意愿和理想期待等方面在短时间里达成契合。人们对生活的体验往往是有差异的，但是对生活的本质看法，很多时候是一致的。这正是一个立意好的广播剧能与听众产生共鸣的基础。2014 年亚广联奖获奖节目《功夫》，作者最初的想法只是写一部关于打擂的广播剧，探讨比赛中输与赢的意义。经过较长时间的酝酿和构思，终于形成了一个冷幽默的创意，剧中父亲给儿子讲故事：有两位武功高人擂台比武，一叫南拳，一叫北腿。南拳死于擂台，其子为父报仇，二十年后学艺归来，准备与北腿一决高下。此时北腿年事已高，其女替父请命，相约二十年后再比高低。岁月轮回，代代相传，仇恨终遗忘，功夫却流传。作品选择以禅道来阐释中国的武文化，用声音表达了对中国功夫的深深的敬意。这一立意正是胜在对中国传统文化内涵的深刻挖掘。

广播剧的思想性、艺术性与可听性应该是完美统一的。有的剧目立意不够明晰，有的剧目立意又太过直白，还有的剧目说教味很浓，这些都是应该尽量避免的。

广播剧《女儿结》讲述了主人公叶小昭追念去世的母亲，母亲在她遭遇婚姻离异、工作发生失误的困境下，给予了她很大的支持和帮助，而母亲在为她心力交瘁中悄然离世，从而使她产生了对母爱的渴望。于是，寻找“母亲”就成了此剧的一条艺术主线，它以叶小昭分别与几位“母亲”的交往来折射出人们对情感交流的期盼和对相互关怀的渴望。两位空巢母亲身份的设置，从不同方面反映了当今人们生存的某种境况：为了拼搏容易忽略

---

① 权胜．功夫之外——广播剧《功夫》创作谈［J］．中国广播，2015（2）．

亲情；为了物质实利往往会给亲情掺进功利的杂色。

故事的表层是叶小昭想得到母爱的“女儿结”，但其深层反映的却是整个社会人情变迁的大背景，传统的伦理亲情在巨变中失去平衡的社会现实，例如“空巢”家庭、“单亲”家庭、“丁克”家庭的大量出现，以及由传统的“尊老”传统向“重幼”风气的演变等，同时又揭示了在传统伦理亲情遭遇危机时新的人伦关系的产生，呼唤建立新型人伦关系的思考。

这部广播剧从剧情和人物设置而言并无大开大合的背景和重量级人物，写的是市井凡人俗事，剧中人物叶小昭及两位空巢母亲的坎坷遭遇，看似偶然，实则有着一定的必然性。她们的境遇是我国社会在高速发展过程中众多家庭和百姓的生活缩影。作品对普通人现实生活中既是社会关注的热点又是容易被人们忽视的盲点的老龄、亲情等社会敏感问题，并不回避，而是给予关切和反映，使得这个故事富于时代感和大众认同。

2. 选材

（1）选材新鲜、视角独特

很多被民众热议的经典段子、鸡汤故事，透着幽默气息的感人情节……这些都有可能成为广播剧的素材。素材里最动人心魄的地方就是剧本应该大力呈现的部分。现在的问题是有相当一部分选材太陈旧，比如：写母女情的戏没有新突破。一部分戏选材赶时令，写伟人的戏一出好几部，质量却一般。曾获政府奖一等奖的《托起“神舟”的云》角度独特，它不是写飞船怎么上天的，而是写幕后的故事，不是写技术攻关，而是写人的真情实感。《魂魄》也不是直接写战争，而是写幕后人的生动故事。

（2）选取有冲突的情节，深化主题

在第二届中国微广播剧大赛中，余姚人民广播电台选送的微剧《爸爸》获得金奖。《爸爸》的剧情在一对父亲与儿子的对话间展开，在孩子的“别给我找后妈啊！我怕！”和“这个家有她没我！”的话语中，善良的父亲最终单身了一辈子。直到父亲去世，儿子才知道从小叫到大的“爸爸”竟然是亲生父亲的战友，是他的养父。只为了当年的嘱托，就悉心照料战友的儿子，不惜搭上一辈子的幸福婚姻。在繁多的素材中，导演选择了最有冲突的对话、场景落差最大的素材。

（3）选材应量体裁衣，适应目标受众的心理

根据不同剧目的立意和定位，选材也应量体裁衣。对于地方剧则选择蕴含丰富的地域、人文特色的素材，如：昆山的《落星石》、湛江的《醒狮魂》等。对于纪实体广播剧，则应依托真人真事创作，在生活真实的基础上进行艺术创造，做到比生活更典型、更强烈、更理想，更具审美感染力。比如，纪实体广播剧《生死大营救》中的主体事件是真实的，主要人物江春茂是2004年感动中国的新闻人物，但周忠君瞒龄参军的细节是虚构的。对于儿童剧首先要顺应儿童心理，好的儿童剧有时充满了奇幻色彩，把少年儿童带到一个美妙的世界，让想象力任意驰骋。编剧选材时不要急于灌输知识或者企图捆绑着教育的目的，当然编剧的意图可以暗藏其中，但听剧的人也可以自由发挥，会获得多样的感受和不同的收获。其次还要根据儿童的年龄特点处理好敏感题材。很多儿童剧取材自儿童生活中的典型事例，很有可能涉及校园暴力、父母离婚、留守儿童、天灾人祸致伤致残等敏感素

材，尽管剧情要呈现强烈的矛盾冲突，但面对这样的素材，就需要编剧遵循儿童的心理发展规律来有把握地进行取舍。

3. 情节

（1）情节结构讲究起承转合

所谓起、承、转、合，简单理解就是开始、冲突和结局，这也是古希腊的亚里士多德最早从古典戏剧中发现的三幕式结构。“开始”是起到承（亮相到冲突发展）；“冲突”是承到转（冲突发展到危机高潮）；“结局”就是转到合（危机解除的后续）。目前广播剧的开头与结尾，问题较多。较为典型的是头大、尾长。头大，进戏慢，不提神，有些好的东西叫开头给压死了；尾大，总好画蛇添足，加上议论点题，总怕听众听不明白，缺少余味。好的广播剧大可打破叙述开头、议论结尾的套路，采取更加灵活的形式。

示例：

《功夫》

开头

［画外音］

幼童：爸爸，功夫是什么呀？

父亲：功夫就是中国武术。

幼童：武术？是不是两个人打架呀？

父亲：不，孩子。功夫是一种“武文化”，里面学问可大了。

（这一开篇以对话开始，直接点名功夫的本质“武文化”，暗示了主题）

结尾

解说：南拳北腿两大武术世家，为了这个双方定下的誓约，就这样一个二十年，又一个二十年过去了，亦如四季，交替轮回。

解说：一直到今天，仇恨被逐渐遗忘，功夫却流传下来。

［音乐音］

结尾部分简洁利落，不是议论，却胜于议论，余音未了。

（2）情节推进讲究顺畅通达

情节是为推进矛盾、塑造人物服务的。情节要顺畅合理，要有内在联系，不能人为痕迹太重；广播剧不易线索多、人物多、过场戏多。以儿童剧《渔夫和金鱼的故事》[①] 为例：渔夫网到了一条会说话的金鱼，金鱼为了赎身，愿意给渔夫贵重的报酬。剧中通过金鱼和渔夫的情感沟通完成了戏剧性的假设，由于观众的疑虑不安带来的期待心理导致了悬念的产生。老实的渔夫不要金鱼的报酬，回到家中被老太婆痛骂一顿，剧情由此推进，导致后来金鱼对渔夫的感恩之情转变为对他的憎恶，从而带来了人物命运的改变和情感冲突，也为情节的发展做了铺垫。线索简单又合乎逻辑的剧情发展正是剧情情节推进的重要因素。

① 易杏英等．小喇叭广播故事精华丛书［M］．北京：外语教学与研究出版社，2000：1－2.

(3) 细节安排讲究生动感人

细节是广播剧情节的小单元，它关系到广播剧的成败，越是重大题材越要注重细节。使戏剧真正成为戏剧的，不在于戏剧的框架结构、中心思想，而在于细节。正如我们常说的：戏不在求大求全，而在求精求细。广播剧特别善于表现人物心理情感的生动细节。

4. 演播

演播是广播剧二度创作的重要环节。有的好剧本有可能给演砸了；有的一般化的剧本有可能在导演、演播的二度创作中得到升华。

广播剧演播的基本要求是要从人物性格出发，做到语言的口语化、性格化、动作化。《功夫》中道士的演播者是著名的配音演员郭政建老师。他音色独特，配过很多影视作品，但演道士却是第一次。经过不厌其烦地试音和调整，加深了对角色内涵的深度理解，诠释出这个不瘟不火、有点另类的道士角色。

目前演播中存在的问题主要有：

(1) 演播程式化，老腔老调，声音做作，没有从人物性格出发，在刻画人物性格上下功夫。

(2) 风格单一化。不能什么戏都一种味道。比如：古典的、现代的风格应不同；中国的、外国的风格也应不同；年龄历程大的人物，不同年龄段的演播的语调、节奏也应有所变化。《功夫》中南儿的演播者是青年才俊赵岭。他为这个角色准备了整整一个星期。戏中的南儿的年龄跨度最大：从青年一直要演到老年。同一部戏音色的转换，对所有配音演员都是一个挑战。但是他准备充分，驾轻就熟。对角色情感的把握更胜于对年龄音色的演绎。

(3) 由于音色靠近、节奏靠近，造成人物难以分辨。男声女声比例要合理调度，尽量避免单一的声音，如果必须是那种全男声或全女声时，在音质上就要加以区分。否则，极易混淆人物身份，严重些就可能是一部剧的败笔。《孔繁森》演员的选择是一个成功的范例。演播孔繁森的演员高健彬，声音庄重大方，干净洪亮；演播孔繁森的女儿玲玲的演员唐烨，声音清脆甜美；藏族干部加措，用的就是藏语播音员，一个地地道道的藏族人。其他演员的声音也各有特色，整体搭配十分和谐。但在另一部戏，也就是6集广播连续剧《乡里乡亲住高楼》片首中，只顾场面的宏大壮观，而忽略了众多的人物所带来的嘈杂的音响环境，使得主人公的亮相不清晰，在多个人物声音中不突出。

(4) 不注重根据剧情的推进运用生动的语言演播，而是一味地卖力，强调外在情绪，喊戏。一部戏在起承转合的结构中，都有几个动情点，一般也都有高潮戏。如果不根据人物性格发展和戏剧情节推进，去把握人物性格化的语言，去创造声音的美感，以为只有卖上力才是情感的最佳状态，殊不知，人的情感越是在激动的时候，声音越是走心。

5. 导演

在广播剧的二度创作中，导演是十分关键的环节，决定了能否将平面文学剧本变成有听觉立体画面感的广播剧。

导演首先需要深刻分析并理解剧本，在头脑中让情节再现出来，让人物鲜活起来，让立意明晰起来。同时把握人物性格和人物命运，充分表现人物内心状态和内心世界。其次，导演应把握情节主线，把握开头、结尾和高潮，尤其是对细节的挖掘。其次，导演应把握声音材料，充分而恰当地运用语言、音响、音乐手段，刻画人物，点缀环境，创造出一种独特的想象空间。总之，导演从分析理解剧本到演播、音乐、声效、录音、合成六个环节应始终保持创作的兴奋状态，创作需要激情，激情更能迸发出灵感。

四、广播剧的发展

随着新媒体的迅猛发展，传统媒体受到很大的冲击，广播的发展也受到了很大影响，作为广播节目之一的广播剧的发展也是举步维艰，节目交易与市场运作的不成熟，专业创作人才和队伍的匮乏，以及资金资本的短缺等，这些都使广播剧的创作与发展处于捉襟见肘的境地。在媒体激烈的市场竞争中，如何生存下去、如何更好地适应观众的需要，是广播剧不得不面临的问题。

广播剧的发展除了要继续坚持题材的多样化、风格的通俗化、篇目的系列化、生产的规模化、运作的市场化以及创作的创新性，更为重要的是要探索台网的融合发展。广播剧应充分利用本媒体的网站，推介广播剧，加强与受众的互动。利用广播剧播发器，聚合全国各个电台的广播剧，前期免费向听众推广，后期实行会员制度，适当收费。另外，通过博客和播客来广集民间广播剧，比如学校、文化组织等，中国广播剧研究会也可以吸纳民间会员，扩大推广对象。

另外，随着微博、微信、微电影等微传播受到人们越来越多的关注，微广播剧也是一个很好的尝试。中国广播剧研究会联合多家媒体，已经举办了几届微广播剧的大赛，通过微剧的制作、评选、展播，吸引当代年轻人对广播剧的关注和兴趣，并与受到网民欢迎的微信形态相呼应，在网络上做音频传播，继而还可以通过 DIY，吸引网民为音频配套贴图。一旦在朋友圈中形成大范围的转发量，就可大大拓展广播的生存空间，达到传统媒体广播和新型媒体传播的有机融合。

微广播剧的主要特点有：（1）主题更具时代性。以当前时代话题为主题，以微剧的艺术形式，多侧面地描写发生在当代中国的生动鲜活的人和事，或可歌可泣，或发人深省，是当今时代精神的一个缩影。（2）作品时长更贴近手机用户的实际需求，广播剧作品时间少不过 3 分钟，多不过 5 分钟。（3）传播方式的灵活多样。微剧是最早实现融媒体传播的广播剧品种。用户可以通过手机扫二维码，随时收听微剧，也可以在车载环境下的碎片化播出和收听①。

本章实验：创作并录制广播剧

一、实验目的

编写广播剧剧本，广播剧演播，广播剧音频后期处理等技能的实践。

二、主要设备

播音室、调音台、音频工作站。

① 乔玲．三网融合背景下广播剧的发展与创新［J］．新闻爱好者，2014（9）．

三、实验要求

节目时长二十分钟左右，广播剧内容完整、主题鲜明、故事结构清晰、语言配音角色感强、节目氛围恰当、音质好。

四、实验内容

(1) 通过原创或者改编创作一部广播剧剧本。

(2) 广播剧角色配音。

(3) 搜集广播剧的配乐及音效。

(4) 使用音频编辑软件对录好的语言素材进行后期处理，并将其音乐、音效进行编辑、合成，完成一部广播剧的录制。

第七章　广播特写

第一节　广播特写的概念及其发展

一、什么是广播特写

西方“广播特写”对应的是国际广播界评奖中一个叫做“Documentary”的奖项。即“纪录片”，一种对真实社会进行艺术加工后以引发人们思考的视听艺术形式。广播特写可以称为广播中的纪录片，它综合了广播新闻的真实性、广播剧的故事性、广播评论的思辨性。

目前国内外对于何谓广播特写还没有定论，且我国与西方对于广播特写的界定含义也不同。

西方广播特写的定义较笼统，被称为“广播特写之父”的彼得·莱昂哈特·布朗是这样定义的：“广播特写是一种传播和阐明信息的形式，一个总的名称。广播特写不拘泥于某一种特定形式。它的主要特点是它的多样性。”① 英国广播公司特写制作者蒂奥卡里斯认为：特写是广播的生命线，特写可以容纳、运用和发展各种各样的广播技巧来向听众提供知识和消息，同时又给听众以欣赏和娱乐，唤起他们的想象。由此可见，西方广播特写是一种包罗万象的、发挥广播特点最有力的、有深刻内容的一种广播节目形态。同时，国际广播界的各电台，均按自己的理解制作广播特写，形成了各自的特点和风格。评比的标志是看作品的主题、选材、导演制作的水平和录音效果、听众反映。

与西方对广播特写强调包容性不同，我国的广播特写又称为“录音特写”，或“人物特写”“新闻特写”，属于广播新闻体裁中的一种。广播特写就是指以纪实的手法，抓住事物、人物最典型、最富有特征的片段、侧面，集中、具体地通过生动、形象的描绘，刻画再现事件或人物的一种广播新闻报道体裁。在广播实践中，广播特写一般在新闻节目中播出，广播特写奖的评选也属于新闻奖中的一项。如中国新闻奖的广播专题奖项就涵盖广播特写这种文体。具体在广播特写采制中对选题、人物、形式等的选择较为符合新闻报道的

① 李宏．致敬！布朗先生——以广播的名义［J］．中国广播，2012（4）：75.

采写规律。

随着国际广播节目交流日渐频繁，很多优秀的西方广播特写作品、广播人及其创作方式和技巧进入国内广播界的视野。而我国的广播特写作品也开始学习、借鉴西方优秀特写作品的经验，参与西方广播特写的奖项评选，比如中央人民广播电台制作的《梯田人家》获得2011年第15届麦鲁利奇奖。《梯田人家》选取集哈尼梯田耕种者和哈尼祭司两种身份于一身的朱小和老人为故事的主人公，用声音记录了朱小和在春季大旱期间以传统的方式祈雨、耕种插秧并于劳动中向年轻人传承哈尼古歌《四季生产调》的情景，展现了现在哈尼人的生活状态，传达了哈尼人以传统的方式在当下生存与发展的信念。

广播特写：《梯田人家》

【虫鸣、梯田里的水声】

【朱小和唱求雨歌，歌词大意】

白天只有一个太阳没有两个太阳，晚上只有一个月亮没有两个月亮，为什么石头都快晒化了，晒得像蜡一样，老天爷请你开开恩，给我们下点雨水吧！

2010年春天，云南大旱，哈尼老人朱小和站在自家的田埂上面向苍天唱着求雨歌，他家的梯田在半山腰，虽然古歌里说，哈尼的山有多高水就有多高，可今年的大旱是百年不遇，梯田里的水远远不如往年。

【朱小和唱求雨歌，歌词大意】

天为什么天这么干，河里沟里的水都干了，螃蟹和石蹦（青蛙）都不见，让我们从哪里找水呢？老天爷请你开开恩，给我们下点雨水吧！

【朱小和抽水烟的声音】

朱小和：年轻人主事不求雨，我也不能放开来做。

朱小和是云南红河州元阳县攀枝花乡硐蒲村的农民，他还有一个身份是哈尼祭司，大旱到来，他想的第一件事就是该做祭雨求雨的仪式了。

【朱小和唱求雨歌】

朱小和守着自家的梯田一连守了七个夜晚，每天夜里，他抽一会儿水烟唱一会儿古歌求雨。第八天夜里，雾越来越浓，朱小和知道老天爷已经被感动了，于是放心地回到家里。

【脚步声、狗吠、铁门打开的声音、婴儿的哭声】

这是朱小和的孙子鲁嘎在哭，孩子快要出生的时候，朱小和做了一个梦，梦见家里买田，他就预言这个孩子是男孩，是将来耕种哈尼梯田的男孩。

朱小和：鲁嘎！

在哈尼语里，鲁嘎的意思是石头一样的男孩，朱小和为孙子取这个名字是希望孩子能像石头一样顽强。

【哄孩子声、哈尼语数数：1，2，3，4，5，6，7，8，9……】

哈尼人以12天为一轮来计算日子，鲁嘎生下来满一轮的时候，要出门，朱小和就拿一支箭，边走边比画，他带着孙子一丘一丘地去看梯田，一共看了九丘，他告诉孩子将来是要修梯田的。

【雷声、雨声】

天快亮的时候，雨终于下了起来。

【打电话的声音】

朱小和打了电话，叫在城里打工的儿子赶快回家，家里马上就要开秧门插秧了。

【流水声、哈尼民歌：开秧门，歌词大意】

撒啦咿……撒……不会栽秧莫让秧弯腰，不会插秧莫插双株苗，栽剩的秧苗放在秧田边，姑娘们坐下歇歇脚。

妇女们穿上节日盛装，早早地来到田里，分秧的分秧，插秧的插秧，歌声和着流水；朱小和坐在田埂上，抽着水烟闭目欣赏。

远近十里八乡经常有年轻人来向朱小和学艺，在梯田里一边劳作一边唱的《四季生产调》被定为国家非物质文化遗产，朱小和是传承人，他的大伯曾经是攀枝花哈尼土司的御用祭司，老人早已作古，如今朱小和也70多岁了，所以只要年轻人愿意学，他都很乐意教。

【哈尼妇女演唱民歌：开秧门，歌词大意】

最先插下的一株苗，祝秧苗长得齐，最早栽下的一棵秧，愿稻谷糯谷都齐全。

【朱小和唱，歌词大意】

木姜子长在树上还没成熟……

梯田上的晨雾在歌声里慢慢消散，太阳出来了，哈尼人朱小和把此时看作是大地的婚礼，水田如同无数柔媚的镜子在阳光下反射出五颜六色的光，朱小和陶醉其中，歌声酣畅。

【开秧门的歌声扬起，歌词大意】

雨水跟着云雾来，天筛筛下阵阵春雨来，雨点一滴不大不大一滴不小。

【清脆的水流声，结束】

二、广播特写的产生和发展

20世纪三四十年代，欧美国家电视迅速发展起来，广播面临严峻挑战。当时的广播人在给广播谋出路时认为，要在节目内容的深度上下功夫，提高广播节目的质量。“特写”最早是来自英国报纸上的称谓。在报纸上，特写是指刊登在突出位置上的新闻，一种以有趣的、有特点的方式传播的信息。英国新闻工作者把“特写”这个词引申到广播里。我们今天谈论的广播特写比这又进了一层，含义更包含了新闻和艺术的因素。

较早的广播特写，大多是文学性、传记性特写。以文学稿为基础，配上音乐，西方称其为“文学特写”，制作方法类似于配乐、配音广播。人物和事件有时是虚构，谈不上新闻真实性，更接近广播剧，现在这种不真实的广播特写已经得不到公众的认可了。如今，世界上很多的国家电台，经过多年的实践，在制作广播特写方面已经形成自己的风格与特点，不少电台还设立特写部，出现专门制作这类特写节目的自由撰稿人，而且还设立“广播特写奖”，如两年一度的“柏林未来奖”和一年一度的“意大利”奖。

由此可见，广播特写是媒介传播特定发展阶段的产物，其内容、形式和风格并没有任何限制。随着技术的不断发展，媒介平台不断升级，特写也会根据传播的不同需求和特点，以新的形式进行表现。

广播特写在欧洲流行和发展过程中，逐渐形成了两大流派：一派是倡导“音画”式的广播特写。以德国特写专家彼得·里昂哈德·布朗为代表。这种特写主要运用各种富有表现力的音响，利用立体声的方向感和移位感，组成一幅“音响画面”，用音响来说明报道思想，而尽量不用解说词。布朗认为，广播特写是音响的作品，音响跟语言同样重要，有时甚至更重要。他在20世纪50年代初，就第一次用立体声制作了广播特写《鸡》，用鸡叫等自然存在的声音直接表现现代化宰鸡场的整个生产过程，将解说减少到了最低限度。

广播特写《鸡》（片段）

解说：现在开始了（音响）

它们在动……动的时候破坏了蛋壳里的细胞膜……它们的嘴碰到了气囊。

它们开始用肺呼吸。

在依然紧紧封闭的蛋壳里，第一次传来小鸡轻柔的吱吱声（音响）……它们苏醒了。（音响：小鸡叫声）

……他们卷成一团地躺着……往外挤……要出去！

……到了第19天，原本窝在身体深处的头，开始抬起来……用嘴向四处轻轻地拍……敲……要出去！（音响：小鸡啄蛋壳）

……直到蛋壳的一小块地方破裂……空气……进来了。（音响：小鸡啄蛋壳，小鸡叫声）

1967年，作为欧洲第一部立体声广播特写的《鸡》首播，德国《世界报》这样报道：“布朗的广播特写《鸡》或许大声宣告了广播历史中一个新的历史时刻的到来！”布朗创造了“音画”式的广播特写，他让听众通过他的广播特写在丰富的音响中听到他要表达的世界，而且身临其中。

另一流派主张音响和解说并重。以丹麦广播特写作家尼尔斯·彼得为代表，他认为，老是展示实况音响，作家的感受不能直接表达，总有“意犹未尽”的感觉。他的代表作是《冰崖狩猎记》，讲的是西格陵兰岛最北边缘的猎民们用古老方法捕杀海豹的情景，解说比重很大。另一代表作《心中的向往》，通篇只有几句解说，大部分是一位流动推销员对记者的谈话，中间穿插售货员接待顾客、商场餐馆音乐实况等，反映出人物内心的喜怒哀乐和人生目标。尼尔斯认为：广播特写中人物讲话表现力最丰富、最生动，任何事件采访，也都离不开人，所以让人物说出心里话是一门学问。

第二节　广播特写的特点和分类

一、广播特写的特点

1. 选题多样性

广播特写最大的特点就是多样性。人、自然、社会、历史、地理，凡是真实世界所存在的任何事物和事件都可以是广播特写的选题对象。选题的多样性也决定了广播特写形式多样，篇幅随意。国外电台播出的广播特写可以是新闻性比较强的，音响不加修饰，采用人物谈话和现场实况。如 1985 年获柏林“未来奖”广播特写第一名的法国作品《沉默的少数》，表现了外国移民在法国的不满和痛苦，作者用被采访对象的讲话来表明他的观点，风格朴素而平淡。也可以是在制作时较多地用艺术表现手法，音响经过加工处理的广播特写。如德国布朗的作品《欧洲的钟声》，在选用音响时使用了交叉蒙太奇的结构方法，讲述“二战”后，由于纳粹德国在战争中的摧残，把欧洲教堂里的大钟都改铸成了大炮，丰富地运用了当时教堂里仅剩的小钟发生的一连串高频的敲击声转换成大炮轰鸣的音响，表达作者对战争的痛恨。

西方国家大多实行多种媒介体制并存，国家电台、公共电台、商业电台并存，其中市场占有率和影响力最大的是商业电台，如美国。有些国家以公共电台为代表，如 BBC。商业电台创办者以市场为考量因素选择节目，而听众市场呈现多元局面，类型化电台按细分化的受众市场安排节目，出现不同选题和风格各异的广播特写节目。公共电台以社会责任为己任，提供高品质的文化、历史、教育、音乐节目，其广播特写讲求内容的深刻性，制作精良。此外，西方广播电视运营讲求专业化和社会化，电台的多数节目是向市场上的节目制作公司购买，独立的广播制作人可以自主选择题材和节目样式。

2. 内容真实性

广播特写尽管选题不限，但必须是反映真实世界的人物和事件，不可以虚构，并以纪实的方式记录下来。这是广播特写与广播剧等虚构情节的广播节目的最大区别，也是其魅力所在，因为真实世界远比虚构的故事更丰富、更有吸引力。

例如中央人民广播电台制作的《梯田人家》报道 2010 年大旱的云南，哈尼梯田的耕种者同时又是哈尼文化的传承者大摩批（祭司）朱小和的生活片段。其中时间、地点、人物、细节等要素完全真实。节目采访采用的是类似人类学田野调查方式的交谈，并严格按照纪录片的制作原则跟踪录音，事先并没有设定提问提纲，而是走访家庭。被访者在他所熟悉的环境和氛围里与制作者交谈，而制作者于倾听中找寻感兴趣的话题来追踪提问。真实记录的关键是沿着事件发生的轨迹记录，跟随人物的活动记录，而不是先有主题再找素材。

获奖广播特写《鸡》的制作者布朗在一次从伦敦到柏林的飞机上，看到报纸上一篇关于制造动物的机器的文章并吸引了他。于是他开始像做学问一样研究鸡。他发现鸡有自己的语言系统，能发二十多种声音。他研究制造鸡的机器，研究人们为什么要用机器生产鸡，如何用机器制造鸡……随后布朗去了一个养鸡的工厂，并用音响来讲小鸡诞生的过程。通过录音角度、房间回音、录音方位、距离、移动话筒录制好的音响，用音响为听众讲故事。

3. 特写镜头式的视角

广播特写所反映的人物和事件，往往是最激动人心的一瞬间，最生动感人的一个场面。德国布朗曾用比喻来说明广播特写与新闻报道的区别：一幢大楼，夜晚没有灯火，记者拿着手电筒进去到处照一下，可以写一个新闻报道；而特写作家手里拿的是蜡烛，它对准一个方面或一个角落，认真细致查看，这样写出来就是特写。反映一个事物的特定侧面，甚至是横断面，以小见大，见微知著。消息与特写配合发，使感受加深。

特写镜头更长于刻画细节，而不是全貌。这就要求广播特写在时间上求其“短”，内容上求其“细”。选取事件和人物富有时代感和画面感的重要时刻，浓墨重彩地勾勒和描画一瞬间的典型细节，以典型瞬间的描述来展示整个脉络，从而形象而深刻地展现事件和人物的内涵。

在表现手法方面，广播特写主要运用描写。广播特写要细腻生动，一要发掘那些典型的“一瞬”，二要调动声音的表现力，绘声绘色地描绘出瞬间的情景。不仅使用白描勾勒，更要使用烘托、渲染；不仅有口播的叙述语言，还有现场音响和访问录音。广播特写要充分发挥声音的魅力，尽量详尽地展示那一瞬间与其有关的有意义的细节，细腻形象地再现事物或人物的瞬间情景。

4. 故事性

好的广播特写无论篇幅长短，都应该具备能让听众听下去的吸引力和魅力。一个广播特写即使主题很有意义或者具有重要的价值，但听众听起来索然无味，依然不是一篇合格的广播特写。而收听的吸引力则是由广播特写制作者在故事性的设计中来体现的。好的故事包含悬念、冲突、结构设计、人性因素等几个元素。这些元素具体在广播特写中是如何体现的呢?

吸引人的故事一定是有悬念的，要让听众迫切地想知道下一秒会发生什么。获得2008欧洲奖广播类特别推荐奖的广播特写《一分钟》，这个节目每期用十分钟来讲述十个一分钟长的故事，这与欧洲广播特写通常一个小时左右时长截然不同，令人耳目一新。尽管只有一分钟时长，但制作人在每个故事里都有意识地设置悬念，增强节目的故事效果。如其中有这样一篇：

广播特写《一分钟》（片段）

《明信片》

（制作人：杰尼弗·彼得森）

【音乐】

女人：我21岁那年的夏天，我买了一张明信片准备寄给我热恋中的男友戴恩。他在索马里工作，给路透社当摄影师。

他23岁的生日快到了。

所以……我想，给他寄一张明信片吧。突然，又冒出了一种抑制不住的想法：没必要这么做。

过了一星期，我在新闻里听到，他死了。很奇怪，电视节目主持人还展示了戴恩被愤怒的群众用石头砸死的那块地方。

美国兵为了追捕一个帮派的头目，轰炸了一所医院，炸死了好几百人。当地人怒不可遏。可是美国人早乘直升机跑了。只有……摄影师留下了。

最近，我在找东西的时候发现了这张明信片。它正面是一张落日的照片，背后写着："亲爱的戴恩"……没了。

每期《一分钟》节目里的10个故事的结局大多出人意料之外，让人惊奇，让人觉得不可思议。而这种出人意料之外的结局又往往蕴含哲理、思想，令人去联想、琢磨，或会心一笑，如《情书》；或心疼、心酸，或让人含着眼泪微笑。这种结局出人意料之外而又在情理之中，令人回味、让人思索。

好的戏剧一定是有矛盾冲突，不是纯粹的表扬型或批判型报道，而是多视角去呈现事物的复杂性，摆出两方或两方以上的意见冲突，使节目内容丰满，耐人寻味。与戏剧冲突不同的是，广播特写不能虚构冲突，而是要着力挖掘事件背后和人物之间客观存在的冲突。如德国广播制作人岩斯·亚里许创作的特写《中国香港之歌》，以三个人物即三个角度平行进入、平行发展，而又互相交融，互相补充，并且构成冲突，形成张力。制作者把中国香港这个充满活力、全球贸易金融中心和人口最密集的地区同一条传说中住在山中、需要飞去海里的飞龙放在了一起，表达了中国香港人并不满足物质生活的富裕，他们仍然在寻找精神生活的丰富与高尚，寻找理想、信念和心灵的归宿的主题。

特写《中国香港之歌》（片段）

【德】岩斯·亚里许

（获2009年麦鲁利奇奖短特写大奖）

［音乐］

［音响］

旁白（男声）：机动车；电车轨道；隧道；空调车；出租车；地铁；车在发动；在停车；又在发动；发动；发动……

旁白（年老女声）：中国香港是世界上人口最密集的地方，部分城区每平方公里土地上生活的人有上百万之多。

［音响］

旁白（男声）：海风；成团的尾气；呼吸不畅的人们。

旁白（年老女声）：尽管中国香港人口稠密，它却是亚洲绿地最多的城市之一，这是因为这儿巍峨险峻的群山为原始森林所覆盖。而绝大多数中国香港人都栖身于摩天大楼上的狭小公寓里。

［音响］

旁白（男声）：龙舟；天星小轮；集装箱船。

旁白（年轻女声）：从我八九岁的时候，我就常常站在湾仔的岸边，眼光掠过海峡的水面。

［音响］

旁白（男声）：高层办公楼。

旁白（年轻女声）：我一直在等待，等待那让我迷恋的、持久不衰的东西出现。

［音响］

旁白（男）：玻璃幕墙的大厦。

旁白（年轻女声）：他们告诉我，我长大了以后就会有的。

［音响］

旁白（男声）：过街天桥；建筑工地；购物中心。

旁白（年轻女声）：我仍然记得那一大片的楼房高高地耸立着，几乎把它们背后的群山完全遮住。然而，在这一长带建筑的中间，开了一个大大的豁口，有八层楼高，数栋房宽。透过豁口，我就可以看那翠绿的山峦。

［音响］

旁白（男声）：周末聚会的家庭；沙滩；海水。

旁白（年轻女声）：父亲跟我讲起过龙的故事。龙就住在那片山里，若是修高层的时候不给它留出口，它就没法回到海里去。因为这个原因，人们建大厦时专门做了个豁口，好让龙飞到海里去。

好的故事也应该具备人性因素，或称为人文关怀，即以人为中心，关注人的生存状况，关注人的精神需求，维护人的尊严与价值。人文关怀是纪录片的灵魂，好的广播特写作品也一定会体现人文关怀。广播特写《带着小提琴的少年》就是关注一个孩子的命运，他的生死、他和小提琴以及音乐的关系。而孩子最容易触动人们心灵最脆弱最柔软的角落，听众更容易被感染。

而中西方由于文化传统、媒介体制以及新闻传统的不同，在广播特写人文关怀的表现方面也不尽相同。我国广播特写在选题时强调“大”，重大的社会热点问题，取得“大”成绩的典型人物，产生重大影响的时政、历史和经济选题。缘于大一统思想在我国文化中有着深厚的根基。我国文化中轻理性思辨，对人和事的判断褒贬分明，广播特写中的先进典型往往突显积极、正面品质，对缺点和不足往往避重就轻。我国文化中倡导和谐、中庸，重共性轻个性，广播特写讲人突出共性特点，其思想、行为、成就对全社会的榜样作用，人物真实个性的挖掘稍显不足。

与中国追求“大”不同，西方广播特写注重“小”，小人物（某个普通人）、小事件（如一场车祸）、小事物（如钟、鸡），从这些“小”里反射大的议题，如人的生存方式，历史和自然，人与人之间的情感，而在讲述这些议题时制作者不是在给出答案，而是启发人们思考，这是受到西方个体意识和理性思辨传统的影响。西方的竞争意识、创新意识、追求个性，促使其广播特写不断推陈出新，并形成不同风格。

5. 思辨性

广播特写应同时具备广播评论的思辨性。广播特写的落脚点在于启发思考。正如BBC的约翰·泰奥里斯所说，“使听众对问题的理解变得更加尖锐和深刻”。西方广播特写多以普通人的故事和历史文化题材作为选题。在讲述普通人时，如获奖作品《大力士盖尔》《来自“魔鬼”》《兰卡》等，真实展现人物的性格、情感和生活，不对人物做简单的好恶判断，而是将某一个人的命运启发给听众，引起人们对人生的思考。历史文化题材，如获奖作品《听！——伊丽莎白时代英格兰的声音》《蒂姆·基和果戈理的外套》《乡下别墅——农村音画》，分别讲述了四百年前英国的声音并思考现代人如何继承，对果戈理的文学作品及风格进行探索，芬兰夏天的农村生活及芬兰的文化传统。这些作品均强调历史的厚重感，探索精神世界里传统和现代的关系。

二、广播特写的分类

广播特写的分类没有统一、固定的标准，一般可从新闻价值、题材等几个方面来划分。

1. 从新闻价值来划分

新闻性特写：是指对当前公众感兴趣的事件或形势所写的时效性很强的报道，旨在报道有人情味。侧记和花絮是两种较为常见的新闻性特写。侧记通常与消息配合发，使事实报道更加充分。花絮是一种较轻松的渲染事件的描写性特写，可以独立成篇，也可以配合发。

社会性特写：日常琐事，也要因事因人写思想，写哲理，写情。

趣味性特写：一般报道的不是公众关心的热点新闻，时间性要求不高，它是以满足受众对他人、他物、奇闻轶事或反常现象的好奇心为目的。

实用性特写：知识介绍类的特写。

2. 从题材划分

可细分为人物特写，包含名人、要人、普通人，事件特写以及风光特写，涵盖了名胜古迹和风土人情等。

我国和西方的广播特写在题材选择上有一定差异。我们选取我国和西方获奖的广播特写进行选题比较。我国广播特写选择2012年至2014年连续三届中国新闻奖中广播专题的获奖作品作为分析对象。中国新闻奖中未设置广播特写这个参评项目，因此我们将中国新闻奖中的广播专题作为比较项目之一。西方涉及广播特写的广播奖众多，代表性的有欧洲的麦鲁利奇国际广播节大奖、美国创办的第三海岸国际音响节和主管选择奖、伊朗电台国际广播节、欧广联的国际广播特写会议等。我们将2012年至2014年《中国广播》杂志推介的各国的获国际广播特写奖的作品作为比较项目之一。

中国新闻奖2012年、2013年、2014年三届一共评选出广播专题一等奖4篇，二等奖8篇，三等奖14篇，共26篇。按照报道内容划分，其中先进典型报道有10篇，包含典型人物和好人好事，占获奖作品总数的38%。弘扬爱国精神、奉献精神等社会主义核心价值观及革命政治题材的有6篇，占获奖作品的23%。社会热点选题4篇，占15%。舆论监督报道3篇，经济、商业选题有3篇，各占获奖作品总数的12%。

《中国广播》杂志在2012至2014年三年内一共刊载、推介国外获奖的广播特写作品24篇。按照报道内容来划分，其中涉及历史和文化题材的有6篇，占推介作品总数的25%。围绕社会热点和新闻事件选题的有4篇，占17%。写人（普通人的故事）的有4篇，占17%。写人与人之间的情感，探讨人性的有3篇，占13%。讲述人生故事及人类的生存方式的有5篇，占21%。此外，有一篇写一台手术的来龙去脉及启示，另一篇《鸡》，写现代化宰鸡场的整个生产过程。

比较两者的选题，可以得出几点结论。首先，我国广播特写选题占较大比重的是先进典型和社会核心价值观及革命政治题材这两类，西方广播特写选题以历史文化题材和人生故事及人的生存方式居多。其次，相比我国，西方广播特写选题范围更广，强调多样性，任何题材都可涉及。再次，两者都包含人物特写，我国广播特写选择的人物强调典型示范作用，事迹可歌可颂；西方广播特写中的人物多为普通人，面临现实困境或心理挣扎。

第三节　广播特写的创作

广播特写的创作过程同其他类型广播节目制作流程有一定相似之处，从选题策划到外出采录、文稿创作，及后期编辑合成。

一、找到一个好故事

一个吸引人的故事，是一篇广播特写成功的关键。很多广播特写制作者在创作时往往花费很多的时间和精力去寻找选题。获奖广播《一分钟》的创作方式就很独特。开始是由制作人贾尔·斯坦因自己一个人完成，后来他发现一个人根本无法承担一周播出两次的工作量。于是，他组织了一个由九位独立广播制作人组成的团队，每位成员拿到一定的节目制作经费，去寻找故事的“讲述者”。制作人们在公园、酒吧、医院、养老院等各种场合寻找线索，寻找可以采访录音的人物。每个制作人都以自己的方式工作并呈现各自独特的风格。

另一篇获奖广播特写《战斗机飞行员》的创作者凯西在回顾整个创作过程时，认为最困难、花时间最多的就是找故事。凯西花了两个多月时间在网上筛选，刚开始她完全不知道自己要找什么领域、什么样的人物，后来无意中她发现一个退伍军人的群，进去后发现这就是自己要找的选题范围。于是她在群里留言说了要做广播特写的意图，寻找愿意接受她采访的人。不久，这篇特写的主人公迈克尔·麦基出现了。美国国家公共电台知名主持人、制作人艾拉格拉斯（Ira Glass）曾说：“当我19岁刚刚开始在NPR工作的时候，看到我周围的这些同事都能干而且很有成就，我想，他们是如何找到这些故事的？实际上，找故事就是你的工作。寻找是工作中很大的一部分。我们花费一半的时间找故事、找故事、找故事。”

《战斗机飞行员》（片段）

美国加州 KCRW 广播电台播出

【飞行员喘息声】

作为一名战斗机飞行员，通常在驾驶舱里一待就是 8 到 10 个小时。这是架单座战斗机，飞行高度为 4 万至 5 万米，时速 350 英里（1 英里等于 1.6 千米）。

【战斗机的音效】

机上装载着 16，000 磅（1 磅等于 0.454 千克）重的炸弹、导弹和炮弹。

【音乐：汉斯·津莫《这真是疯狂》】

在执行战斗任务时，你得在作战的同时和地面保持联络、操纵飞机，还得在 2 到 4 架飞机组成的编队中保持队形。然而，一切都充斥着暴力，你痛苦地大声哼哼着，竭尽全力与重力抗争。我们接受的培训是每 3 至 4 秒钟呼吸一次，如果呼吸太快，就会导致换气过度。有信息发进来了，你必须分辨出哪些是重要的，哪些可以忽略，然后迅速采取行动。响尾蛇的声音在耳机中嘶嘶作响，这是在告诉我们，指挥部在采用最精准的导弹系统追寻着我们的踪迹。在没有月光的夜晚，地平线陷入黑暗之中，很容易迷失方向。外面没有任何可供参照的东西。保持直线、水平航行的状态只能持续 6 至 8 秒。

【喷气机音响】

因此，不得不左右倾斜飞行，以便看到机身下方，也可以观察是否会有突如其来的威胁。

【摄影机摇摄音响】

有人向你开火，远处有物体在爆炸，3A 级大炮，大口径大炮，57 毫米，还有口径更大的，85 至 100 毫米，地对空导弹。整个过程中，你一边飞行、听从上司指挥、执行命令，一边通过无线电对讲机报告驾驶舱外的情形、地面上的火力、敌人射向空中的炮火、空中其他的飞机，真是忙不过来，感官严重超负荷。

二、声音素材的采录

广播特写中最能揭示主题，打动听众的是真实、鲜活的音响素材，包括人物谈话录音、音乐和音响。所以，广播特写在找好选题后，接下来需要采录到有价值的人物谈话录音、音响和音乐。人物谈话的采录要求自然、真切，优秀的广播特写中必然能听到故事主人公真切的语言。如广播特写《一分钟》的 10 个小特写大都以第一人称“内心独白”的方式讲故事，直接从故事主角的内心切入，省去所有的外在描写和交代，让故事主角在特写的一开始就直抒胸臆。这种坦诚、真挚的内心独白吸引人、感动人，能够直抵听众的心灵深处，引起听众灵魂的震动。能让故事的主人公面对采录者的话筒坦露心迹，这可不是一时半会儿就能练就的功夫。

广播特写与纪录片具有某些相似性，都强调几个核心词汇：客观记录、真实性、深刻性、思考价值。只是与纪录片不同，广播特写是用声音，尤其人物录音和实况音响来表现主题。纪录片是用画面和语言来表现，其中重点是画面。因此可以说，广播特写应该像纪录片考究画面一样对实况音响和人物录音狠下功夫。西方广播特写的创作者往往花精力在音响的录制上。如获奖作品《听！——伊丽莎白时代英格兰的声音》，创作者为录下伦敦不同地方的声音，查找电话号码簿随机拨打电话，请接电话的陌生人录下他们所在位置的声音通过来自伦敦不同街区，办公室，公园等地的声音展现了现代伦敦的风貌。再如获奖作品《鸡》的创作者在观察鸡的过程中，发现鸡可以发出二十几种声音，并有自己的语言系统，正是对作品尤其是音响、音乐的精益求精和刻苦钻研，才能制作出打动听众、让听众产生情感共鸣的优秀作品。

三、特写文稿的创作

构成一个特写必须包括：故事、情节、结构三个要求。把一件真实发生的事原封不动地、直白地说出来，并不能成为一个精彩的、吸引人的故事，必须重新结构。这就需要广播特定制作者在特写文稿创作时针对不同选题和故事，安排合理的情节、结构、叙述方式。制作广播特写时不一定非按原来的、实际发生的顺序来讲述，可以按照自己的方式、自己讲述的节奏来设置场景、连接场景。广播特写应当如何开头、结尾？情节应当如何跌宕起伏？开头和结尾、中间的发展占整个特写多少比例？都是特写文稿创作需要考虑的问题。

四、语言、音乐、音响的编辑合成

我国广播特写的声音要素中以人物语言为主，其中包含解说和人物谈话录音。解说用来叙事，交代时间、地点、人物和背景，在我国广播特写中占据较大篇幅。人物谈话录音一般选择新闻当事人和知情者。音响和音乐的运用较少，且多为采录人物谈话录音时的环境音效。这与我国广播特写的选题与节目落脚点有一定关联。

西方广播特写的不同流派虽然在语言、音响的运用中各有要求，但都比较重视音响的运用。如获奖作品《战斗机飞行员》中出现大量音响，有飞行员喘息声、战斗机音效、喷气机音响、摄影机摇摄音响等，还出现《石油操纵》《大地》等音乐。西方广播特写的多元化选题，同时以纪实手法客观表现人物、事件、历史、文化等题材，对音响的运用提出更高要求。

音响是广播特写的心脏。录制音响很不容易，但是最困难的还是录了很多音响素材之后如何编排、设计音响，就是要想如何从这些音响里设定什么样的场景，而不是简单地想把这些音响放到什么地方去，是让这些音响逐步演变成特写中的一个个场景，一个个画面。比如广播特写《欧洲的钟》在音响的设计与编排上，作者有着多处极富创造力的发明，如：为了让钟声与人声相和谐，他放慢了钟声；为了转入战争主题而采录枪、炮、手榴弹、坦克、火箭：再如钟与炮的二重唱，隔 11 秒重复一次，一连重现 4 次，等等。而诗一样凝练的语言（解说词），不仅传达了极为丰富的信息，而且满蕴哲理，引发听众深层的思考。

例如获得 1992 年亚广联信息节目特别推荐奖的广播特写《今日少林》是这样开头的：

【少林寺僧人练功的武打声】

解说：动如猛虎，这里的武功闻名天下。

【武打声渐隐，少林寺鼓磬声、僧人诵经声】

解说：静若处子，这里以禅宗的祖庭在中国佛教界占有重要地位。

【少林寺众僧念经声】

解说：少林寺，一个神秘而又令人向往的地方。

练武的音响代表少林武术，诵经的音响代表少林禅功。两种音响一文一武、一张一弛，对比强烈，巧妙地展现了主题。不仅一下子把听众带进了少林寺的特有氛围中，而且使听众明白了禅与拳在少林寺占有同等重要的位置。在节目之中和最后，又反复运用了这种对比音响，强调了两者的对立统一关系，节省了文字，深化了主题。

本章实验：创作广播特写

一、实验目的

了解广播特写的文体特征，广播特写文稿写作，广播特写音频后期处理等技能的实践。

二、主要设备

播音室、调音台、音频工作站。

三、实验要求

节目时长十分钟左右，广播特写的主题鲜明、结构清晰、细节突出、节目氛围恰当、音质好。

四、实验内容

（1）确定有价值的广播特写选题。

（2）围绕选题搜集文字素材和音响素材。

（3）搜集广播特写的配乐及音效。

（4）使用音频编辑软件录制好解说词部分，并将其音乐、音效进行编辑、合成，完成一部广播特写的录制。

第八章 广播广告

第一节 广播广告概述

一、广播广告现状

1. 广播广告收入逐年增加

2014年全国广播广告收入155亿元，比2013年的140亿元增加15亿元，增幅10.71%。广播在传统媒体广告市场一枝独秀，原因主要有四点：一是广播没有像电视那样受到网络视频的正面冲击；二是广播听众收听节目本地化成为一种习惯，群体稳定性强、忠诚度高，收听时间没有明显滑落；三是汽车用户稳中有增，替代性传播业态尚未进入商用阶段；四是广播广告花费较小，性价比相对较高，在广告投放考量中往往得以保留①。

2. 广播听众的变化

听众的收听工具发生改变，移动收听比例加大。近20年来（尤其是近10年来），中国民用汽车及载客汽车的保有量增长迅速，年平均增长率超过15%。2011年末中国民用汽车保有量达到9350万辆，较2010年末增长19.8%；私人汽车保有量7872万辆，较2010年末增长20.4%。伴随着汽车数量的增加，私家车车主成为广播听众。移动中听广播，伴随性越来越强，为满足听众越来越割裂的时间，节目时长由原来的半小时、1小时整块节目编排，变成5分钟的资讯碎片。

3. 广播广告分布不均衡

2011年广播广告收入中排名前10名电台占22%，排名前20名电台占30%，排名前50名占56%，60多亿的广告就被前50名的电台抢走。排名第10名的收入可能就是排名第1收入的一个零头。这就造成了有些人所说："有些电台饿的饿死，撑的撑死"。

① 张君昌．广播产业何以逆势增长［J］．中国广播，2015（6）：93.

4. 广播广告结构不合理，医疗广告多

一些广播精品节目被广告拦腰斩断，产品间恶性竞争，同质化严重。同时，虚假广告、热线咨询违规、专家不专、嘉宾扮演推销师等问题普遍。在澳大利亚和美国，人们去商店购买日用品前，受电台影响的人比受电视、报纸、杂志广告影响的人的总和还要多。在美国，假药广告一旦被抓住，政府处理的后果非常严重，还会追究媒体的连带责任。

5. 电台监播体系欠缺

很多广告主为什么只拿出比较少的预算来投电台广告呢？他们认为，电视广告看得见，电视监播体系非常完善，而报纸广告白纸黑字也可以看得见，但广播声音像一阵风，播了就过，没人来证明。由于缺乏了解和诚信，广告主不敢也不愿投放更多广告。广播监播技术和体系落后：人工监播，差错率高；监播范围小，城市少；监播速度慢。海量音频搜索，可以解决监播问题。因为音频就是个波形，既然图片与文字可以搜索到，那么音频也可以搜索到。

6. 广播广告创作水平有待提高

机关枪式的播报方式，主持人同时客串几个角色的虚假，音乐、音响平淡无特色，情节上少有突破，难给人回味的余地。电台广告部在正常工作之余，根本没那么多时间和精力投入广播广告的创意。这其实是由专业广播广告制作公司来承担，可是这种公司在我国还很少。同时，广告客户对于产品特性、市场状况和消费者特性等相关资料没有充分提供，也是创意平庸的原因之一。更关键的是，广告客户对广播的重要性认识不足，导致制作费少，形成恶性循环。

由于缺乏广播的“大广告意识”，广告部门只是局限于拉客户和制作广告，没有从更高层次去考虑广播媒体资源的开发，很少发挥广播广告在媒介组合和现场促销中的作用，搞现场直播活动等。

二、广播广告发展策略

1. 以收听率调查为依托，选准目标听众

如果没有明确的听众层构成分析，没有明确的费用、效果比，很难说服广告客户。同时，也只有进行收听率调查，才能使节目设置更科学、更有针对性。广告部门应和节目部门一起，根据本地听众的收听习惯和生活方式，有针对性地设立栏目。

广播广告的投放，选准目标听众是提高到达率、实现有效传播的关键。对目标听众的特征、收听习惯、心理状态、生活方式等，广告人员要认真把握，对目标听众进行定位。在目标听众喜爱的节目前后，插播他们所用的商品，会实现较好的传播效果。如体育新闻节目，喜欢体育的人爱听，其间可以插播体育用品广告、啤酒广告等；健康之友节目适合老年人听，可以插播营养保健品广告；广播剧家庭主妇爱听，可以插播家庭日常用品广告等。

2. 提升广播广告创意和制作水平

与电视相比，广播广告的创意表现和制作水平普遍较低，广播广告经营如果要走上专业化道路，创意和制作环节的提升必不可少。广播广告经营部门或组建或外包专门的团队，完善广告的策划、创意和实施，加强对广播广告表现形式及传播推广策略的分析和应用。

(1) 提高创意水平。广播广告的整体创意水平相比报纸和电视来说，确实有一定的差距。突出表现在单调乏味、内容空洞、情节虚假、比喻不当、思维不连贯等方面。

(2) 发挥音响和音乐的作用。虽然许多广告在开头也使用几秒钟的轻松乐曲，但是真正能与产品和服务有关联的却不多。由于费用不足，广播广告常常没有资金去作曲，随手找来的音乐很难适合。好的广告歌，可以成为流行歌曲，通过人们的广泛传唱，使产品和企业形象家喻户晓并深入人心。而恰当的音响，可以塑造空间、烘托气氛，调动听众的参与感。

(3) 广播广告演员的培养。广播广告中听众看不见演员，只能凭声音去想象，对配音的要求更高。如果演员对于情节把握不到位，必然导致情节的虚假，苦思冥想的创意可能就付之东流。配音多样化势在必行。平时能够多注意周围声音有特色的人，并把他们的资料和联系方式分类建成资料库。

3. 选择好广告发布时机

可以从产品的生命周期、销售周期及广告频次等方面来确定。产品的生命周期包括导入期、成长期、成熟期、衰退期。导入期，由于新产品上市，产品缺少知名度，应集中发布广告；成长期，适量发布；成熟期，减少广告力度，适当提醒受众；衰退期，降低广告量。另外，不同的产品有特定的销售周期，即淡旺季。如羽绒服冬季旺销、汽水夏季旺销，因此广播广告应在旺销季节之前开始。另外，广告频次也应合理安排，可以采取均衡频次，在固定时间段播出一次广告；也可采取变化频次，在节假日、体育比赛或重大事件前后加大广告攻势，过后恢复正常频次。

4. 发挥广播在媒体组合中的作用

广播具有“转送”形象的效果，联想率非常高，电视中的语言如果再在广播中播一遍，就更容易记住；70%的人一听到广告片音乐，就能联想到画面。所以，许多客户把同样的创意，用更便宜的价格在电台上播出，由电视构造品牌力，广播维持并提供更详细的信息，两者互为补充，缺一不可。据世界最大的广告公司电通公司的调查：在迅速提高知名度方面，电视无与伦比；但同时投入广播，会发生更大的作用。

5. 丰富广播营销手段，创新增值服务

业界对收听数据和广告数据的分析应用越来越深入专业，很多电台设有专门的数据分析人员，实时监测广告投放和时段收听变化，为广告经营提供专业建议。例如中央人民广播电台归类客户需求，提出甲方数据营销、关键词搜索、工具箱等理论，主动推行碎片化经营，允许客户先做短期投放体验。在增值服务方面，广播主要着眼于赠播、线下等产品辅助上。而报纸、电视媒体的增值服务可以给广播以借鉴，如南都传媒成立了汽车研究院、视觉研究院、地产研究院等多个专题小组，为客户提供增值研究和专业咨询。中央电视台“广告智库”为重点客户提供专业把脉和营销咨询服务。

第二节 广播广告的优势和劣势

一、广播广告优势

1. 传播范围广

一般情况下，一个地市级电台，对本地市和周边地区都能实行有效覆盖。即使在报纸无法送达的地方，只要在广播的有效覆盖范围内，不论交通情况如何困难，也不管当时的天气多么恶劣，任何一位听众都可以及时地接收广播信息。除了空间覆盖外，广播在时间上也是大覆盖的。广播的伴随性收听，大大提高了广播对消费者的影响，增强了广播广告的传播效果。

2. 低成本、高回报

对受众来说，广播是为听众免费提供信息的，是受众无成本进行信息消费的媒体，而报纸随着订阅与发行价格的提高，对受众是经济负担。另一方面，广播广告的费用是广告媒体中最低廉的，各个地方电台广告在黄金时段的平均价格远远低于电视广告的费用。广播广告特别适合一些目标市场定位在当地的中小企业，尤其是在广大农村和新媒体普及度不高的西部企业。

3. 灵活、便捷

在广告媒体中，电台广告制作最为方便。从写稿、录音到播放，广播广告用较短的时间就能完成。从技术上讲，创作并录制一则广播广告可在一周内完成。这对发布时效性强的广告，或临时修改补充广告稿，都十分方便。广播广告的灵活性，是由于广播实行了直播和滚动播出，可以现场发布广告信息，也可以随时插播促销广告。广播的灵活性还能够满足客户不同层面的要求。广告既可以在数日内集中投放，也可以在几个月里细水长流，而且电台的定位不同，受众群体可以相当细化，可以量身定做。

便捷性表现在广播的收听设备体积小、多样化，成本比较低。各类手机和 MP3 等便于随身携带的移动设备中都内设有广播的收听功能。在多地震的日本，手摇式发电的收音机更是必要的收听设备。

4. 目标受众针对性

广播的频率专业化使广告主拥有固定的“核心消费群”，广告信息传播能实行“点射”式的传播，对目标消费者进行准确传递，增强宣传效果。现在大多数电台开办有新闻、经济、交通、文艺、都市等频道，分别针对不同的听众和消费者。比如，新闻频道的听众大多是政府官员、机关工作人员和关心政治时事的人群，具有不容商家忽视的消费能力；经济频道的听众理财观念强，大多集中在 25～45 岁的年龄段，具有较强的经济实力和消费能力，是广告主最具价值的顾客。所以，投放经济频道特别是财经节目，是高档定位的商家不可缺少的媒体宣传策略；生活频道的部分听众是居家时间长、富有生活情趣、在生活支出方面精打细算的人群，如果超市搞促销，适合在这一类节目中发布信息；交通频道的听众主要是驾车人和乘车人，这一部分人群与经济频道的听众群有高度的重合性。

5. 互动性强

广播听众可以通过拨打热线电话来和主持人即时互动，手机短信的内容也可以直接通过主持人的朗读而及时地呈现给广大听众，同时可以通过热线电话、专家讲座、短信平台等形式对产品进行第一时间的了解，赢取商家提供的各类奖品。比如很多地方电台的服务类节目都会设置互动环节，有本地商家提供大量奖品以激励听众以电话和短信的形式参与节日互动，同时也对新产品和企业、商家进行广告宣传。

6. 受众优势

根据媒体公司的调研显示，广播受众具有年龄低、文化程度高的特征。特别是音乐节目、娱乐节目的听众，多有高消费能力。对于广告投放来说，这些人群是产品广告追逐的目标，有较高的价值。而车载移动听众文化程度高，人均月收入较高。随着车载听众比例的增高，广播受众“含金量”不断提升。

广播伴随收听行为明显，广播受众收听习惯稳定。另外，广播听众不“躲避”广告，遇到广告较少换台，这有力地保证了广播广告的到达率。

二、广播广告劣势

（1）广播广告时间短暂，很难给人留下深刻的印象和长久的记忆效果。

（2）广播听众“伴随性”收听，很多人边做事边听广播，广告效果相对难以测定。

（3）广播广告靠声音传播，缺少视觉形象。

（4）广播广告转瞬即逝，无法长时间保留，因此不适合传播复杂的解释说明信息。

三、广播广告的媒体选择

1. 首先要考虑产品的目标市场

以全国范围为目标市场的产品，就应该在全国范围内展开广告宣传，一般选择中央台投放广告。以某一细分市场为目标市场的产品，潜在消费者局限在一定的地域中，采用地区性媒体可节约费用，也更有针对性。

2. 考虑产品本身的性质

产品单纯、不需大段文字说明时，以选用电视媒体为主。如一些功能单纯的日常用品：洗发水、化妆品、服装等，不需要用大段的文字说明产品的功能，诉求点在产品能给消费者带来的享受和利益方面。如果是电器，如彩电、数码相机等产品，最好选择电视媒体用彩色图像做广告，突出产品的外观和真实感，用广播强调产品的特性和促销活动。

3. 考虑产品的使用对象

如化妆品的主要使用对象是年轻女性，所以就应选择年轻女性喜欢的电视节目来播出广告。如果是医疗器械或医药广告，则很适合选择广播媒体。对于大部分病人而言，他们所能接触最多的就是广播，广播媒体独有的强大互动性能使他们从第一渠道了解到产品的性质、功效等。可以在广播里通过热线与专家进行沟通，大大增强了广告效果。同样的，与汽车行业有关的企业，如汽车维修、保养以及燃油、销售等，也应该在广播上多做广告，因为大部分司机不可能在驾驶时看电视，他们平时接触最多的也是广播。

第三节 广播广告创作

一、广播广告的三要素

广播广告有语言、音乐、音响三个要素。一条优秀的广播广告能将三者很好地结合，让人记忆深刻，回味无穷。

1. 语言演播是广告制作中最重要的质量指标

语言，是广播广告的核心部分。广播广告主要是靠声音传播的，个性化的声音让人印象深刻。广告声音的音色要注意个性鲜明，避免千篇一律。同时，听众是在无意的情况下收听广告的，广告要做得有人情味，很生活化，让生活中各式各样的人物在广告中再现。在公益广告《邻里关系》（第 9 届中国广告节金奖）里，每个角色都个性鲜明。有脾气急躁的媳妇，“妻管严”的老公，可爱的小孩，真实地再现了生活。

示例：

广播广告《邻里关系》（中央台）

音效：电视机里播放紧急求救的场面。戛然而止。

女：真讨厌！刚到热闹处，就停电了。

男：嘿！搬来第一天就停电，真够倒霉的。

音效：按门铃声。

男：来啦，来啦！

女：谁呀？停电了还串门?!（走动的声音）

（开门声）

孩子：阿姨，你们家有蜡烛吗？

女：没有！（没好气）

音效：哐的一声，门关上（音效夸张一点）。

女：刚搬进来就让小孩来借东西，这往后还怎么相处啊?!

男：贪小便宜也没见过这样的。

女：好啦，好啦，赶紧找蜡烛吧，看看有没有，黑灯瞎火的！

音效：门铃声，开门声。

女：怎么又是你?!（音效淡入）

孩子：阿姨，这是妈妈让我给你送的蜡烛。

（音乐渐强）

旁白：屋里亮啦，心里也亮啦！

在语言演播中需要注意语言的性别特点。广播广告中的男性声音具有气势和力量感，展现了浑厚、粗放、有磁性的声音形象，类似轿车、汽车、重工机械、名牌夹克等商品的广告，可以选用刚劲有力、充满阳刚之气的男性音色来展现产品特点。同时，男性的声音形象，依据广告内容、广告诉求的不同，有时也可体现为醇和、温柔。如北京“飞利浦”音响的广告。综合市场调查分析，此产品广告确定的诉求对象是知识水准比较高的中老年人，广告设计的原则是强调知识分子的身份和感情的色彩，通过建立身份与感情的认同达到品牌的认同。广告中设计了一位曾留学荷兰的知识分子老人，在他的思绪和情感变化中，带出“飞利浦”音响从荷兰到北京“安家落户”的事实。

广播广告中的女性声音形象，大多求美求柔。美国广告的调查结果表明，广告中女性占70%，洗涤用品广告中的人物几乎全是女性，食品等广告中的女性也比男性多一倍，化妆品就更不用说了。女性美能给广告带来美感和吸引力。女性青春靓丽的形象，勤快利索的手脚，贤妻良母的品德，直接传达了化妆品、日用品、电器等商品的信息和使用心得。

广告配音是选择男性还是女性，主要受广告商品的主要消费者性别影响，两者最好一致。不过，这也不是完全绝对的。比如家居饰品、日用品、化妆品、洗发水、药品等商品广告都出现了男性的声音。总之，在广告配音中，恰当地运用男女声音可以体现商品特性和功能，扩大消费市场。

每一种文体的播音都有自己的要求和特点，同样广播广告的播音也有一定特殊性。新闻播音，讲究清新明快、吐字清晰准确，气息控制得当；通讯播音，情感要真挚、朴实；广告播音中的声音造型尤为重要。广告演播中忌讳“播音腔”。个性鲜明、动听的声音，往往能给人留下深刻印象。

广告播音中声音造型的功能：

（1）推销。在产品新上市或企业新开张时，广告的目标主要是扩大产品知名度，引导消费者认识新商品或新服务。广告播音应该热情耐心，用创意的手法给人亲切、耳目一新的感觉。

（2）个性、煽情。当消费者对产品有一定的了解之后，广告目标转变为改变消费者的态度。此时的广告播音要具有个性，用煽情的手法说服消费者产生购买意愿。

（3）角色化、个性化。广告播音需要对声音要素进行一定程度上的改造和设计，以艺术化、角色化、个性化的声音吸引消费者，进行创造性的声音“化妆造型”。广播配音允许咬字时不那么字正腔圆，它可以是瘦瘦的、松松的、嗲嗲的；气息可以提着紧着，还可以憋着，可以全是实声也可以全用气声；可以带点儿港味儿，有点儿方言。

2. 音乐的重要内涵是情感

音乐是广告语言的辅助手段，以传递广告信息为主要目的。要做好广播广告，必须充分发挥音乐、音响的特有优势，激发听众的情感共鸣和想象力，达到“以声传情”的效果。广告音乐可以专门创作，也可以采用音乐资料。创作时要考虑音乐要能否表达主题，是否与产品特点巧妙地结合起来。歌词要简洁易懂，让人一听就理解。总之音乐的主题、风格、情绪要为广告内容服务，不能片面追求听觉效果。在公益广告《祖国》里，广告词中出现的“丝绸古路”“鱼米水乡”“茫茫草原”及“南海明珠”，分别采用相应的民族、地域特色的音乐来反映祖国的美丽。

广播广告中使用的音乐有以下几种情况：

(1) 使用广告歌曲。广告歌曲的歌词简洁、形象、生动，优美的旋律又易于传唱，是广告宣传的一种有效形式。如“申宝电器”的广告，在播完申宝热线后，巧妙地把电话号码编入广告歌曲中，和旋律联系在一起，朗朗上口，方便记忆。

(2) 借用名曲。名曲为听众所熟悉，容易引起共鸣，只要与广播广告的主题结合好，可以提高广告传播效果。公益广告“回归自然”中采用了《化蝶》的“鸟语花香”乐段中的旋律，让人仿佛置身于大自然中，使人们感受到大自然的清新与美丽。

(3) 突出民族风格。音乐艺术源于生活，具有民族、地域特色的音乐能体现民族文化和民族精神。如“同仁堂”企业形象广告中采用了京腔、京白来体现京味道。中医和戏曲都是中华民族的传统文明，广告中以戏曲为载体，彰显了同仁堂的民族品牌和传统精神。

(4) 或刚或柔，浓淡相宜。手表、化妆品、饮料、药品、电器等，都属于阴柔一类的商品，汽车、装载机、拖拉机，都是阳刚一类的商品。如“福特汽车 Escape”广告乐曲雄壮、热情、有力，符合产品气质。而阴柔一类的商品，乐器不能太多，节奏不能强烈。

3. 音响在广播广告中的运用往往起到画龙点睛的作用。

音响表现环境场景，如通过牛、狗、羊等的叫声表现农村环境。

音响表达情绪，如钟表的嘀嗒声表示安静、救护车的笛声表示危急等。

音响表象性，如《保护文物古迹》广告，通过战马、战鼓、兵器声、呐喊声，再现了一个古代战场的场景。广播广告音响往往只有两三秒钟，要让听众立刻反映出真实的情景。在《保护文物古迹》中要表现对文物的破坏，运用了冲击钻、敲打声、房屋倒塌声等，是必不可少的，但音响嘈杂，容易让人厌恶，所以时间控制的短些，能让听众明白就可以了。

一条好的广播广告在表现手法上应注重语言艺术、音乐艺术、音响效果的运用，力求达到语言美、音乐美、环境音响真实可信的三结合美。

二、广播广告文案特点

1. 力求形成第一印象

广播广告时间短，传播内容迅速，稍纵即逝，广告内容一定要将商品信息一次性集中传递给听众，强调品牌或产品的特点和功效，并进行有效传播。

2. 文案语言通俗易懂

广播广告语言尽量通俗化、口语化，多使用短句子，避免缩略语、书面语，不要传递过多复杂信息。

3. 内容轻松、有趣

听众听广播一般都是伴随性收听，而轻松、有趣的内容更容易吸引听众的注意力。广播广告必须利用语言、音乐、音响、情感等手段，来增强广告的趣味性和吸引力。

4. 篇幅适当

如果不考虑背景音乐和音响，按照每分钟 150 字的普通话语速，30 秒广播广告最多可以容纳 75 个字的文案，15 秒广告最多可播出 40 个字。适当的篇幅，可以给听众回味、思考的余地，增强广告的记忆效果。

三、广播广告词的写作要求

1. 树立“适听”观念

(1) 表述形象具体。广播作为听觉媒体，广告语言不能过于书面化和抽象化，要表述具体，充分激发听众的想象力，在听众脑海中形成具体画面或图像，让听众仿佛亲眼看到产品、亲手摸到产品。

(2) 语言准确无误。广播广告要避免使用同音、近音词或多义词，以及容易产生歧义和误导的词。比如，“向前”看与“向钱”看同音，“治癌”和“致癌”同音，要换成准确无误的词语。

(3) 简洁易懂，适合口播。广播广告词应简洁扼要，重点突出，并根据各种商品的特点，设计语言的平仄押韵，做到朗朗上口，节奏感强，适合朗读。

2. 设计好广告的开头

一个好开头可以吸引听众注意力，好开头意味着广告成功了一半。

示例：

猎犬牌防盗报警器广播广告

一个寂静的夜晚，
(音乐进入，塑造环境)
一条窃贼的身影，
(脚步声起)
门刚发出“嘎”的一声，尖利震耳的报警声突然响起，
“噔噔噔”的皮鞋声迅速接近。
住手！
一声威严的断喝！
(咔嚓一声戴手铐声)
一名落网的惯犯，
(脚步声渐远)
一阵远去的脚步，
一场落空的美梦！

防盗、保险，请用猎犬牌防盗报警器！猎犬牌防盗报警器，保您的文件、财产防盗、安全。

这则广播广告开头设置了悬念，吸引了听众，听众有兴趣听下去。伴随着音乐和音响效果，悬念一步步解开，广告给人留下了极深印象。

3. 文案生活化、有人情味

广播广告文案创作前，要先明确广告对象的群体特征和生活习性，在此基础上运用亲

切的语气语调来贴近受众，贴近消费者，让消费者产生身份的认同。

4. 反复强调，突出品牌形象

广播广告时间短，稍纵即逝，难以给听众留下深刻印象。而重复是加深听众记忆效果最简单有效的方法。广告中可以对品牌名称、联系电话等重要信息进行适当重复，强化在听众头脑中的印象。

5. 设问和反复的修辞手段

运用设问的修辞手段，容易唤起听众的注意力和兴趣。运用反复的修辞手段，两三遍地重复使用同一词、句、段（商品、商标、厂家名称，地址、联系方法），可加深听众的印象，让听众听清记牢，强调或突出广告的意图，如三星照相机《教学篇》广播广告。

四、广播广告文案的表现形式

电台广播广告文案的表现形式多种多样，主要包括直陈式、对话式、故事式、小品式、戏曲式、说唱式、快板式、相声式、诗歌式、歌曲式、新闻采访式、讨论式等，采取何种广告形式主要由广告内容决定的。

1. 直陈式

又称直接式、直截了当式。即播音员按照广告文案录制播出广告，直接诉说商品的优点和利益点。这是电台广告中最常见的，也是最基本的表现形式。其特点是简便、快捷、时效性强，而且价格低廉。缺点是形式简单，内容枯燥。

示例：

广播广告《中华牙膏提醒刷牙》（上海电台）

（鸟叫，溪水声渐起，轻音乐混入……）

（女声亲切地）亲爱的听众，早上好，起床后您刷了牙吗？用什么牙膏？我告诉您，中华牙膏有浪漫的果香，用后有清新的感受，您试试看。

（秋虫齐鸣，舒缓的音乐混入……）

（女声轻柔地）亲爱的听众，晚上好，临睡前可别忘了刷牙，装假牙的朋友，睡前请取下假牙，浸泡在美加净假牙清洁液里，明天早晨，您又有一副焕然一新的假牙了。晚安。

2. 对话式

以两三个人物对话的内容构成文稿的一种广播广告形式。这种对话形式生动活泼，有生活气息，能较好地吸引听众的注意力，激发其收听兴趣。

示例：

广播广告《蒙娜丽莎的眼泪》（上海东方台）

女：你知道这画上的蒙娜丽莎为什么笑吗？

男：开心啊！

女：那蒙娜丽莎为什么有的时候会哭呢？

男：嗯，因为，因为，蒙娜丽莎，因为她被盗版了。

旁白：保护知识产权，知识才会微笑！

主创人员：吕民生、武平

3. 故事式

通过精心构思的小故事或情节来传播广告。故事式类似于小小说，通过播音员播讲出来，其特点是故事生动有趣，能够引人入胜。如公益广告——《身残志坚》——“听太阳”篇，该广告通过一位即将失明的少女与一位盲人的对话展开故事情节，巧妙地借“听海”引出了寓意深刻的故事。

示例：

广播广告《身残志坚》“听太阳”篇（中央人民广播电台）

（海浪声，舒缓的音乐起）

女声旁白：凌晨，一个快要失明的少女来到海边，想要最后看一眼海上日出。一位伫立在礁石上的老人出现在她模糊的视线里。

少女声：老爷爷，你也是来看日出的吗？

老年男声：（温和地）我是来听日出的。

少女声：听日出？

老年男声：我的眼睛三十年前就看不见了。

少女声：可日出您也能听得见吗？

老年男声：（充满激情地）你听。（音乐转为激昂）太阳出来时，大海对他欢呼着，我虽然看不见，但我心里却感觉到了。

（乐声渐强，随着男声结束，达到高潮）

少女声：（兴奋地）老爷爷，我听见了，我听见了，太阳走过来了！

男声旁白：只要我们心中拥有太阳，生活就永远充满希望！

4. 戏剧式

它是一种有人物、有情节，充满趣味，吸引听众的广播广告短剧形式。其特点是文艺性强，曲调多为听众所熟悉，容易为听众接受。

示例：

广播广告《美国〈时代〉周刊》

——对不起，先生，半夜三更您在这儿干什么？

——看见您太高兴了，警官先生。

——我问你在这儿干什么！

——我住得不远，那边，第四幢楼……门口正在修路。

——先生，别废话了，请回答我你在这儿干什么！

——哎，别提了。我本来已经上床睡觉了，可是突然想起来白天忘了买本《时代》看了。

——你穿的这是什么？

——衣服？睡衣呀！哎哟，走的时候太慌张了。我老婆的睡衣。很可笑吧？

——上车吧，我送你回去。

——不行，没有《时代》周刊我睡不着觉，躺在床上看看“电影评论”“现代生活掠影”，这些栏目……

——好了，好了！快点吧，先生！

——我试着看过其他杂志，都不合胃口，您知道《时代》发行情况一直上升吗？

——不知道，我知道罪案发生的情况。（汽车发动声）

——像我这样的《时代》读者多得很，比如温斯顿·丘吉尔，你呢？快快，不好了，快停车，你总不能看着我穿我老婆的睡衣就把我送到警察局去吧？

——你到家了！下车吧！（停车声）

主持人：《时代》周刊，轶闻趣谈。

买一本，度过良宵。

看一遍，安然入眠。

5. 快板式

以快板这种的艺术形式，来传播广告信息。快板，又称“顺口溜”“练子嘴”“数来宝”等。这种形式的广告文案中，广告内容写成快板词，一般以 7 字句为基础，可根据需要适当增删。如蓝天六必治的牙膏广告，演员边走边说“牙好，胃口就好，吃嘛嘛香，身体倍棒……”广告词生动形象，朗朗上口。

6. 相声式

即以相声这种为喜闻乐见的曲艺形式来传播广告信息。这种形式的广告文案需写成相声小段，再请演员演播，听众在欢乐气氛中接受广告信息。

7. 散文和歌曲结合

以散文和歌曲结合的形式来传播商品信息，沟通情感。

8. 独白式

独白式广告是以第一人称独白的形式，抒发对产品的真实感受或情感。

示例：

广播广告《小豆苗儿童饮食店》

（快嘴、活泼的小姑娘）我不在家，在“小豆苗”儿童饮食店！

（活泼的音乐）在“小豆苗”里，最忙的是眼睛，最累的是嘴巴，最快活的是我！

（歌声）“小——豆——苗”。

9. 现场式

现场式广告是现场编排广告，配合动听的解说词和优美的旋律，来打动听众情感。旅游广告多为现场式广告，采用游记形式，导游现场解说，声情并茂，配合音乐、诗歌、散文等形式，让人如临其境。现场式广告费用便宜，效果颇佳；能运用于广播和电视媒体。

10. 体育解说式

体育解说式广告是用体育实况转播的形式，由播音解说员在介绍某项比赛时随机穿插商品（或服务）信息。体育解说式活泼新颖，给人十分真实的感觉，对听众颇具吸引力，能让人紧随精彩而激烈的解说，接受广告信息。

示例：

广播广告《沈阳红药》

各位听众！各位听众！辽宁人民广播电台听众朋友们：现在我们在沈阳市人民体育场，向您转播辽莹队同东宝队足球比赛的实况，现在比赛已进行到了关键时刻，好球！辽莹队 18 号断球，带球突破，过了一个队员，好球，又过了一个队员，第三名上来阻截，东宝 9 号队员倒地铲球，不好 18 号摔倒了，看样子摔得不轻，不要着急，我们有部优产品沈阳红药。

本章实验：创作广播广告

一、实验目的

广播广告方案创作，广播广告音频后期处理等技能的实践。

二、主要设备

播音室、调音台、音频工作站。

三、实验要求

广播广告时长一分钟以内，广告情节设计合理、形式多样，广告配音恰当，声音元素丰富、音质好。

四、实验内容

（1）创作广播广告文案。

（2）广播广告语言配音。

（3）搜集广播广告的配乐及音效。

（4）使用音频编辑软件将广告语言配音与音乐、音效进行编辑、合成，完成一则广播广告的录制。

下　篇

广播节目制作的理念和技术是优秀广播节目创作的两个必备条件。节目理念确定了节目主题、内容、结构，是节目制作的基础。而如果没有娴熟的广播技术予以支撑和实现，再好的节目理念和构想也是镜中月、水中花。因此，广播节目制作人、广播主持人、广播编辑和记者都需要熟练了解广播节目制作的相关技术，具体包含硬件即节目制作设备和软件即音频编辑软件两个方面。

第九章 广播节目制作

第一节 音频技术基础知识

广播节目是以声音或称为音频信号为信息元素和表现形式，我们只有了解了声音是怎么产生和传播的、声音的物理特性以及常用的音频技术相关术语，才能在编辑和制作过程中运用各种技巧，创造完善的音响效果。

一、声音和听觉

1. 声音的产生和传播

声音是由物体的振动（我们称之为“声源”）空气分子相应的振动，或者说发生波动产生的现象。如敲打的杯子或被触到的琴键都能产生某种振动。一切发声的物体都在振动，振动停止，发声也就停止了。

声音能通过一切气体、液体、固体物质作为媒介传递出去，这些作为传播媒介的物质称为介质。声波需要通过介质来传播，所以，真空里声音是不能传播的。

声音是一种压力波，当演奏乐器或者敲击桌面时，他们的振动会引起介质——空气分子有节奏地振动，使周围的空气产生疏密变化，形成疏密相间的纵波，这就产生了声波，这种现象会一直延续到振动消失为止。我们常常借用水波来理解声波。当把石头投入水面，会形成一组向四周扩散的水波，波纹在水的表面从石头投入点为圆心向远方移动。这就好比空气中从声源向远处传播，只不过空气分子振动形成的声波要复杂一点，它是从声源向四周立体扩散的一组疏密波，空气分子并不是从声源一走就跑到你的耳朵，而是在它本来的位置，从而引起与它相邻的空气随之振动，声音就这样从声源很快地向外传播的。声音在不同的介质中的传播速度不同。声音在空气中的传播速度是 331 米/秒。

2. 声波的振幅和频率

声波作为波的一种，频率和振幅就成了描述波的重要属性。

振幅，即物体或物理量在振动过程中偏离平衡位置的最大值。它是表示振动的范围和强度的物理量。振幅（amplitude）通常用 A 表示，因此我们常称调幅广播为 AM（amplitude modulation）。在声波振动中，振幅是声压与静止压强之差的最大值。声波的振幅以分贝为单位。声波振幅的大小能够决定音强。

物体完成一次振动所需的时间叫做周期，用 T 表示。周期是表示质点振动快慢的物理量，周期越长，振动越慢。周期与声波传播并不直接相关，但却能引申出另一个重要的声波物理概念频率。

声音是一种波动，有一定的频率。声波的频率就是声波每秒钟振动的次数，单位为赫兹（Hz）。频率通常用 f 表示。频率与周期的关系可以用公式表示为 $f=1/T$。声波的频率范围很广，而人耳只能听到其中的一段。我们通常将声波的频率范围分为三个频段：声波、次声波、超声波。频率在 20Hz～20kHz 之间称为声波，是人耳能听到的声音频率范围，因此又叫做可闻声。频率小于 20Hz 称为次声波。自然界中次声波的来源很多，海洋、地震、飓风、雷击、山崩都能产生次声波，次声波通常具有危害性。频率大于 20kHz 称为超声波，有些动物的耳朵比人类要灵敏得多，比如蝙蝠就能“听到”超声波。超声波常用在医疗诊断、定位探测等。

广播节目制作是对声波即可闻声作为处理对象，所以我们研究的是频率范围在 20Hz～20kHz 之间的声波，而这个频率范围也较为广泛，因此又将此频率范围分为三个频段：高频、中频和低频。高频和低频是相对的，在语音范围中，通常把 2000Hz 以上的区域称为高频区，500Hz～2000Hz 的区域称为中频区，低于 500Hz 的区域称低频区。人的语言声音就属于其中的中频。

3. *声音的主观感受特征（声音三要素）*

人耳对声音的感受有三个方面，就是响度、音调（音高）和音色。

（1）响度

响度，又称为声强或音量，指人耳听觉对声音强弱的主观感受，主要取决于声波振幅的大小。两者成正比，即振幅大音量亦大，反之亦然。另外，对音量大小的感觉又与发声体的距离有关，距声源越近音量越大，越远则越小，这两者成反比。当然，除此之外还与发音体都有关联。声音的响度一般用声压或声强来计量，声压的单位为帕，它与基准音比值的对数值称为声压级，单位是分贝。

响度是听觉的基础。正常人听觉的强度范围为 0dB～140dB。刚能引起人耳听觉反应的最小声音刺激量，称为听阈。若继续增加声音刺激强度刚能引起人耳不适或疼痛的最小刺激量，称为痛阈。固然，超出人耳的可听频率范围（即频域）的声音，即使响度再大，人耳也听不出来（即响度为零）。一般以 1kHz 纯音为准进行测量，人耳刚能听到的声压为 0dB，使人耳感到疼痛时的声压级约达到 140dB。

然而，响度既可以分为单位进行客观测量和比较，但同时又是主观感受。人耳对不同频率的声音的敏感度不同，即两个不同频率的声音信号即使响度相同，但人们听起来音量并不相同。人耳对 3kHz～5kHz 声音最敏感，幅度很小的声音信号都能被人耳听到，而在低频区（如小于 800Hz）和高频区（如大于 5kHz）人耳对声音的灵敏度要低得多。响度级较小时，高、低频声音灵敏度降低较明显，而低频段比高频段灵敏度降低更加剧烈，一般应特别重视加强低频音量。

在响度范围 0dB～140dB 的 1kHz 纯音，又分为几个等级，0dB～20dB 为宁静声，30dB～40dB 为微弱声，50dB～70dB 为正常声，80dB～100dB 为响音声，110dB～130dB

为极响声。而对 1kHz 以外的可听声，在同一级等响度曲线上有无数个等效的声压——频率值。例如，200Hz 的 30dB 的声音和 1kHz 的 10dB 的声音在人耳听起来具有相同的响度，这就是所谓的“等响”。人耳对不同频率的声音闻阈和痛阈不一样，灵敏度也不一样。人耳的痛阈受频率的影响不大，而听阈随频率变化相当剧烈。

（2）音高

音高也称音调，表示人耳对声音调子高低的主观感受。客观上音高大小主要取决于声波基频的高低，频率高则音调高，反之则低，单位用赫兹（Hz）表示。例如：在音乐中，音阶 1、2、3、4、5、6、7 音调逐渐升高。

一般来说，儿童说话的音调比成年人高，女人说话的音调比男人高。我们平时所说的“男低音”“女高音”中的“低”“高”都是指的音调。在乐器方面，弦乐器音调的高低取决于弦的粗细、长短和松紧；弦越细、越紧、越短，音调越高。管乐器音调的高低取决于所含空气柱的长短；长空气柱的振动产生的音调低，短空气柱的振动产生的音调高。打击乐器音调的高低取决于击打的快慢，击打的快，音调高；击打的慢，音调低。

人耳对响度的感觉有一个从听阈到痛阈的范围。人耳对频率的感觉同样有一个从最低可听频率 20Hz 到最高可听频率别 20kHz 的范围。响度的测量是以 1kHz 纯音为基准，同样，音高的测量是以 40dB 声强的纯音为基准。实验证明，音调与频率之间的变化并非线性关系，除了频率之外，音高还与声音的响度及波形有关。音高的变化与两个频率相对变化的对数成正比。不管原来频率多少，只要两个 40dB 的纯音频率都增加 1 倍，人耳感受到的音高变化则相同。在音乐声学中，音高的连续变化称为滑音，1 个倍频程相当于乐音提高了一个八度音阶。根据人耳对音高的实际感受，人的语音频率范围可放宽到 80Hz～12kHz，乐音较宽，效果音则更宽。

（3）音色

声音的品质叫作音色，又叫音品，它反映了每个物体发出的声音特有的品质。不同发声体所发出的声音的音色不同。“闻其声而知其人”也就是因为每个人都有自己的音色，听到说话声便可分辨是谁。

单一频率的音称为纯音，具有谐波的音称为复音。发音体的振动是由多种谐音组成，其中有基音和泛音，泛音的多寡及泛音之间的相对强度决定了特定的音色。音色是音乐中极为吸引人、能直接触动感官的重要表现手段。一般来说，人们区分音色的能力是天生的，音乐的颜色分为人声音色和器乐音色。人声音色高音、中音、低音，并有男女之分；器乐音色中主要分弦乐器和管乐器，各种打击乐器的音色也是各不相同的。

音色的不同取决于不同的泛音，每一种乐器、不同的人以及所有能发声的物体发出的声音，除了一个基音外，还有许多不同频率（振动的速度）的泛音伴随，正是这些泛音决定了其不同的音色，使人能辨别出是不同的乐器甚至不同的人发出的声音。每一个人即使说相同的话也有不同的音色，因此可以根据其音色辨别出是不同的人。

人耳听觉感受除了响度、音调、音色三个要素之外，在音长、声音的方位等方面也存在较大的差异。响度感，即对微小的声音，只要响度稍有增加人耳即可感觉到，但是当声音响度增加到某一值后，即使再有较大的增加，人耳的感觉却无明显的变化。方位感，就是说人们的耳朵对声音传播的方向及其距离、定位的辨别能力超强。音色感，是指人耳对音色所具有的一种特殊的听觉上的综合性感受。聚焦效应，人耳的听觉特性可以从众多的声音中聚焦到某一点上。如我们听交响乐时，把精力与听力集中到小提琴演奏出的声音上，其他乐器演奏的音乐声就会被大脑皮层抑制，使你听觉感受到的是单纯的小提琴演奏声。这种抑制能力因人而异，经常做听力锻炼的人抑制能力就强，我们把人耳的这种听觉特性称为“聚焦效应”。多做这方面的锻炼，可以提高人耳听觉对某一频谱的音色、品质、解析力及层次的鉴别能力。

二、音频技术常用术语

电平：一种表示电量（电压、电流或功率等）相对大小的参数。通常指定某一电量的数值作为基准值，以其他数值和基准值相比的对数值来表示电平值。

录音电平，通常指的是声源记录电平，也就是多轨机或电脑上所显示的电平指标。录音好坏是保证音频节目信号质量的关键第一步。录音时，需要在保证不过载的前提下，得到更大、更合理的信号电平，才能在后期缩混中避免产生不需要的噪声和杂音。在数字声音中，声音信号电平越大，被量化得越细声音的细节部分损失也就越小，我们得到的真实、丰满的声音就会越多，达到的标准也就越高。而录音时电平录小了，又会给后期缩混增加不必要的麻烦，更会由于提升原有的电平而产生噪声。

在音频系统中，每一件设备都有其允许的最大不失真信号电平、固有噪音电平，以及其输入和输出基准电平信号时，计量表头对应的刻度。当这些设备连接起来时，最理想的情况当然是所有参数都完全一致。可实际上十有八九是不一致的。因此，在录音前系统电平的校准就十分重要。而这需要具备一些关键的有关音频标准的常识和基本的方法，及现有系统设备的相关技术参数和精准的测试仪器。

动态范围：电声系统所能接受的大声信号的音量，即不会使系统产生失真的最大声信号的音量，与产生噪音的声压级之差。也可以通俗理解为混音中最响的声音与最静的声音之间的差值。电声设备中的话筒、录音机、音箱等都涉及动态范围的问题。

自然界各种声音的动态范围的变化较大。一般语言信号只有 20dB～45dB，有些交响乐的动态范围可达 30dB～130dB 或更高。但由于一些因素的限制，音响系统的动态范围很少能达到乐队的动态范围。录音装置的内在噪音决定了可能录制的最弱音，而系统的最大信号容量（失真水平）限制了最强的音。

频率响应：简称频响，衡量一件器材对高、中、低各频段信号均匀再现的能力。对器材频响的要求有两方面，一是范围尽量宽，即能够重播的频率下限尽量低，上限尽量高；二是频率范围内各点的响应尽量平坦，避免出现过大的波动。

从理论上讲，电声设备的频率响应在 20Hz～20000Hz 之间已经足够。低于 20Hz 的声音，虽听不到但人的其他感觉器官却能觉察，也就是能感觉到所谓的低音力度，因此为了完美地播放各种乐器和语言信号，放大器要实现高保真目标，才能将音调的各次谐波均重放出来。所以应将放大器的频带扩展，下限延伸到 20Hz 以下，上限应提高到 20000Hz 以上。

混响：是指直达声消失后，声音延续所引起的交混现象。混响时间是评定建筑物声音质量的重要指标。声波在大厅中传播时，被四壁不断反射，即使在声源停止声辐射后，还会有声音的感觉，但由于声波的能量，不断被四周的墙壁和其他障碍物吸引，所以当声源停止振动后，声音只能维持有限的一段时间，这种现象叫混响，所维持的这段时间叫混响时间。没有混响时，声音很干，混响太多时，声音模糊不清，适当的混响可以让声音自然，富有亲切感。

延时：是指相对于直达声而言到达听音者的反射声和直达声之间的时间差。现代的广播节目，尤其是音乐节目在录音过程中，经常用到延时器产生不同时间的延时，达到不同的效果。比如，稍长的延时，可能增加一件乐器和一些乐器组合的深度和丰满度。当乐器混合时进行稍短的延时，人脑会认为是比实际演奏的乐器更多的乐器在演奏。组合两个同样的信号略加延时，并稍微调节各自的音调，能得到合唱的效果。

信噪比：通常以 dB 为测量单位，是录制电平和设备本底噪声之间的差值，也是指音响系统对音源的重放声与整个系统产生的新的噪声的比值。其噪声主要有热噪声、交流噪声、机械噪声等。一般检测此项指标以重放信号的额定输出功率与无信号输入时系统噪声输出功率的对数比值分贝（dB）来表示。信噪比越高表示音频产品越好，设备的信噪比越高表明它产生的杂音越少。例如 CD 机的信噪比可达 90dB 以上，高档的更可达 110dB 以上。

采样率：每秒内所测量（采样）到的模拟信号的次数，通俗地讲采样频率是指计算机每秒钟采集多少个声音样本，是描述声音文件的音质、音调，衡量声卡、声音文件的质量标准。采样频率常用的表示符号是 fs。采样频率越高，即采样的间隔时间越短，则在单位时间内计算机得到的声音样本数据就越多，对声音波形的表示也越精确，声音质量越高。采样频率与声音频率之间有一定的关系，根据奎斯特理论，只有采样频率高于声音信号最高频率的两倍时，才能把数字信号表示的声音还原成为原来的声音。这就是说采样频率是衡量声卡采集、记录和还原声音文件的质量标准。

第二节 录音节目制作

广播节目按照制作状态和流程不同可分为录音节目制作和直播节目制作，即录播和直播。两者既有共性又有个性。提高广播节目质量要找到两者分别适合的节目类型与播出时间，从而发挥最大效果。一般而言，大多数文艺节目和广播广告都是录播，如广播剧、录音剪辑、音乐专题节日等。新闻节目、谈话节日、服务类节目大部分采用直播形式。两者的制作流程和音频制作技术有着较大区别。

录播节目是指按节目编排的要求，进行指定采编、录音和复制、剪辑加工等，最后制作成可供播出使用或者作为资料保存的完整节目录音磁带的制作模式。录播模式最突出的特点在于其稳定性。比较复杂的节目制作都经过录音合成完成。在录音室里，可以将各种音响素材分别按顺序录音或复制，最后进行合成。

一、语言

录音节目中的语言包括播音员、主持人、采访对象等在话筒前的讲话。录音节目制作首先进行语言录音，语言录音的质量对录播节目的整体播出效果影响最大。诸如吐字不清、录音电平过小、信噪比较低，这些问题是广播节目录制的初学者需尽量避免的。而在录制过程中出现语言录音瑕疵，绝不可忽略过去，否则给音频后期处理带来更多弊病。

1. 演播者的选择

语言录音除了要求吐字发音的规范、标准外，更重要的是对语言的情感拿捏和表现。节目编辑和导播首先为声音角色找到合适的演播者，如一些广告公司将不同年龄、性别、职业的有代表性的语言建立声音资料库，当录音某则广播广告时以便于找到合适的角色声音。演播者在录音前需熟悉文本和角色，避免出现单调的读稿腔。

2. 试音

录音技术人员要根据演播者讲话的特点，选择合适的话筒，并调试好音色音量。播音员、主持人不一定天生一副好嗓子，每个人的声音条件也不尽相同，在试音时对录音设备进行精细调整，可以保证每个演播者声音的完整表现，获取良好的听音效果。

3. 播音室的沟通

在节目录音过程中，播音者或广播剧演播者与导播、编辑的沟通，通过对讲系统来进行。导播和编辑对演播者的声音表现实时监听和调控。

二、音乐

音乐有着无穷的表现力和极强的感染力，很多难以用语言和文字表达的感情或景观可以通过音乐来表达。和语言一样，音乐的表达同样要求思想内涵和表现形式和谐一致，并能充分表达节目内容，调动情绪。因此，音乐的搜集与选用也考验广播节目编辑制作能力和素养的一个重要方面。音乐的使用涉及音乐的来源和选择两个方面。

1. 音乐的来源

广播节目中的音乐来源非常广泛。有现场音乐的实况录音，由唱片公司提供给电台主持人，也有电台原创的音乐，如每家电台的台标歌曲都是单独创作的，而广播广告里的一些音乐则是由广告客户提供的。

2. 音乐的选择

在选用音乐时，需考量音乐的比例、位置、音量大小等问题。音乐选用得好，可以增强节目的感染力，选用得不好，就会分散听众的注意力，反而影响了节目的整体效果。在音频后期处理时，常用音乐的某些段落，而不是整首曲子。在片段使用音乐时，音乐的淡入淡出、音乐和语言衔接时的音量强弱、背景音乐的音量变化等，都会营造特定的节目氛围和感染力。

三、音响（音效）

音响主要是指广播节目中非主持人的声音和音乐以外的其他类型的声音，比如自然环境的声响、机器工具发出的声音、动物的叫声、人的各类行为所产生的声音等，都可被称为音响。广播节目的音响可根据多种形式分类，比如根据内容分类可划分为人声、物声和环境声等；而根据时间分类可划分为资料音响和实况音响等。

广播节目中的音响来源有这样几类：其一，声音资料库，如音效唱片、磁带等，音效唱片比网络上搜集和下载的音频资源音质更好，种类全面，分类精细。其二，自制音效。音效唱片中收录的音响素材毕竟有限，有时为了更加逼真地还原场景、动作等，节目编辑会自制音效，比如用揉搓玻璃纸来制造火烧的霹雳声等。自制音效需要编辑人员花费较多的时间和精力。其三，现场录制。现场录制的音效包括背景音响，如马路处的人流车流声、工厂车间的机器声、餐厅中的喧哗声等。有些优秀的广播剧为带给听众更加真实的收听感受，会请演员在现场进行动作表演，然后录制现场音效。在录音时要多测试几种不同话筒的位置，选择效果最好的。

四、音频后期处理

广播节目的音频后期处理，是节目编辑和技术人员再度创作的过程，它不是把录制好的各种素材进行简单的罗列，而是对整个作品进行拿捏把握。再度创作具有很大的挑战性，要将语言人声、背景音乐和音响三者完美和谐地融合在一起，使之相辅相成、相得益彰，才能以声传情，先声夺人，达到吸引听众的目的。这个过程具体分为编辑与合成两个步骤。

1. 编辑

具体包括文字编辑、音响素材编辑、语言录音、录音素材的整理等工作。首先是语言录音，要注意录音中的方法、经验和技术；其次是从大量的声音素材中选取恰当、合适的部分，并将选取的声音素材等作相应调整，以达到广播的播出标准。依据节目的需要、录音效果、音乐的表现力等不同因素来对既有素材进行编辑、选择。

2. 合成

即两种或两种以上音源合成，这是对整体的声音效果进行调整，使之达到最好状态。比如其中录音与播音之间的音量不对等，录音和节目其他部分之间的衔接是否自然，有些声音用在某处是否合适，是否可以换个位置，声音和声音之间如何搭配等。编辑合成的工作是对声音无穷表现力的创造性发掘。

示例：

广播剧《六千万分之一》的录制①

由常州广播电视技术中心演播部录制的广播剧《六千万分之一》获得2002年国家广电总局广播节目技术质量奖三等奖。这部广播剧讲述了一架由纽约开往日本东京的客机在

① 葛慧萍，谢建伟．广播节目录制经验点滴——记广播剧《六千万分之一》的录制［J］．广播与电视技术，2003（5）：60－61.

飞行途中遭到劫持，飞机上一片混乱，此时飞机上一名乘客怀着侥幸的心理用手提电脑向互联网发出 ICQ 求救信号，收到 ICQ 信号的概率只有六千万分之一，求救信号意外地被一名上海网友收到，于是上海网友与日本驻沪大使馆联系，大使馆证实了劫机事件后，立即采取措施成功地抓获了劫机犯，阻止了劫机事件的发生。剧中运用了大量的场景声、尖叫声、枪声、飞机降落声等，既增强了节目的可听性，也给录制工作带来一定的困难。

（1）录音前期

首先，针对这档广播剧《六千万分之一》的节目特点，了解节目的创作意图及作品力图表达的思想意境后，确定了整个节目的录音方案。

对录音器材的选用，如：话筒选用两只 SONY；调音台选用 DDA；录音机选用 DAT SONY；录音制式选用 ORTF 制式；录音场地选用 70 平方米录音棚及一些其他周边器材。对这些录音器材及场地的选用，主要考虑到广播剧《六千万分之一》有相当一部分要以语言表演为主，所以语言拾音时以清晰度和可懂度为主。拾音时直达声/混响声的比例取 1.34。

话筒选用的是一种优质的电容话筒，带有转变开关，可以选择指向特性（无方向，超心形和 8 字形），各个指向特性具有平直的频响曲线，可以提供 110 分贝的拾音动态范围，正适合于广播剧语言表演这类动态范围较大的节目。用电容话筒进行语言录音时，当拾音距离小于 30 厘米时，由于振膜口高能作用区的静态压力增强，致使转换后的语言出现“嘶，嘶”声、“噗，噗”声。

ORTF 拾音制式，采用两只传声器相距 17 厘米，其主轴夹角为 110 度，这是模仿耳壳的作用，17 厘米也正好是人头的直径，这是模仿人的两耳的间距。ORTF 制式的录音特征，是双声道信号间同时存在时间差和强度差。而它使用的是心形传声器，而且还朝外侧张开一个角度，就使强度差稍有增加。用 ORTF 制式，拾取的语言及音乐具有很好的兼容性。

（2）利用音频工作站的强大功能进行后期剪辑

前期录音结束以后，把录音素材灌输到音频工作站中进行后期修改。音频工作站除了对音频进行一般的剪辑、拷贝、压缩等操作外，还可以对音频进行均衡调整，对某一频率点进行处理。这个功能在录制过程中发挥了很大的作用。例如，剧中有一段劫机分子与乘客的对话，其中有一位女乘客的声音特别尖细，并伴有尖叫声，高频分量比较多，并且语句里伴有喷话筒时的“嘶嘶”声，为了把“嘶嘶”声去掉，用均衡器把“嘶”声所占的频率段进行处理，使得“嘶”声几乎听不出来了，而且整个语句不受任何影响。

（3）磁带转录

音频文件在音频工作站修改剪辑好以后就可以输出到 DAT 磁带上。这次使用的音频工作站输出接口是模拟接口，而 DAT 为数字设备，所以模拟设备与数字设备配接时，电平一般都需要进行调整。可以适当提高输入电平，来提高信噪比。

要高质量地完成一档节目的录制，不仅要掌握前期现场录音话筒的使用技巧，计算机的熟练使用，还要对各种不同类型的设备有比较深入的了解，认真对待每一个制作环节，才能制作出高质量的广播节目。

第三节　直播节目制作

一、广播直播节目

广播最早的录制方式就是直播。广播直播是广播节目的后期合成、播出同时进行的播出方式。相比录播节目，直播具有良好的现场感，给听众更大地听觉冲击力，容易产生共鸣。同时，直播提升了节目的真实感和可信度，更具有针对性，让听众感受到节目的诚意感与透明度，有助于调动听众的参与性。

直播主要应用于大型节目、互动节目以及对播出时间有要求的特别节目上，受到人们的广泛关注与认可。

直播节目制作有两种模式，一种模式是中央控制模式。这种模式设立导播系统，有一个控制室，一个直播室。直播室内放置调音台、放音机、录音机、监听设备和其他附属设备，供主持人直播时使用。在控制室里，由导播指导播出，由编辑负责调节外请嘉宾话筒音量，收转热线电话，播放广告，由技术人员控制输出等。另一种模式是一人控制模式。节目主持人融播音与操作为一体，在没有编辑和技术人员帮助下独立完成直播，同时承担节目内容的推出和语言的即时创作多项任务。

直播节目的两种模式适用于不同类型和规模的直播报道。中央控制模式适合大型电台综合性节目，特别是较复杂的合成节目的播出。避免了主持人又播又控、顾此失彼的矛盾，利于提高节目质量。一人控制模式由主持人自控自播，优点是节省人力，缺点是较难控制，适用于声源较少的节目。

二、直播节目的导播

在广播直播节目中，导播是节目的重要组成部分，是把握节目全局的“总控门”，是指导节目的“总导演”。导播掌握广播直播节目播前、播中和播后三大环节的工作技巧。

1. 策划节目

导播首要是做好节目前置的精心策划工作。把握节目对象和内容，即解决对谁播、播什么和怎么播的问题。首先，熟悉掌握节目主题、节目内容、节目流程和节目时间的安排等各环节。其次，对内容相关政策法规预先学习准备，对直播嘉宾的背景资料进行梳理，掌握民情民意，认真筛选节目热点主题。再次，根据节目流程，计划节目能接进多少个电话，可以参与电话的时长，要准备的问题。最后，随时与主持人在节目中进行预先的沟通、交流、交换想法、建议，以确保主持人与导播策划思路和目标协调一致的高低。

很多时候，直播的新闻现场是千变万化的，不确定因素随时出现，而主持人埋头主持，并不了解直播间以外发生的情况，直播的成败很大程度上取决于导播临场策划与调度能力的高低。

2005 年 10 月 17 日神舟六号飞船返回。返回阶段的直播，规定是在成功着陆航天员出仓后可以切入前方北京飞行指控大厅的信号，然后再切入在着陆场飞船返回舱旁边的记者。这样做是为了万一失败就不做直播，所有的报道人员对这个指令都一清二楚。可是在4点20分，在搜救直升机上的记者目击了正在空中降落过程的神舟六号飞船，并给导播间打来电话报告了情况。神舟六号在太空飞行了5天，每天都在直播，听众早已经知道大概返回的时间，无论如何最后的结果总要对外公布。所以，导播组临时决定立即连线直升机上的记者，报告飞船返回的进程，让听众了解到返回的最新情况。如果按照规定从航天员出仓开始直播的话，那要晚开始一个多小时。

2. 指导播出

在节目进行时，导播在控制室指导播出，比如下达指令，热线电话把关，应急处理等。导播要引导听众围绕主题展开讨论，使话题集中，重点突出，避免离开主题。同时，对热线来电人谈到的存在明显错误的观点，对来电者不怀好意的情况进行处理，确保节目播出安全。

3. 跟进与总结

每期直播节目后，导播都应定时跟进相关问题的反馈和后续相关报道，及时掌握解决问题的进度和最终结果。节目的有效性是听众青睐一档广播节目的重要方面，在节目后及时跟踪报道也更加凸显了节目的公信力和实效性。此外，导播应该主动与主持人、团队成员一起，总结得失，找出直播中的不足之处，分析原因，提出改进措施，落实执行。

三、主持人直播

主持人节目的魅力，在于与听众的特定交流气氛及主持人形象对听众的心理影响。依据听众收听习惯、听众对特定电台的心理需求、节目的特定内容及主持人的个性来决定主持人形象应如何塑造，交流方式和气氛以何种情况为佳。

1. 直播前的准备

主持人在进入直播间开始节目直播前，需要充分的准备工作，这是直播顺利进行的基础和保障。主持人在直播节目时绝不仅仅是说说话，随机播放几首音乐那么简单。

首先，直播文稿的撰写。有些节目中，主持人准备节目内容时不写稿件，只准备提纲和资料，播讲时主要靠口头直接表达，注重现场发挥。而有些较严肃的时政类节目和大型新闻直播，主持人首先就节目内容准备好文字稿件，然后以文字稿件为基础进行直播。

中央人民广播电台2005年直播神舟六号发射的报道，就进行了大量的前期文案准备，直播大纲初稿就有一万多字。而直播大纲里最难确定的是时间节点，航天员进舱—点火—起飞—程序转弯—船箭分离—抛掉逃逸塔—一、二级火箭分离—准确入轨等新闻事件的时间点如果掌握不准，直播时就有可能出现直播内容和事件对应不上问题。然而飞船发射的时间节点在发射前是严格保密的，发射中心不向任何媒体透露。后来节目组猜想神六和神五都是载人航天飞行，火箭和飞船的运行程序应大致相同，于是借用神五的时间节点来构思神六的发射直播大纲，果然神六的发射程序跟神五基本一致。

其次，操作系统检查，调整好播音语调和情绪，并检查所有文字和录音素材。文字材料包括开头语、串连词、结束语。录音材料包括版头、宣传带。还要检查要播的歌曲、音乐、间奏乐，并把所有的材料按播出顺序编号。

2. 主持播出

主持人在直播室的工作包括：语言播音，按播出顺序表推出各个环节，控制调音台各路声音轨道，控制音量、音质，推出唱片或磁带，推出记者采制的录音报道，选择音乐、歌曲，接听电话，监听，录音，转播节目，做直播室专访，与约请的嘉宾一起主持节目，主持热线讨论，遇到突发事件，如临时插播消息，要即时组织好串连词，灵活安排好节目内容。

第四节　节目制作效果的实现

广播节目效果，是指节目营造出来的气氛、风格及其可听性、说服力、感染力，是一种综合性的收听效果。节目效果不是单一的声音效果，而通过制作元素，如语言、音乐、音效、音色、节奏、时间等方面的控制所体现的节目编辑技巧。

一、语言

语言拾音是影响广播节目质量的第一关。要注意话筒的正确选择和使用。编辑在播音员进行录音之前应对节目整体的声音效果有充分了解，并与播音员事先交流如何根据节目内容、场景的变化，对播音速度、感情等进行适当调整，尽量使播音节奏与节口整体节奏统一。录音师对语言录音的调整是多次反复进行的，在播音结束之后，还要针对播音员的不同声音特点，使用效果器或音频编辑软件等对语言进行更细致的处理。

播讲者在录音时要注意语调，要根据自己在节目中的形象把握播音的度，要有所控制。播音音色放大，咬字清楚彻底，发音正确。同时注意播音的速度。播音的速度每分钟200字左右，前后速度应均匀。做到句读分明，有断句。

二、音乐

广播节目中音乐是最具表现力和渲染性的因素。音乐可用来描绘场景，帮助展现场景变化，可渲染气氛，替代主要语言抒情，还可以改变节目的节奏。

音乐的选取要和节目主题及节目内容的进展保持一致。编辑根据音乐在节目构成中的作用，对使用的音乐时间长短、音乐音量的大小比例、音乐在节目中的淡入淡出位置等进行合适处理。

音乐依据不同的作用又分为主题音乐、背景音乐和间奏音乐。主题音乐是表达主题、基本情绪或主要人物性格的音乐，根据节目内容和情感的变化反复出现，推动节目向前发展，彰显整个节目的风格与基调。背景音乐是与语言同时出现的音乐，以起到加强场景效果的作用，背景音乐通常只满足某一场景的特定需求。间奏音乐是用于节目与节目、段落与段落之间的一种音乐形态，起到活跃气氛和衔接连贯的作用。广播稍纵即逝，所以间奏乐较短，一般在十几秒之内。

三、音效

音效能增强广播节目的视觉感、现场感和真实感，给人以身临其境的感觉。不同类型和风格的节目其音效选用要求不同。笑话类节目常用节奏轻松幽默、篇幅较短的音效；文学类节目的音效相对简单，只在一些关键的情境中使用能够烘托气氛的音效；而广播剧中的音效较为繁杂，强调音效制作的准确性。音效的准确性，指要在众多音效中做到细分，寻找到那个最准确的声音效果。如同样是门开关时发出的声音，一扇防盗门和一扇古老的木门所发出的声音是不同的，而即便同是木门，开关动作还有轻重缓急之分，它会让听众有着不同的场景联想和对人物情绪的想象。

四、音质

广播节目声音质量的评估方法分为主观和客观两种。客观测评，须按照国家新闻出版广电总局所规范的技术标准来测试录制、传输、发射各技术环节的相关物理指标，如：设备功率、场强覆盖、信噪比、动态范围、频率响应等。但是，物理上的“清晰度”（即技术指标达标）是不能满足人的听觉需要的，仅仅依靠测试广播系统或设备指标并不能全面反映广播节目声音的全部音质，因此还需要参考主观音质评价指标。

主观测评，是通过统计分析的方法总结出人们主观感觉背后的潜在规律，并用数字将评价结果量化，进行综合打分，得出主观评估结论。我国参照《广播节目声音主观评价方法和技术指标要求》《广播节目试听室技术要求》中的有关规定，对待评对象从清晰度、丰满度、明亮度、圆润度、柔和度、真实度、平衡度和总体音质八个方面，按照五级评分进行评价，即质量标准极佳、好、一般、差、低劣，分别用 5、4、3、2、1 分标级。

为保证广播节目的声音质量，可以从以下几方面努力。首先，使用、播放高质量音源。对技术质量不良的音源禁用，对网络下载的音频素材尤其需要注意检查其质量。其次，节目录制人员和主持人提高播音技能，把握和控制好与话筒的距离，控制好音源输出电平等。再次，规范制播系统和频率的发射系统工作参数，在节目制作、直播和发射中的各环节的工作人员必须严格执行，保证技术系统工作在规范所规定的状态并输出符合规范的信号。最后，完善广播节目监录与检测体系。建立收听效果综合评估机制，保证日常检测与定期评估，确保长效管理。

五、节奏

节奏和时间控制会直接影响气氛和讯息，能制造特定效果。无论是语言叙事的节奏，还是音乐、音效的节奏，都要随着节目内容、人物情感的变化而变化，要和谐统一，有听觉上的舒适感。

不同类型广播节目的节奏控制技巧不同。音乐节目可以通过音乐自身的节奏来调整，故事节目借助于故事的叙事技巧，通过开场、悬念、铺垫、转折、高潮、结局等形成节目的节奏。板块节目则综合运用多种声音元素和节目形态把握节目的节奏。

广播新闻节目也需要讲究节奏控制。广播新闻的节奏表现在两个方面。一方面，每条消息的长短编排，内容越短，播报的转换速度越快，节奏就越快，相反就越慢；对整个新闻节目来说，固定时间段里新闻数量越多，节奏越快，数量少，则相对较慢。另一方面，新闻内容本身的轻重缓急在听众的心理上会引起不同的主观感受。越枯燥乏味、缺乏兴趣的新闻节奏越慢，能带给人愉快感的新闻节奏相应越快。

广播新闻的节奏应做到错落有致，自然流畅，如果是随意堆砌，长短无序，就没有节奏可言。如果单纯追求新闻数量的丰富，会导致节目整体的节奏越快，

越容易引起听众的听觉疲劳。而数量过少会导致节奏太慢又提不起听众的兴趣。尤其是一条新闻超过3分钟，人的注意力就很难再集中。错落有致正是对新闻长短节奏的有效把握，有长有短才能适应听众的收听心理。

同时，人的心理在面对持续不变的事物时容易产生疲劳感。要保持收听的新鲜感，就需要不断变换节奏，在整个新闻节目中设置一个个刺激听众的兴奋点，使听众的兴趣得到持续的激发。这就要求，除了新闻头条之外，还要安排两到三条次重要的新闻穿插在整个节目里。穿插其中的次重要新闻使节目的兴趣点呈现出像波浪一样起伏的曲线，使听众兴奋情绪也有周期性起伏，能缓解听众因为长时间持续收听而引起的收听疲劳。

第十章　节目制作设备与技术条件

广播节目制作包括对语言、音乐、效果等声音信号素材的拾音、调整、加工和处理的整个流程。需要通过一系列电声设备和设施进行技术性的处理来完成，其中包括播音室、话筒（传声器）、调音台、录音机、放音机、计算机等器材。广播节目录制人员不仅要掌握这些电声设备的操作方法，同时应了解其工作原理、性能指标等各方面知识，这样使用才能更得心应手，通过音频技术表现出广播节目的艺术魅力。

第一节　播音室

播音室是供播出和录制广播节目的专用房间，用作各类节目的播音、录音、演播广播剧及举办音乐演奏会等。大体可分为语言录音室、直播室、文艺录音室等。播音室的声学环境对节目的录制、播出质量有着至关重要的影响。播音室的声学指标主要有混响时间、噪声级、声场扩散的均匀度等指标。

一、隔音效果

根据广播录音播音室设计规范和技术用房的要求，录音播音室的允许噪声级要比一般厅堂低得多。隔音效果首先关乎播音室场地的选择。广播台的录播室外墙至某些噪声源的距离有一定要求。比如火车站、铁道相隔至少500米，工业企业、汽车站相隔至少300米等。但随着我国城市化进程带来的城市交通和建筑的频繁变动，广播电台通常处于写字楼的包围之中，环境周围的振动噪声较大。此时可利用非技术房间将录播室等技术用房包围的格局，以减轻外来噪声的影响，录播室应布置在人流少的位置，以尽可能避免外来噪声和震动的干扰。

录播室的隔声墙（包括楼板、顶板）的施工质量与隔声性能关系密切，对有关施工质量提出要求。播音室的墙体应尽量采用实体砖墙，而且墙体要有一定厚度。一般采用双层墙隔声，在两墙之间留有一定厚度的空气层，在空气层中填充吸声材料，使声音穿过第一层墙后再透过第二层墙，空气层起到了隔音作用，进一步提高了隔声量。

隔声门、观察窗也有一定的设计和技术要求。录播室的出入口处必须设两道隔声门。隔声门门扇应采用中间填充多孔性吸声材料（例如：岩棉、玻璃棉等）的多种复合构造；门缝与门框之间的接合部分应有密闭措施。门体结构结实、不易变形、开启方便。观察窗采用多层（通常为 2～3 层）玻璃的构造形式；在各层玻璃层间的窗框应做吸声处理；玻璃与窗框之间应采取密封措施。

此外，播音室的空调系统和换气装置会通过管道将空气噪声、气流噪声传入播音室，成为噪声源，因此要对空调系统、换气系统进行消声处理，尽可能减少空调和换气系统所带来的噪音。

二、共鸣效果

在室内听到的声音，一部分来自于声源，一部分则来自于共鸣。共鸣作用是会造成续响的效果。一般标准，续响时间以 0.8 秒到 1.2 秒为准，这时声音听起来比较舒适，如果超过 1.2 秒，则容易使一连串声音变得模糊不清。影响共鸣效果与室内空间大小有关，也与室内墙壁、天花板及地板材料对声波的反射和吸收能力有关。

第二节　话　筒

传声器俗称话筒或麦克风，它是声音在录制过程中途经的第一个电声设备，因此话筒选择合适与否，直接影响后面其他设备所处理的声音质量。话筒的功能，是将发声体发出的声音信号转换成电信号，也就是将声能转换成电能，送到调音台，经过放大和调整后再送往录音机、电脑等进行记录。

一、话筒的分类

话筒按照不同的分类标准有不同的分类方式。如果按传输方式区分，可分为有线传声器和无线传声器。如果按声道区分，可分为单声道传声器和立体声传声器。一般我们在录音选择话筒时，是按照其结构原理来区分的，可分为动圈式话筒、电容话筒以及铝带话筒等。

1. 动圈式话筒

动圈话筒里都装有一片很薄很轻的振膜，这片振膜能够根据声压的变化进行震动，从而使悬挂在磁场中的声音线圈运动，形成轻微电流，最后转化为话筒的声音信号输出。

动圈话筒结构简单、性能稳定、使用方便、固有噪声小，被广泛用于语言录音、外出实况录音和扩声系统中。但缺点是灵敏度较低、频响范围较窄。动圈式话筒是较早使用的话筒，半个多世纪以来，虽然其原理没有变化，但其性能技术指标有了很大提高，优质的动圈式话筒的性能已接近电容式话筒。

动圈式近讲话筒，以演员将它靠近嘴边而得名。它对近处演唱细微的声音都能反映出来，但对较远处的环境噪声却不敏感。风罩是动圈式近讲话筒的重要附件，风罩能减小由于刮风或移动传声器时产生的猝发气流噪声，能衰减近距离讲话时所产生的口齿、呼吸等杂音，还能够防止灰尘进入话筒。

2. 电容话筒

电容话筒的历史最为悠久，出现的时间可以追溯到 20 世纪初期。电容式话筒是迄今为止性能最好的一种话筒，它具有频率响应宽、频率响应特性平直、非线性失真小、瞬态响应好和灵敏度高等优点。高档的电容式话筒价格昂贵，主要用于专业音响领域，如中国戏剧、美声唱法的专业演唱等。

电容式话筒的主要弱点是防潮性能差，易受潮产生噪声，而且怕振动。因此，这种话筒在使用时必须用架固定。适用于录制音乐节目。随着电子技术的发展，一种无须外加极化电压而且体积更小的驻极体电容式话筒已经出现，还有一种廉价的低档驻极体电容式话筒，常用于中、低档便携式收录机中。

话筒的选择并非是越高级价格越昂贵才好，而是要根据使用对象、录音场合、目的要求恰当地选用，以最低的代价换来较好的效果。

二、话筒的主要特性

1. 频响特性

频响特性也叫频响曲线或频响。在整个音频范围（20Hz～20kHz）内，频响曲线愈平坦，频率范围愈宽，声音失真愈小。

话筒是保证录音信号不产生失真的第一个环节。所以，在进行节目录制时，必须对录制音源的发声特性、频率范围、声压大小有必要的了解，选取适当的话筒。如果话筒选取不当，会导致部分信息丢失或变形。比如，用频响较窄的动圈话筒拾取小提琴的信号，会丢失许多细节；而用电容话筒拾取较近的语言信号，会拾取较多的口腔噪声，干扰听觉。

2. 灵敏度

灵敏度是指话筒的拾音能力大小。选用话筒时，要根据使用场合来参考话筒的灵敏度。通常情况下，电容话筒的灵敏度要比动圈话筒的灵敏度高，在录制弦乐器、吉他、钢琴等时，一般使用电容话筒，录出的声音细腻纤细。在录制打击乐器的鼓类、语言节目等时，使用动圈话筒较好，可以较好地隔绝串音、消除噪声。

3. 输出阻抗

输出阻抗指话筒在 1kHz 条件下的内阻，它体现了话筒的输出能力。输出阻抗越小，话筒的输出性能越好。

4. 指向性

指向性传声器在不同的方向上具有不同的灵敏度。在话筒中，有三个基本的方向性分类：全指向性、双指向性和单指向性。

全指向性话筒，也称为无方向性话筒。它可以拾取各个方向的声音，对来自四面八方的声音同样敏感。适用于拾取房间的环境效果。在进行同期录音的时候，如果环境的声学特性很好，比如在专业录音棚里，可以使用无指向性话筒，在适当的距离同时拾取直达声和混响声的综合信号。但是在节目制作中，往往需要使用一些具有方向性的话筒。因为全指向性话筒不能有效地降低或消除不希望有的声音，如机器噪声、现场周围的噪声等，同时不能使主要说话者的声音达到最大。比如，在体育场馆、工厂车间、商场等嘈杂的环境中拾音，就需要用强指向性的话筒去处理环境噪声的干扰，拾取需要的声源。

双指向性话筒，又称为 8 字形话筒。它拾取两侧的声音，典型的用途是放在两个乐器之间，或者是两个人面对面站立对着话筒，以供两种声音录在一起，又保留了两者的独立性。双指向性话筒主要对来自两个方向的声音敏感。

单指向性话筒。这种话筒对来自一个方向的声音敏感。当环境的声学特性不好，如噪声大、房间频响不平直或声源较密集时，则可以使用心形或特心形话筒，直接拾取声源的直达声，而在后期用人工混响进行修饰。

根据声音特性曲线可以分为3类：心形曲线、超级心形曲线、特心形曲线，每个的方向性曲线稍有不同。

心形曲线。这种话筒直接传感前方的声音，两侧扩展范围较小。心形话筒对话筒前方宽范围的声音敏感，但是对来自话筒后面的声音不敏感。当放置离说话者2米或2米以上时，它往往拾取一些不必要的四周的声音，包括墙壁的反射声。

超级心形曲线。这种话筒可接收前方较远范围的声音，但两侧的声音接收的很少。超心形比心形曲线更具有方向性，当这类话筒指向一个声源时，干扰声往往被抑制。

特心形曲线。这种话筒可接收前方更远的声音，但两侧的声音接收不到。由于它的超强指向性，可以最大限度地屏蔽环境噪音。特心形话筒更具方向性。这种话筒接收声音的夹角小，夹角外的声音大部分将被抑制，但使用时必须正确地指向声源，必须随说话者的移动而调整话筒指向。

在录音前要根据环境的声学特性和声源特点，判断所选的话筒的指向性。生活中的各种声音的组合，构成了丰富的听觉世界，即使我们只想进行谈话，如果没有适当的混响作为背景，也会感觉别扭。所以，完全排斥环境声，不但是不可能的，而且是不可取的，适当的背景声，能给出自然、真实的音响效果。因此要选择适当的话筒指向性，以适当的距离和方向，找出声源直达声和环境声的平衡。

三、话筒的使用

1. 话筒的主要设置

话筒上往往有一些开关，用好这些开关对声音的录制是非常有好处的。

增益衰减开关：当拾取近距离高声压级声源时，可能会引起传声器过载失真。选择此开关，可降低增益，消除失真。

低频衰减开关：近距离拾音时，低频衰减开关可将低频减弱，得到正常较均衡的声音。传声器有明显的“近讲效应”，声源距传声器适当距离处时，低频特性是平坦的，能真实地表现声音。而在很近的距离使用时，声音的低频成分会明显增加，这时容易产生低频嗡嗡声，影响声音的清晰度。

指向性选择开关：电容话筒往往带有此开关。一般包括心形指向、8字形指向和无方向指向三种。

2. 话筒的摆放

话筒摆放的距离、角度和高度是影响声音的主要因素。话筒的摆放位置很重要，直接牵涉声音的质量。

距离。话筒与音源的距离影响声音的音色以及直达声与混响声的比例关系。当距离太近时，如离声源仅一个拳头距离，则声音的低频被加强，使声音发浑；当距离太远时，房间的反射声和混响被加强，直达声被减弱，声音的清晰度会降低，感觉声音很远。所以，录音时要掌握好适当的距离，兼顾声音的音色与所表达的空间感和距离感。在一般情况下，两个拳头左右的距离比较合适。

录音中经常出现声音的“喷口”现象。播音员在演播时口部强大的声波气流冲击传声器膜片，听起来像“噗噗”声，有明显的音量电平，影响声音的“美观”，不可小视。此时可适当拉大录音距离，以衰减到达传声器膜片的气流；也可以将传声器膜片稍稍偏离气流方向加以改善；或者使用传声器专用防风罩，其网面有良好的气流缓冲能力，使人声更纯净。

有时录音人员众多，需采用多个传声器，这就需要考虑多个话筒间的间距比例。间距太近时，拾取声音的串音情况比较严重，不利于后期处理制作，所以要拉大传声器间距。根据经验，一般两支传声器间的距离是传声器距声源距离的3倍以上时，就会有一定的分离度了。

角度。话筒与声源的角度会影响声音的高频特性。当话筒轴向对准声源时，声音的高频音色最好。若话筒轴向偏离声源，则高频明显减弱，声音就会变得不清晰，可懂度下降。所以，拾音时话筒的轴向应对准声源。

高度。录音时话筒高度一般应与声源的发声部位或共鸣点一致。如人声，则需与口齐平。话筒的高度影响声音的中高频特性。当传声器低于口部时，胸腔共鸣将增多，并且此时手中的剧本容易挡住传声器，引起高频大幅降低，低音变多，明显影响清晰度。当高度太高时，因为没有对准声源，高频成分也会下降。

串扰。录音时使用话筒的数量越多，串音就越严重。因此，同时使用的话筒数量不能太多，有时要多人兼用一支。如需要使用多支话筒并用时，尽量选择单指向性话筒，以降低串扰情况的发生，并且两支单向指性话筒背对背放置也比同向侧面放置效果要好，同时要将多支话筒适当隔离。

3. 话筒的制式

在立体声录音中，听众可以准确地判断出各种乐器的准确方向，以及它们前后的关系，这是立体声录音的三个重要因素，即立体感、空间感、音乐平衡。与单声道传声器拾音相比，立体声拾音有好几种不同的方式，AB制式、XY制式和MS制式。这三种制式的传声器的摆放方式以及各自的拾音范围不同。

AB制式。利用并列放置的两个相同规格和特性的传声器进行拾音。左右两个传声器的输出信号分别送至调音台的输入部分，通过声像器把声源分到左、右声道，两只传声器拉开一定距离，指向性可以是无方向也可以是心形的。AB制拾音方式的优点是对传声器要求简单，只需要两支性能一致的传声器即可，在要求不太高的场合使用。缺点是存在时间差，使其单声道兼容效果差。

XY制式。采用两只特性完全相同的传声器，使之在主轴之间保持$90^{\circ}\sim105^{\circ}$的夹角。任何声源信号，将同时到达两只传声器，不存在时间差，而拾取的双声道信号间只存在着强度差。因此，单声道兼容性好，常用作实况录音或转播。

MS 制式。也是一种使用重合传声器的制式，两支传声器一只是心形的，方向朝正前方，称为 M 传声器，另一只是 8 字形的，横着放置，方向对准左右两侧，称为 S 传声器。MS 制式的优点是真实感极好，单声道兼容性是最好的，且对话筒的一致性要求不严格。其缺点是，由于左右声道信号中都包含一个相同的中间信号，所以，在正前方±45 度夹角的区域内，左右声道的分隔度不好。与 AB 制式相反，MS 制式存在中间声像加重现象。

第三节 调音台

从整个工作流程来看，调音台是任何录音编辑系统的核心，起着承上启下的作用，它统管着信号的放大、输入、输出、监听、监测、混合等功能。近年来，随着数字音频技术的发展，调音台数字化集成度越来越高，功能越来越丰富，音质越来越优秀，一些调音台的体积和重量也日渐变小。但另一方面，数字音频工作站出现后，其音频编辑软件完成了声音效果的处理和缩混工作，录音棚里传统大型调音台已经慢慢失去原有的地位，逐渐沦为带有话筒放大器和监听控制功能的中间设备。

一、调音台的技术指标和功能

尽管不同用途的调音台其技术指标各有差异，但在选用调音台时需达到一定的基本要求。首先，较高的电声指标，包括动态范围、频率响应、失真度、本底噪音。话筒送入的电号较微弱，要求调音台的前置放大器噪声极低。为保留声源动态范围大的特点，要求调音台的动态范围尽可能大。为了充分保留声源的所有频率成分，调音台频响范围尽可能广。其次，自动化程度高，较完善的音质修饰功能。调音台相当于把装在外部的延时器、混响器、压/扩器等最周边设备装进调音台通路，使节目的录制更为方便和快捷。再次，与周围设备的兼容性强。提升系统的扩展潜力，并丰富系统的功能。

调音台的功能是把送入的电信号进行电平调整、音质加工，然后将处理好的信号送往周边设备进行处理，或直接播出用，或合成立体声信号记录到录音机或计算机。具体可细分为放大、处理、混合、分配四个方面。

放大。对节目信号进行放大。当不同节目源的信号进入调音台后，所需的放大量也不尽相同，所以调音台要分别处理不同的信号。如各种乐器的音乐信号与人声信号在幅度上就不相同，多个人声信号混合时的电平也不相同，都需要分别进行处理。

处理。即对各种信号的强弱和高、中、低音进行调节，使总的节目听起来均衡悦耳。不同的信号，由于其频谱分布，形成不同的音色。音响师要根据不同的扩音环境，对进入调音台的不同声音信号分别进行加工，使其声音尽可能接近原声。调音台的每个声道都具有相同的处理手段，如：均衡、增益控制器等。

混合。将多路信号混合成一路或两路，信号输出一般要求音响的配置以两声道的形式为标准形式。调音台将各路信号调整后，要将各种信号合并成标准的左右声道（立体声）形式输出，作为下一级设备的输入信号使用。

分配。在普通的扩音系统中，主要是按需要把未经混合的某一路或几路信号取一部分送入别的音频处理器材进行处理，或者将已混合的信号分出一路或几路作其他用。调音台除了立体声的主输出外，还能提供两路以上的辅助输出信号。这类信号有两种用途：一是音响室监听；二是做效果器的激励信号用。效果器的作用是美化声音，主要是人声。由于调音台具有信号分配功能，调音师可以将要美化的声音在混合之前取一些出来通过专门的接口送往效果器，效果器对这个声音进行处理后又将它通过调音台上专门的接口回送并与调音台总输出信号混合，这样音箱就播放了经过处理的信号。

二、调音台的分类

调音台可根据输入通路的多少来分类，也可以按照使用目的来分类，还可以按电路结构来分类。

根据输入通路的多少可将调音台分成大、中、小三类。一般输入通路在 12 路以下，功能比较少的为小型调音台。输入通路在 12 路以上、24 路以下的称为中型调音台。输入通路在 24 路以上的称为大型调音台。

根据调音台的使用目的不同，可分成语言录音调音台、音乐录音调音台、后期制作调音台、播出调音台、节目主持人直播方式调音台、扩声用调音台。现代录音和制作用调音台往往是有几十个输入通路和丰富的音质修饰功能、自动化程度高的大型调音台，用来录制如歌曲、乐器乐曲、戏曲曲艺、广播剧等节目。而语言录音、播出用的调音台规模较小，功能也比较简单，使用的辅助设备较少，用于录制和播出如新闻、访谈、广告、小说、评书等涉及人数较少的语言节目。

根据调音台内部信号的处理形式分，可将调音台分为模拟调音台和数字调音台两种。两者都能进行非常复杂的信号处理和自动化控制。相比之下，数字调音台的自动化程度更高，升级能力更强，模拟调音台工作比较稳定。

三、调音台的主要设置

调音台中一路的电路解剖图，信号从左边输入，然后被增益、均衡、音量推子、声像和辅助部分控制，最后从右边输出。

1. 信号输入口

用于连接系统中的录音机、音源、合成器等的音频输出口，或者插上动圈、电容、话筒等。调音台的输入信号大体上分为低阻话筒信号输入和高阻线路信号输入两种。大部分音源播放设备，如 CD、DVD、MD、MP3 等以及大部分乐器的输出信号通常都是高阻信号，而大部分有线话筒通常都用低阻插口与调音台连接。

2. 增益钮（GAIN）

调音台每个通道上都有一个增益钮，用来调节输入信号电平大小。输入的信号以多大的电平输出是由该旋钮和该通道的推子共同决定。旋钮顺时针方向角度越大、推子越高，输入信号的输出电平的提升就越大。增益钮是作为声音输入调音台的关口，调整适当，可为下一级设备提供充分且清晰的信号。增益太高会使声道负荷过载，导致声音失真；增益太低则该通道信号电平过小。

3. 音量推子（FADER）

确定该通道信号发送给总线的音量大小。音量推子是一个衰减器，用于对该通道的输出信号进行衰减。当推子位于最下端（或音量旋钮位于最左端）时，信号被无穷衰减，这时，该通道没有信号输出。用增益钮调好输入电平，当信号出现波动需要调整时，再使用音量推子。

4. 声像（PAN）旋钮

用来调整该通道信号在左右音箱之间的立体声位置。如不需要制作特殊效果，一般置于0处。

5. 哑音（MUTE）和独奏（SOLO）按钮

哑音按钮可以不用动音量推子，就将混音总线中该通道的信号关闭。当该通道的输出音量已经被精确调整好而不想再去碰它时，这个功能显然是很有用的。当独奏按钮被按下时，则其他独奏按钮没被按下的通道不出声。

6. 均衡

大多数调音台采用High、Middle、Low三段均衡，分别对高频、中频、低频进行增强或衰减。低音充足时声音丰满柔和，不足时声音单薄，过度提升时会使声音发闷，明亮度下降。中音适当时声音透彻明亮，不足时声音朦胧，过度提升时会产生类似电话的声音。中频控制人声时尤其有用，可以非常准确地修饰演播者的声音。高音不足时声音穿透力下降，过强则使齿音加重、音色发毛。低频和高频段均衡一般调整乐器演奏和音乐演唱。

7. 辅助发送（SEND）钮

控制该通道信号发送给各辅助输出口的电平高低。当辅助输出口连接了效果器后，则由辅助口输出的信号通过效果器处理后，由效果器的输出口返回至调音台的辅助返回输入口，然后同总线信号进行混合。

8. 磁带/线路（Tape/Line）的切换开关

决定每一个通道的输入源是话筒/线路输入源还是多轨机的各轨独立输出。当进行多轨录音时，这个开关应放置在线路输入状态；录音完成后，对多轨信号进行缩混时，这个开关应放置在磁带输入状态，这时，各通道推子实际上是调节多轨机各轨信号输出到立体声总线的信号量。

9. 断点插入口（INSERT）

插入点将该通道的输入信号通路完全切断，整个信号都被发送到外接的设备上。当有插头接入时，该通道的输入信号被断开，由插头的Tip部分发送给外部效果器，经处理后的信号由Ring部分返回至该通道，然后再进行增益、均衡、声像、音量等调节最后输出至调音台的立体声总线。

10. 总线控制

总线控制部分一般有控制左/右声道的两个（或一个）主音量推子、调整效果返回量的控制钮、耳机音量的输出控制钮、辅助输出口音量控制钮。

11. VU 指示器

VU，Volume Unit 的缩写，意思为音量指示器。日前一般采用 LED（发光二极管）方式的电平表。有的调音台可以通过切换用一对指示器显示不同总线及通道的电平，有的则设计成每个通道及总线都有自己的 VU 指示器。

四、调音台的调音技巧

调音台的功能和功能分区我们都有了明确的了解，那么，下一步我们就可以对调音台进行具体调节了。调音技巧有许多方面，但总结起来主要是音质补偿、音量调整以及声音信号的艺术加工，这里主要讲前两者。

1. 音质补偿

人耳对音色的感觉是比较灵敏的，它能直接判断声音是否逼真。如果对音色处理不好，不但会使声音单调、乏味，还会使乐器或者演唱产生严重失真，因此声音必须借助调音台进行音色处理，这是由调音台上的均衡器来完成的。音质补偿分别针对低音区、中音区、高音区三部分进行。

20Hz～64Hz 为最低音区，人耳是能听到的，但是必须使用高保真设备才能播放出来。64Hz～250Hz 是低音区，是调音台低音补偿的重中之重，低频分量对声音的清晰度影响较大。低频过少，声音单薄无味。低频过量，声音发闷，浑浊不清。此时调低音衰减器旋钮，当听到声音最清晰且丰满，则低音基本调好。

250Hz～2000Hz 为中低音区，这一频段在传输和录音过程中最不易受到损失，是声音的骨干力量。2000Hz～4000Hz 为中高音区，这一频段对声音的清晰度与明亮度有重要贡献。如果声音混浊、音色太暗可提升这一频段，声音过硬时可以进行衰减使它柔软，声音发闷时可以提升使它明亮。语言或歌声通常都要调整这一频段。

从 4000Hz～8000Hz 为高音区，8000Hz 以上为最高音区，这一频段对音色有重要贡献，可结合声源的音色进行适当的补偿。高音过强声音刺耳、嘶哑、尖噪，对音响效果影响较大。高音不足，音色失去韵味，没有个性，所以必须先调。此时调高音衰减器旋钮，当听到高音分量中的噬噬声音或嘶哑音消失为准，高频分量基本上调好。

音质补偿的原则是平线、适度和必要。如果声音是真实自然的话，保持平线，而一旦有必要则必须进行适度的调整。不论对哪一频段进行补偿都需结合节目内容和听觉效果，同时还要配合音量调整，以达到总体上的平衡。调音一般步骤是先调音量后调音质，其顺序是调高音，调低音，调中音，最后调音响效果。

2. 音量调整

在调音之前，对于流入的原声信号的动态电平、频率特性及各路信号之间的比例关系要有所了解，需要多次试听、反复调试，同时还要考虑到未来放音的各种条件和放音效果。音量调整主要着眼于两个方面：

一是控制声音信号的动态范围。各种声源的动态范围大小不一，交响乐队可有 100 分贝的动态范围，语言声却只有 40 分贝左右。调音台要控制的动态范围在 60 分贝左右。声音信号的动态可以分为强信号、中等信号、微弱信号三类。我们可以通过提高弱信号的电平来提高信噪比，信号音量越大，信噪比越高，就越能降低噪声。调音的一个重要任务就是降噪，而降噪的最好手段就是通过提升信号电平来提高信噪比。

二是调整各路信号的音量平衡。当调音台有多路输入信号时就必须注意音量平衡。声音的大小并不完全取决于电平的高低，它与音量平衡息息相关。例如，在歌手演唱时，如何调节好演唱话筒音量与伴奏音乐之间的比例呢？一首好听的歌曲，应该是伴奏音乐占40%，演唱声音占60%，如果演唱者音色不错，可适当减小一些伴奏音乐的分量，以突出演唱者的歌声。反之，可适当加大一些伴奏音乐的分量。

第四节　录音机和放音机

说起录音机和放音机，我们先来看看录音的基本过程。原始声音信号首先经过话筒的拾音以及声电转换过程后，由声波变成电信号经由调音台进行声音调节，然后进入录音机或计算机硬盘进行记录和保存及后期处理，或者直接播出。在数字音频工作站的技术环境下，录音机和放音机已然不是广播节目制作的必备设备，但在广播记者外出语言采访，为节目提供高品质音源和素材等情况下，录音机和放音机有一定用途。

录音机作为录音技术实施的主体，大致经历了开盘式录音机—盒式录音机—数字录音机三个过程。数字录音按记录方式分为两大类，一是以磁带为载体的顺序记录方式，如DAT。二是以盘片（如光盘、软盘、硬盘）为记录载体的随机记录方式，也叫无磁带化记录，如CD、MD等。目前广播电台常用的录音机和放音机有以下几种：

一、激光唱机

又称为CD唱机。CD采用数字记录方式，具有许多优良的特性，如提高了音质，消除了媒介本身的噪声，大大提高了记录密度，唱片的尺寸小型化便于携带保存，采用激光束的非接触式读取无磨损，保存时间长，使用操作简便，反应迅速，价格便宜等。

激光唱机作为高质量的节目源可以为节目制作提供音乐，音效，伴奏等各种素材；可以作为专用的测试信号源，为音响系统内的调音台、录音机、功放等各个环节提供各种测试信号，在自动化播出系统的控制下，实现自动播出。

二、激光录音机

现在有多种型号的激光录音机出现，同时还有了很多在工作站中使用CD刻录机刻录音频信号。

激光录音机在使用上非常简便，与普通的数字录音机使用类似。但是使用上也有缺点，就是激光录音机使用的可写CD由于工艺的限制只能刻录一次，如果由于电平问题或头尾的掌握不好造成录制失败，只能让盘片中的这部分位置废弃，盘片的容量也减小；另外激光录音机的可录速度为1∶1的实际时间，录制短的音频节目、素材或实况没有问题，如果是录制长时间的音响资料则比较费时，不如使用音频工作站用高倍速刻录简单。

三、盒式录音机

盒式磁带体积小、携带方便、使用广泛，但盒式机存在模拟磁带录音机所共有的缺点，如动态范围小、频响差、多次复录后质量下降严重、磁头容易被磁粉堵塞、磁带的本底噪声大、机械故障较多等，而且本机无法自行进行编辑，制作节目时需要将素材翻版。在广播系统中主要用来播放采访的音源素材、盒带节目，以及节目样带的录制等。

四、MD 录音机

MD（MiiniDsc 微型光盘）是索尼公司在 1992 年推出的一款录音设备。这是一种比 CD 尺寸更小的且可以录音的磁光碟。碟片放在保护盒中，类似磁带的后继媒体。碟片的记录容量约为 CD 的五分之一，为了能保持记录下与 CD 同样多的内容，采用了比特率约为 CD 1/5 的压缩式音频信号。

高密度磁光盘的开发结集了系统的小型化、轻量、低耗电、录音时也能有效地解决跳音问题的引导存贮器以及高音质的实时音频信号压缩扩展技术等，继承了 CD 和盒式磁带双方的优点。

MD 系统以其随机进入、音质好、容易编辑的数字记录的特征受到广泛欢迎。

但它不适合作为母版级的素材采集，但适用于语言录音和新闻采访机。

五、DAT 录音机

DAT，Digtal Audio Tape-recorder 的缩写，即数字磁带录音机。数字录音机的磁带外形很像普通的盒式磁带，但大小只有普通磁带的一半。带长为普通带的三分之一，却能记录 2 个小时的立体声节目，而没有调制噪声，可以纠错和补偿。目前的数字专业的 DAT 可以分为室内用的台式 DAT 录音机和外出采访或实况录音用的便携式 DAT 录音机。

数字录音机在录音时，将模拟音频信号经过滤波、取样、量化和模数变换等数字技术处理后，使模拟音频信号转变成为音频数字信号，并记录到磁带上。放音时，取出磁带上的音频数字信号，经过数模变换、信号处理、误码修正等过程，还原出模拟音频信号。用这种方式录音，其动态范围、信噪比、频率响应、失真等主要技术指标上都要比模拟录音机高很多，保存在 DAT 磁带上的节目经过多次复制也不会出现音质变差。DAT 磁带作为高密度、高保真、长时间、轻便小巧的记录媒体，可以应用于以往模拟录音机的所有领域，同时在节目的交换、实况录音、外出采访、资料保存等方面得到了广泛的应用。

但是 DAT 录音机也不可避免地存在机械故障；同时 DAT 磁带也有磁带所固有的磁粉脱落、磁带拉伸现象，会导致磁头堵塞，出现爆点、声音发哑、失真等现象。平时在保管 DAT 磁带时应注意保管条件、远离音箱等强磁场源。

六、多轨录音机

多轨机录音机能将音频节目中的各种乐器或乐器组分别记录在多轨机的各个独立的音

轨上，彼此之间在物理形式上相互独立、互不关联，在音乐形式上形成整体。多轨录音机常用于文艺类节目录制。

多轨录音机可以采取分别录制的方法，按照乐器、声部，甚至演员来场的顺序将音乐里的各个元素记录在多轨录音机的各个声轨上，这样可以进行同期录音所难以达到的方便和效果，比如对音乐声部的单独修改、一人演奏多种乐器或声部、一人进行多声部的演唱、一个演员同一首乐曲的不同演唱或同一首乐曲的不同演员演唱等。在后期缩混的时候，可以在没有大量的演员现场参与和等候的宽松环境下，对声源的比例、音色的调节、混响的处理、特殊效果的使用、声像的安排等后期处理进行精雕细刻，反复推敲，来提高节目的质量。

本章实验：广播节目录音基本操作

一、实验目的

（1）了解和熟悉广播电台所使用的声音拾取设备。

（2）熟练掌握声音拾取设备的操作使用。

二、主要设备

采访机、录音笔、各种性能的话筒、调音台及周边设备。

三、实验内容

（1）播音室的隔音与共鸣效果，控制室的有效控制。

（2）各种性能的话筒的主要功能及使用，根据各种性能的话筒的功能让学生实际分类操作，并采集到教师设计的指定效果。

（3）调音台及周边设备的主要功能及使用，将采访机、录音笔所采集到的声音利用调音台实际操作，获得教师设计的指定效果；将配音话筒、CD等的声音利用调音台调整实际操作，获得教师设计的指定效果。

第十一章　音频工作站

第一节　线性编辑与非线性编辑

线性编辑与非线性编辑是两种音视频节目后期制作的编辑方式。自从出现磁带录像机线性编辑方式便广泛地运用于广播电视节目制作。非线性编辑方式出现于20世纪70年代初期，随着多媒体技术与数字存储技术应运而生。两种编辑制作方式各有所长、取长补短，目前的音视频节目制作以非线性编辑方式为主。

一、线性编辑概述

1. 线性编辑的含义

线性编辑指的是一种需要按时间顺序从头至尾进行编辑的节目制作方式，它所依托的是以一维时间轴为基础的线性记录介质，如磁带编辑系统。因为素材在磁带上是按时间顺序排列的，这就要求编辑人员必须按顺序进行编辑，先编辑第一个镜头，结尾的镜头最后编。这种编辑方式要求编辑人员必须对一系列镜头的组接顺序做出确切的判断，事先做好构思，编辑完成后不能轻易改变这些镜头的组接顺序。

线性编辑方式的工作流程是，将素材磁带放在放像机中，空白磁带放在录像机中，通过编辑控制器选择适当的编辑方式，编辑入点以及出点，进行画面、声音的编辑，利用特技机进行特技的添加，利用字幕机进行字幕的叠加，利用调音台进行声音的处理等，最终完成作品的制作。线性编辑系统由以下部分构成：放像机、录像机、录音机、放音机、编辑控制器、特技发生器、调音台、字幕机等。

使用线性编辑时，一般先用组合编辑将素材按顺序编成新的连续的画面，然后再用插入编辑对某一段进行同样长度的替换，但是想要删除、加长、缩短中间的某一段则不可能，除非将那一段之后的画面重录。

线性编辑的这些特点主要由记录介质本身的性质和对介质的操纵方式所决定的。例如使用像磁带那样的带状介质，则介质的各部分必须在物理实体上依信号的时间顺序排列。由于磁信号在磁带上是随着时间、空间的顺序排列的，所以依托于磁带编辑的方式被称为线性编辑。

2. 线性编辑的优缺点

线性编辑方式技术发展成熟，硬件的稳定性高，制作过程简便、迅速且直观。对于短小精悍的节目，尤其时效性强的节目，如突发事件报道、紧急插播的新闻等，要求时效性、现场感，不作过多的编辑修改，便可体现出线性编辑的优势，线性编辑可用最快的速度对节目素材进行简单而必要的编辑后迅速播出。

然而，线性编辑作为一种磁带编辑方式具有一定的缺陷。

(1) 难于进行节目的修改。线性编辑是以磁带的线性记录为基础，只能按编辑顺序记录，虽然插入编辑方式允许替换已录磁带上的声音或图像，但是这种替换实际上只能是替掉旧的，且替换的片断和磁带上被替换的片断必须时间一致，而不能进行增删，这对节目的修改就非常不方便。在这种以时间、空间为轴线的线性记录方式中，任何一点小的插入或删除都会牵一发而动全身，导致素材在磁带上位置要重新安排。

(2) 素材不能随机存取。线性编辑系统是以磁带为记录介质，节目信号按时间线性排列，在寻找素材时录像机需要进行卷带搜索，只能在一维的时间轴上按照镜头的顺序一段一段地搜索，不能跳跃进行，因此素材的选择很费时间，影响编辑效率。

(3) 信号复制劣化严重。线性编辑方式的实质是复制，将源素材的信号复制到另一盘磁带上的过程，信号在传输和编辑过程中容易受到外部干扰，造成信号的损失，使声音和图像的劣化更为明显。在前一版的基础上，每编辑一版都会引起声音和图像质量下降。编辑人员为了节目质量的考虑，不得不放弃一些很好的艺术构思和处理手法。

(4) 系统构成复杂，可靠性较低。线性编辑系统设备种类繁多，录音机、放音机、录像机与编辑台、特技台、字幕机、调音台和其他设备一起工作，由于这些设备各自起着特定的作用，设备的性能参差不齐，指标各异，当它们连接在一起时，会对视频信号造成较大的衰减。另外，大量的设备同时使用，使得操作人员众多，操作过程复杂。

二、非线性编辑概述

1. 非线性编辑的含义

非线性编辑是相对于线性编辑而言，是指可以对画面进行任意顺序的组接而不必按顺序从头编到尾的影视节目编辑方式。非线性编辑是以盘机系统为记录媒体，因此编辑时音视频信号能够随机记录和读取。在非线性编辑时，可以随时任意选取素材，无论是一段声音或一个镜头，可以交叉跳跃的方式进行编辑。而对已编部分的修改不影响其余部分，无须对其后面的所有部分进行重编或者再次转录。

目前我们所指的非线性编辑一般都是数字非线性编辑，它是以计算机及其大容量随机存取记录技术为基础的影视节目非线性编辑方式。非线性编辑系统将通过采集到的音视频信号经过数字量化压缩后存储在计算机的硬盘上，在计算机的软硬件环境中完成素材的编辑、合成、特技处理和配音等工作。最后通过相关的硬件设备将音视频录制到磁带上，或直接保存为音视频文件。

2. 非线性编辑的优缺点

非线性编辑相对线性编辑而言，有着一些革命性优势。

首先，非线性编辑的技术核心是将音视频信号作为数字信号进行处理，数字信号在存储、复制和传输过程中不易受干扰，不容易产生失真，存储的音视频频信号能高质量地长期保存和多次重放，编辑多版都不会引起图像质量下降。

其次，非线性编辑功能，能轻松地完成插入、修改及删除等编辑任务，节省节目制作时间，录音、录像、编辑、动画、字幕等各种功能一次完成，十分灵活便捷，可实现较复杂的编辑功能和多层效果。

再次，系统集成度高，集多功能于一身。一套非线性编辑系统几乎涵盖了所有的音视频后期制作设备，硬件结构简化，降低了整个系统的投资成本和运行成本。

非线性编辑同时也存在一定的缺陷。由于前期录音、摄像仍需用磁带，使得非线性编辑设备仍未摆脱磁带录音机、录像机。作为信号存储介质而言，大容量高速存储硬盘价格贵，数字压缩比低时需更多的硬盘空间，压缩比高时节目信号质量又会下降。此外，机器性能不够稳定，经常会有死机现象，造成工作数据丢失，也是非线性编辑在工作时常遇到的难题。

第二节　计算机音频工作站

一、音频工作站的定义和要求

数字音频工作站（Digital Audio Workstation，缩写为 DAW）是一种用来处理、交换音频信息及其他控制信息的计算机系统。可以简单理解为，能够输入输出音频信号并能对它做加工处理的计算机都可以称为计算机音频工作站。

音频工作站是一种软件与硬件的组合系统，具有较好的扩展特性，它是将复杂的声音信号编辑成十分方便的音频文件，同时还可以对声音信号进行均衡、压缩、延时、混响等声音处理和特技。音频工作站是在计算机基础上发展起来的，靠调用程序来工作，具有灵活编辑能力和多种功能。如，音频工作站能全轨滚动波形显示，且多轨道同时连续放音，具有多种互相独立的数字、模拟输入和输出接口；具备多段参数均衡、电平控制和采样频率转换功能，可进行无损坏性录音编辑，具有多轨消除、复制、位移、渐入（出）、衰减、消除、拼接处理等功能，具有超高速的数字磁带备用存贮，具有调音台的功能等。

计算机音频工作站是应用于音频领域的专业设备，专业的计算机音频工作站应具备以下几点要求：

（1）具有专业要求的音质录入和播放。从音质指标上而言，频响范围应该达到 20Hz～20kHz，而动态范围和信噪比都应该接近 90dB 或更高。但是，技术上的指标并不能说明一切，一切应该以实际听感为主。

（2）同时播放多个音频轨。可以进行同步分轨录音，同时录入多个音频轨道。音频工作站至少可以同时播放 8 个音频轨，以满足 2 轨人声、2 轨立体声 MIDI 音乐、1 至 2 轨声学乐器的需要。如果一台计算机音频工作站在同时播放 8 个音轨时速度跟不上，导致声音断断续续或哆哆嗦嗦，那就达不到专业要求。

（3）全面、快捷和精细的音频剪辑功能。数字音频的优势之一就是能够对录音内容进行剪辑。所以，专业的计算机音频工作站对于录入的声音素材，应该能够进行删除、静音、复制、移位、拼接（带淡入淡出）、伸缩等操作。而进行这类操作时，还应该能够做到准确、细致和快速。

（4）完善的混音功能。混音即把多个音频轨和谐地合并到一起。混音分为录音棚中的混音与DJ的混音。前者是将独立的演唱、伴奏，甚至是独立乐器的伴奏合成为一个或两个声道。后者是为已经成为作品的音乐添加其他音乐元素，通过调节速度，添加语音、节奏乐器、特效等。音频作品是否清晰、有宽度、有层次和深度全赖于此。因此，专业的计算机音频工作站必须为操作提供足够的混音工具，提供压缩、均衡、混响、延时、合唱、回旋等信号处理效果。

一个专业的广播节目制作与编辑工作站，包括强大的编辑功能、多种效果器、支持多音轨功能、多声道录放音功能，可以通过显示器屏幕直观地进行波形编辑，对音频信号做精密加工和各种效果处理。因此，可以说，数字音频工作站是一个集计算机、录音机、调音台、效果器为一体的数字音频系统。

二、计算机音频工作站的构成

计算机音频工作站最基本的组成部分包括计算机、音频接口（音频卡）和音频软件；可选用的部件有CD刻录机、遥控盘、同步器等。若作为录音器材，还要配备监听音箱、话筒、耳机等周边设备。

计算机是音频工作站工作的平台，音频软件和音频接口等都需要装入计算机里才能工作。音频工作站处理的是海量数据，因此使用的计算机的配置越高越好，CPU越快越好，内存越大越好，硬盘越大越快越好，显示器采用高分辨率的液晶显示器为好，以及使用专业声卡。

音频接口是为计算机提供音频信号输入、输出能力的设备，负责连接各种外部设备（分为模拟和数字口）。

与系统硬件相比，音频工作站的软件尤为重要。电台的节目制作，按不同的目的，可以分为：语言录音和节目制作。语言录音工作站用于完成新闻性节目及其他语言节目的录音。它除了具有一般的录放音功能外，还要具有基本的编辑功能，以及即录即改、实时发送等功能。由于这种录音方式简单，所以配置功能简单、操作便易的编辑软件就行，如LINK2000。但对于复杂的节目制作，其音频工作站要具有音频剪辑、效果处理、均衡处理（EQ）、音调转换、复制移动、多轨合成等许多功能。可使用Adobe Audidion等。

世界各大软件公司相继为计算机音频工作站开发出各种软件。目前很多电台音频软件的投入大大超过硬件。软件比硬件有更广阔的扩展空间与灵活性，许多升级的音频工作站是在毫无硬件变动的情况下进行的。音频软件的开发和使用必须考虑其实用性与简易性。

音频工作站系统的类别繁多，有播出工作站、节目录制工作站、语言录制工作站、广告管理工作站、台长审听工作站、节目编排工作站、资料灌录工作站等。其中有三个基本的音频工作站：播出工作站、节目录制工作站、管理工作站。

节目录制工作站：利用音频编辑软件对节目进行素材、语言的录入、剪辑、合成和备份等功能于一体的工作站。录制工作站是安置在电台的录音室之内，音频编辑软件一般采用 Adobe Audition 的多版本，易于操作、界面简洁直观，具备节目声音降噪、变调和时间轴延伸等多功能，保证音频录制工作高效地完成。

管理工作站：是集节目审听、音乐资料、广告管理、文字材料编辑于一体的工作站。编辑通过此工作站可以系统地管理各类资料和全部节目表，如歌曲风格、歌曲演唱者、歌曲名、歌曲类型等。管理工作站可以预先对每个栏目播出的节目内容进行审听，并直接在工作站上给出审听意见，经过审听的节目才会出现在系统的播出库里，避免播音事故。电台广告部的录制人员通过管理工作站对全台所有频率的广告进行播出设置和管理。

播出工作站：用于广播主播人在直播间直接播放编辑完整的节目，或从节目库中选择节目自由播放。另外，可以将主持人直播的节目自动录制下来，方便节目重播。在播出工作站中，由专业人员编辑每天播出的节目表。在直播间主持人只需要点击节目表中要播放的节目片头和广告，便可以直接播放相应的节目片头和广告。为提高工作效率主持人也可以运用此软件，建立属于自己的播放列表，将经常使用的文字、片花、音效等资料存在列表中，便于在节目中可以迅速地调用。

三、计算机音频工作站的优势

1. 数字声音质量

计算机音频工作站是通过模数转换（模拟/数字转换器），将模拟信号进行采样转换成一组相关的二进制数据保存。在声音重放过程中，做数模转换（数/模转换器）将数字信号变成模拟音频信号进行播放。这样的存取方式，使得数字声音和磁带的声音存储播放方式有本质区别，音质要好得多。此外，数字信号中还加入一系列复杂的误码检验措施，保证即使受到某些干扰，也可以根据检验码的特点，推测出失落码或误码，并予以校正。

2. 多轨可视编辑

传统的磁带线性编辑方式，是用听觉来寻找和确定编辑的切入点，磁带机看不到声音的波形，靠听声音来确定合适的切入点，费时又费事。而数字音频工作站既可以听到声音，还可以通过计算机显示器观察到声音波形和位置，可以眼耳并举地准确找到剪切点，因而可以做到一个字、一个音符的编辑能力，节省了大量时间，而且还不会对原素材产生破坏性编辑。

3. 非线性编辑功能

这是数字音频工作站的一个革命性优点。它完全抛弃了磁带线性编辑的工作方式，可以跳跃式查找素材，然后将声音素材插入指定位置即可，编辑时素材的长短和顺序可以不按照制作的长短和顺序的先后进行。对素材可以随意地改变顺序，随意地缩短或加长某一段，编辑节目十分简便、快捷。

4. 丰富的音频效果处理功能

计算机音频工作站在数字状态下对音频信号进行均衡、限幅、压缩、延时、混响等特技处理，在不改变音调的同时对声音进行压缩、扩展，而以上各种处理都是在数字状态下对音频信号进行处理，最大限度地减少了干扰和失真。

5. 查找方便，易于保存

节目制作过程中查找声音文件方便，只需要输入声音素材的几个关键字就可立即找到，因为寻找的过程即是电信号运动的过程，由于硬盘存储是按时间码精确定位的，所以在查找时是一步到位的，方便、快速而且准确。此外，音频工作站的声音信号都能以数据文件的方式长期保存在电脑硬盘里，并且节目声音的质量能保持和最初录进音频工作站的一样。

6. 多种设备统一，性能稳定

计算机音频工作站的综合程度高，实现修改声音波形、智能降低噪音、自动校正音准等多项声音处理工作，并且音频工作站还以软件代替了大量的周边设备，如：数字混响器、延时器。可见，计算机音频工作站不但使音频制作的声音技术指标大大提高，而且还可以节省器材开销。此外，音频工作站所用磁盘系统是非接触性的硬磁盘记录媒体，没有磁带录音机固有的磁带和磁头磨损等问题，比磁带系统的寿命和可靠性要高得多，降低了设备的维护费用。

第三节　音频文件系统

音频工作站所处理的文件并非只是音频文件，而是由多个文件类别所组成的文件系统。其中的文件类型包括“工程文件”“音频文件”“片段文件”“视频文件”等。工程文件，用于记录与工程有关的界面布局、音轨设置、音频块位置、插件使用、编辑过程等一切内容，但是却不包括具体的音频文件，因此工程文件的体积一般都非常小（几十至几百KB)。在 Adobe Audition 音频软件中，工程文件的扩展名为“. sessin”。

“音频片段”(或称为“音频块”)，是进行录音或导入操作以后，所形成一个个可视的波形片段。不同的主程序对于音频片段有着不同的称呼，比如 Clip（Adobe Audition)、Region（ProTools 9 之前的版本)。

音频文件统称为 Audio File，不同的数字音频设备一般都对应不同的音频文件格式，即数字音频的编码方式。

数字音频文件通常分为声音文件、MIDI 文件和模块文件三类。声音指的是通过声音录入设备录制的原始声音文件，直接记录真实声音的二进制采样数据，种类多，文件大。MIDI 文件是一种音乐演奏指令序列，相当于乐谱，可以利用声音输出设备或计算机相连的电子乐器进行演奏，由于不包含声音数据，其文件较小。而模块文件同时具有声音文件与 MIDI 文件的共性，既包括演奏乐器的指令，又保存声音信号的采样数据。因此，其声音回放质量对音频硬件的依赖性较小，声音回放质量好。模块文件曾在网络上流行一时，MP3 兴起后开始减退，但仍有一定影响力。在此，我们重点介绍前两类数字音频文件。

WAV 格式，是微软公司开发的一种声音文件格式，是最早的数字音频格式，被 Windows 平台及其应用程序广泛支持。WAV 格式支持许多压缩算法，支持多种音频位数、采样频率和声道，采用 44.1kHz 的采样频率，16 位量化位数。WAV 的音质与 CD 相差无几，但 WAV 格式对存储空间需求太大，不便于交流和传播。

CD，扩展名 CDA，音质跟 WAV 等同，利用一张光盘可以播放 74 分钟左右的声音文件，存储采用音轨的形式，记录的是波形流，是一种近似无损的格式。

标准 CD 格式采用 44.1KHz 采样率、16bit 量化。由于 CD 没有采用数据压缩，因此 CD 可以说是音质最好的音频格式。其缺点是由于没有采用数据压缩，文件很大，所以在电脑发展早期只能将其刻录在光盘上，不适合在电脑中存储。

MD，Sony 公司开发的一种声音文件格式，它使用 ATRAC 算法（自适应声学转换编码）压缩音源，利用人耳听觉的心理声学特性以及人耳对信号幅度、频率、时间的有限分辨能力，编码时将人耳感觉不到的成分不编码、不传送，可以把 CD 唱片的音频压缩到原来数据量的 1/5 而声音质量没有明显的损失。

MP3，采用失真的算法将声音压缩，能够在音质丢失很小的情况下（人耳根本无法察觉这种音质损失）把文件压缩到更小的程度。相同长度的一段音乐，用 MP3 格式压缩储存一般只有 WAV 格式文件的十分之一，音质次于 CD 和 WAV 格式，但好于 VCD，是目前最流行的一种音乐文件，而且是许多网络使用者收集音乐的方式。在网络上有很多可下载 MP3 音频文件的站点，且现在大多数的音视频编辑软件都支持 MP3 格式的文件编辑和录制。

WMA（Windows Media Audio），是微软在互联网音频、视频领域的产品。WMA 格式是以减少数据流量但保持音质的方法来达到更高的压缩率。此外，WMA 还可以通过 DRM（Digital Rights Management）方案加入防止拷贝，或者加入限制播放时间和播放次数，甚至是播放机器的限制，可有力地防止盗版。此外，WMA 格式还支持音频流（StreamAudio）技术，适合网络上在线播放和网络广播。更方便地是不需要先安装播放器，而 Windows 操作系统捆绑的 Windows Media Player 可以直接播放“. wam”文件。

Real Audio，Real Networks 公司开发的流媒体格式音频文件，也称为网络音频格式，主要用于在低传输速率的广域网上实时传输音频信息，根据网络链接速率的不同，可以获得不同的音质。该文件同时还包含 RA、RAM、RM 三种格式，非常适合网络广播，在制作时可以加入很多附带信息。

MIDI，Musical Instrument Digital Interface 的缩写，称为乐器数字化接口，可以把 MIDI 理解成是一种标准，或是一种技术，而不是某个硬件设备。电脑中的“. mid”“. midi”“. rim”这三种扩展名的文件都是 MIDI 文件。同前面提及的一些声音文件不同的是，MIDI 文件并不是一段录制好的声音数据，而是记录的声音控制信息，即每个音符的音色、音量大小、持续时间、通道号等指令信息。电脑就是根据 MIDI 文件中存放的声音控制信息告诉声卡或音源设备如何再现一段声音。MIDI 文件的优点是体积小，一分钟的 MIDI 音乐只占用 5～10KB 字节，缺点是播放效果因电脑的软硬件配里而异。MIDI 格式最大的优势是运用于电脑作曲领域，MIDI 文件可以直接用作曲软件写出，也可以通过声卡的 MIDI 接口把外接的乐器演奏的乐曲输入电脑里制成“. mid”文件。

许多软件和外部设备（MD，CD）并不是所有音频格式都兼容，因此要把音频文件转换成不同的格式，就必须借助一些文件格式转换软件。比如 Awave Studio 音频转换软件，这是一个功能非常强大的音频转换工具，可以支持150多种音频格式的播放，并且可以转换成60种不同格式的音频文件。如果你碰到一些不熟悉的音频文件，可以用它来转换成你所知道的格式。

本章实验：音频非线性编辑系统的基本操作

一、实验目的

（1）了解和熟悉广播电台所使用的声音编辑软件 Adobe Audition 操作系统。

（2）熟练掌握声音编辑软件制作的流程。

（3）掌握数字音频工作站编辑、音效合成、播出系统操作步骤。

（4）熟练使用数字音频自动播出系统编排播出节目。

二、主要设备

声音编辑软件 Adobe Audition，数字音频自动播出系统，调音台、卡座、CD机、MD等周边设备。

三、实验内容

（1）了解声音编辑软件主要功能的使用，根据编辑功能进行实际分类操作，并编辑出教师设计的指定效果。

（2）学习数字音频自动播出系统的使用，利用编辑好的节目进行实践操作，并达到教师指定的播出要求。

（3）独立编辑完成5～10分钟的音频节目，并按照指定要求达到正式播出的技术指标自动播出。

第十二章 数字音频编辑软件 Adobe Audition

第一节 Adobe Audition 简介

Adobe Audition 是 Adobe 公司开发的一款功能强大、效果出色的多轨录音和音频处理软件。其前身是 Cool Edit 音频编辑软件，从最初的 1.0 版本，到 1.5，2.0，3.0 以及目前的 CS6 版本中，性能逐步提升，依次增加了视频轨功能，支持 VST 插件、MIDI 功能等。

Adobe Audition3.0 版本具有诸多良好性能。首先，高级混音、编辑、控制和特效处理功能，允许用户编辑个性化的音频文件，引进了 45 个以上的 DSP 特效，音轨高达 128 个。集成多音轨和编辑视图、实时特效、恢复特性和视频支持等功能，适用于音乐、视音频设计。其次，为视频制作提供高品质的音频，用户能够对视频中的声音文件进行编辑、混合，增加特效。支持多种格式音频文件格，如 WAV、AIFF、MP3、WMA 等。再次，界面直观、简洁，汉化版更容易学习操作，把音频编辑图形化。同时，使用者还可自由删减和调整窗口大小，窗口管理器依照个人爱好设定，更加人性化。

打开 Adobe Audition3.0 的主界面。双击 Adobe Audition3.0 的图标，打开程序（图 12－1）。等待运行完毕即进入 Audition3.0 的编辑界面（图 12－2）。

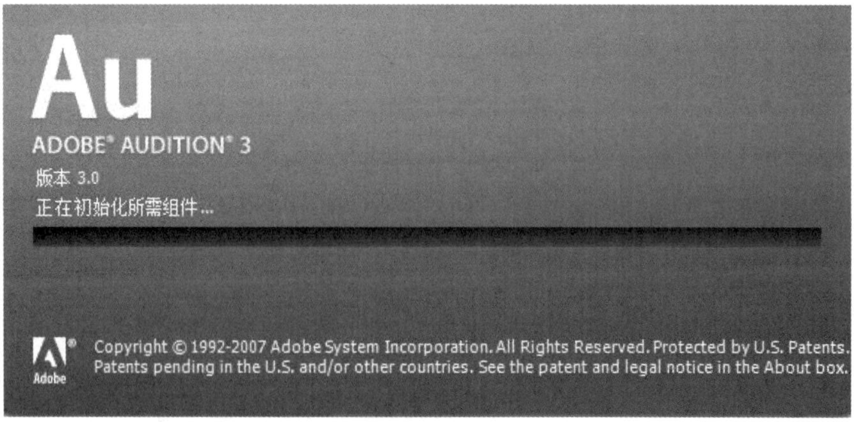

图 12－1

图 12 - 2

Adobe Audition3.0 的编辑界面由菜单栏、工具栏、文件面板、声音波形面板、时间面板、走带控制面板、缩放面板、电平表等（图 12 - 3）。

菜单栏，包括文件、编辑、视图、效果、生成、收藏、选项、窗口和帮助，每个子菜单又有下拉菜单选项，所有控制和设置都可以在菜单栏中找到。

工具栏，显示单轨编辑切换键、多轨编辑切换键、CD 播放切换键，还有快捷栏，默认状态是被隐藏的，要想显示可以点击视图/快捷栏。

工具栏下面有诸多面板，用鼠标左键点击形成黄色边框代表本面板被选中。面板的窗口可以随意调整大小和位置。

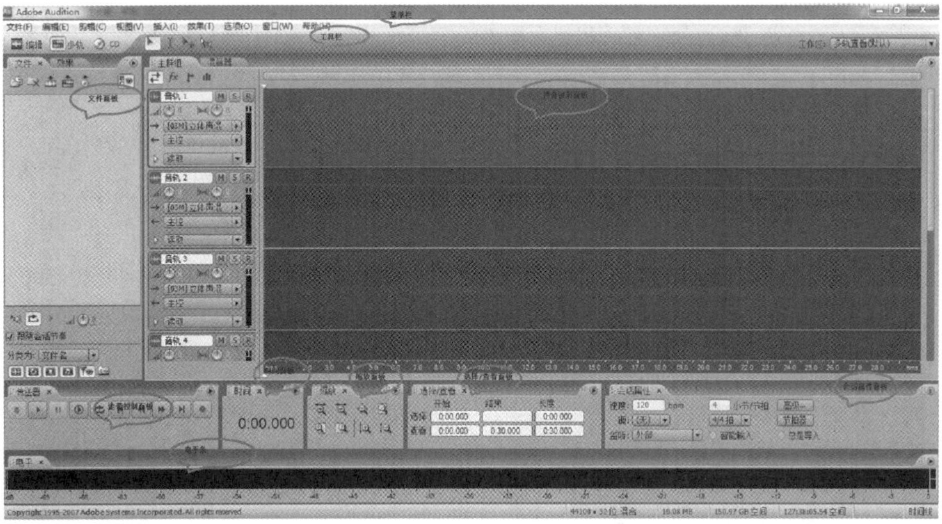

图 12 - 3

界面最下方的工作状态栏显示的是音频文件格式、采样率、量化比特、立体声信息以及磁盘空间、剩余可录时间容量等。

主工作区显示，主要分为单轨编辑、多轨和 CD 三种（图 12－4～图 12－6）。在节目录制中，首先在单轨状态下录音，并对单个声音信号进行剪辑、降噪、音量调整、加效果等后期处理。然后切换到多轨状态下，对多个声音信号进行位置调整和音量平衡，并混缩合成。最后将节目成品在切换到 CD 模式下进行记录。这三种工作状态在音频编辑过程中可以随意切换，且在切换过程中界面左边的文件面板始终保持不变，这说明三种编辑状态所处理的是相同的声音文件。

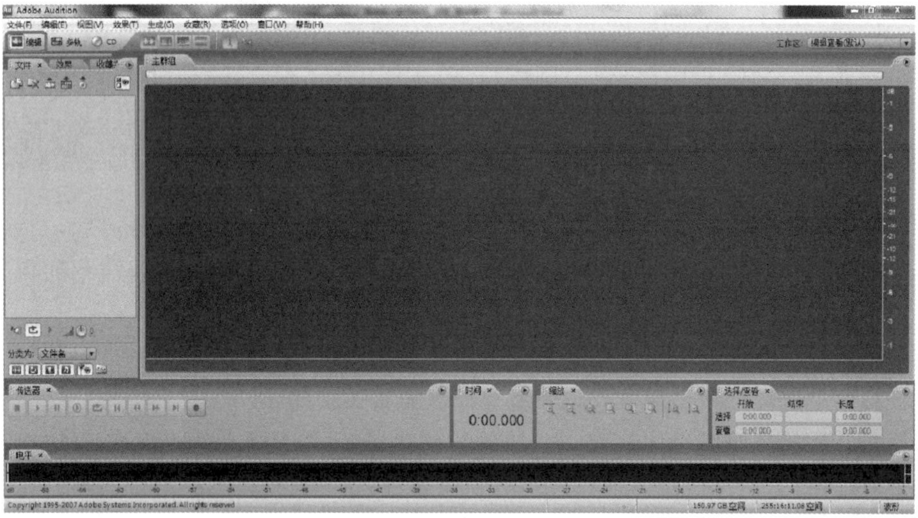

图 12－4

图 12－5

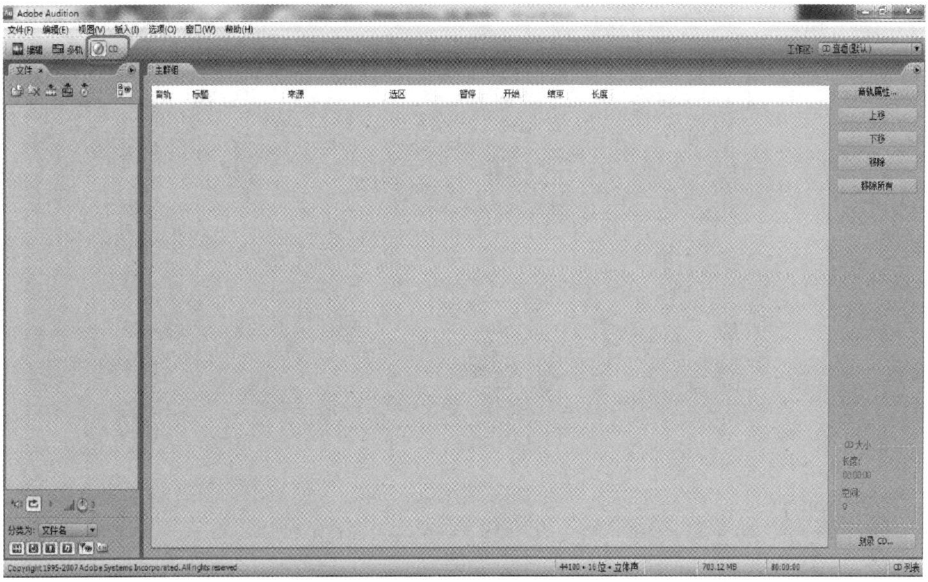

图 12－6

第二节　Adobe Audition 3.0 的单轨录音与声音编辑

Adobe Audition 3.0 的单轨编辑可用于播放单个声音文件，录音，音频素材的剪辑、移位、音量调整、降噪，以及实现变调变速、混响、延时等多种听音效果。

Adobe Audition 3.0 的单轨界面中的菜单栏和工具栏与多轨编辑界面有所不同。单轨界面中的主命令菜单包括文件、编辑、视图、效果、生成、收藏、选项、窗口和帮助九项命令。

一、单轨播放音频文件

首先点击工具栏中“编辑”按键，切换至单轨编辑状态。单击“文件”菜单中的“打开”，弹出打开文件的对话框，找到并选择要导入的音频文件，出现文件导入的进度条（图 12－7）。

导入完成后，点击传送器中的播放按键，这时会看到声音波形上有一条黄色虚线即光标线在往前移动，电平位置出现绿色的电平条随着音量的变化在跳动（图 12－8）。如果音频工作站系统中没有安装调音台，那么打开音箱便可以听到声音。而在配备了调音台的专业录音棚中，则必须调整音频工作站软件所对应的调音台通道上的音量推子和总线控制，否则声音无法播放。

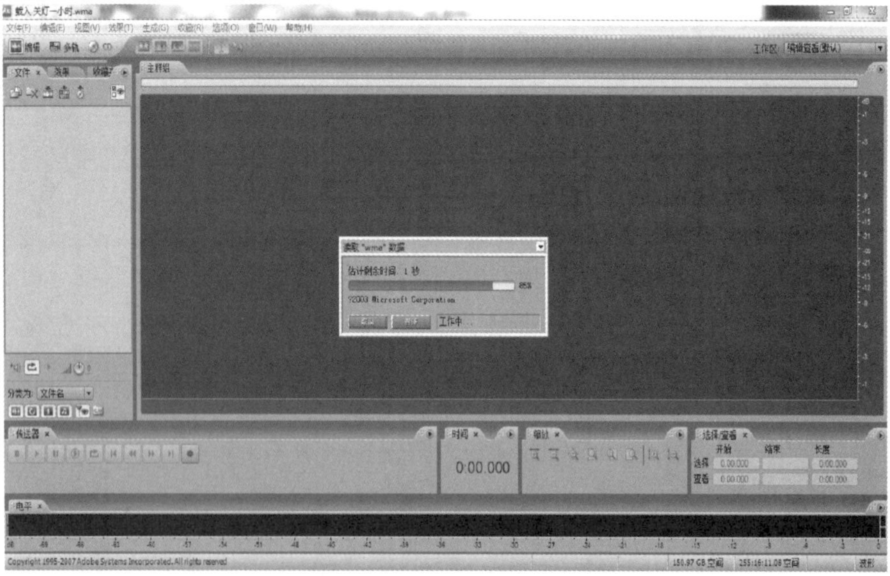

图 12－7

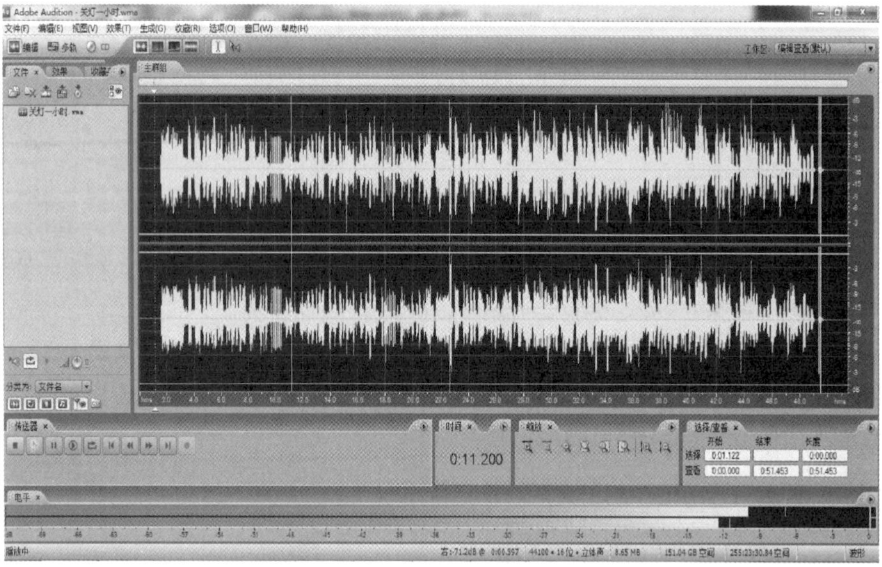

图 12－8

二、单轨录音

点击“文件”菜单中的“新建”（图 12－9），出现新建波形的对话框，可对新建波形的采样率、通道、分辨率进行选择，一般选择采样率 44.1kHz，立体声通道，16 位分辨率（图 12－10）。

设置好新建波形参数后，点击传送器里的录音按键，开始录音（图 12－11）。

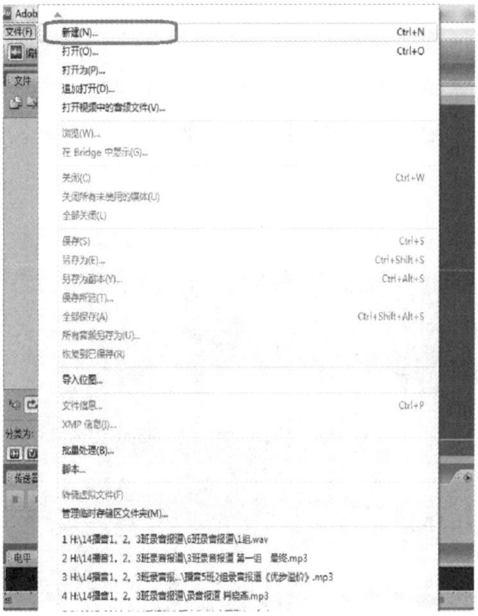

图 12 - 9

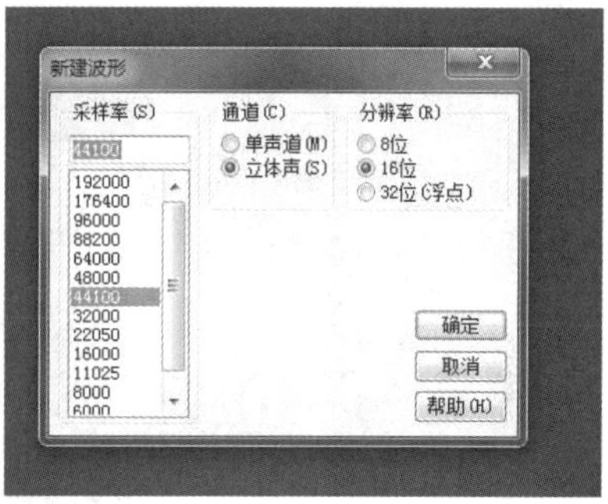

图 12 - 10

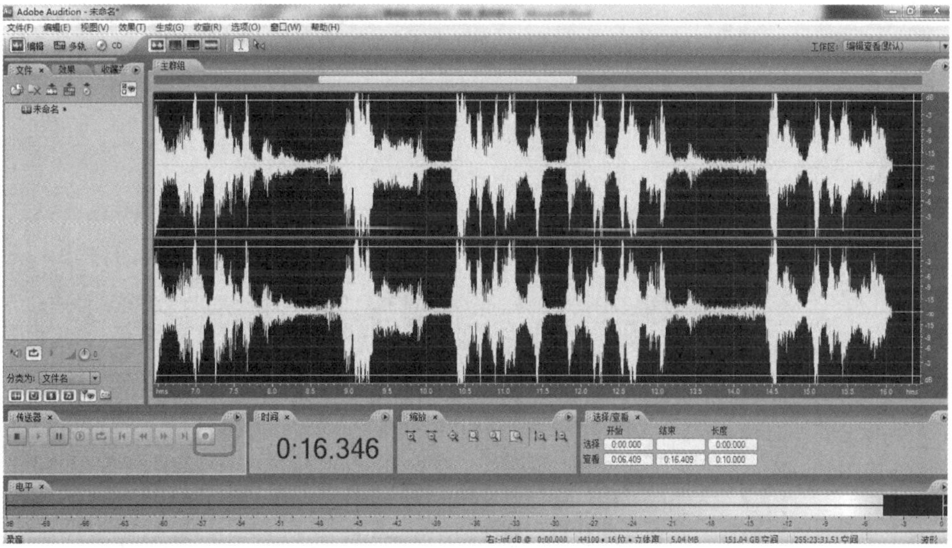

图 12 - 11

录音过程中，录播人员和编辑需要观察界面中的电平和波形大小，将其保持在合适位置。具体而言，最大电平的跳动在电平刻度表的“－3”周围，超过了则电平过大会破音，离得太远电平又过小，信噪比低。同时声音波形最大位置尽可能触到上下两端的白线，保证录入充足且不过量的音频信号。如果录音过程中电平不合适，则需要调整录播人员自身音量及与话筒的距离，同时对该通道的增益钮进行调节。

三、单轨音频素材剪辑

基本的剪切和复制操作过程并不复杂。左键单击拖动选中素材块（图 12－12）。鼠标悬停在波形上方的游标槽，当变成小手时滚动滚轮，对波形进行时间轴的放大，同时左右拖动绿色的游标，找到需要剪辑的素材块（图 12－13）。

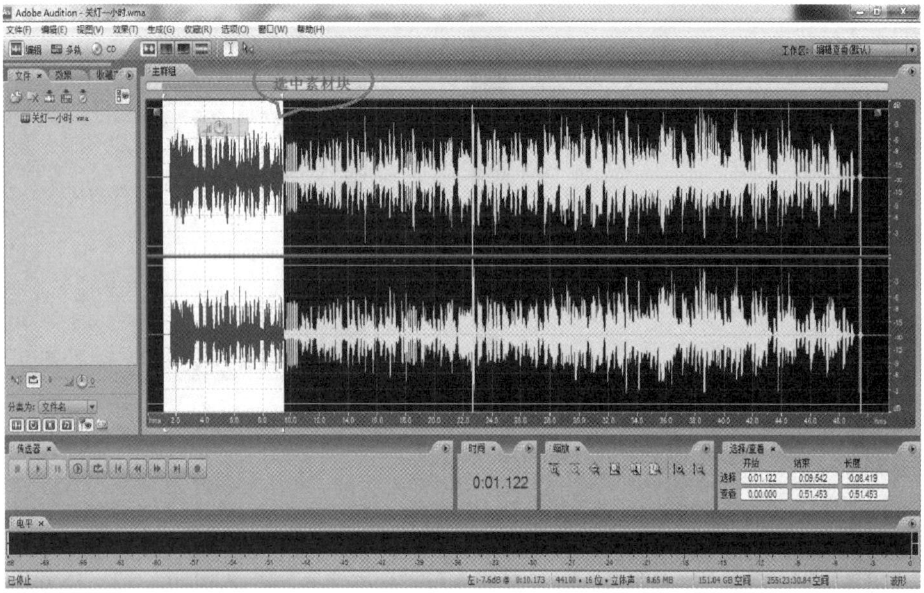

图 12－12

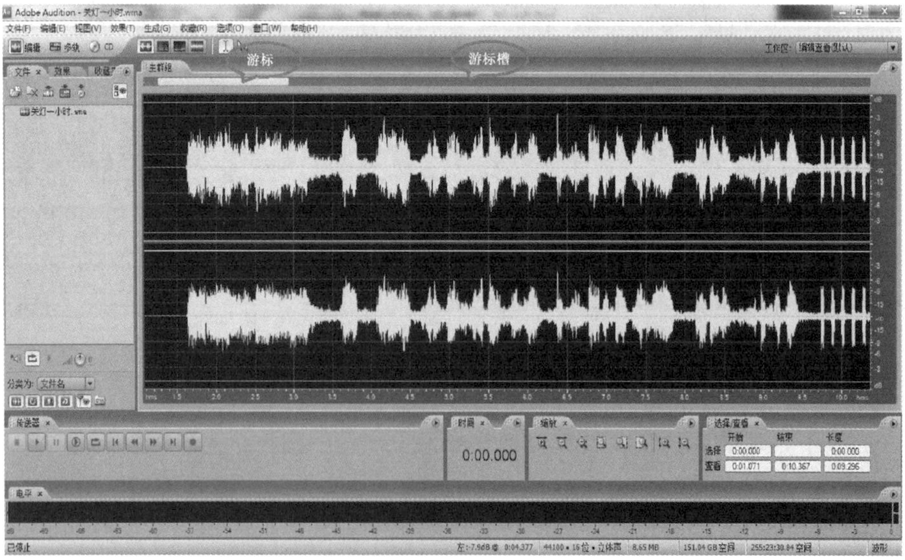

图 12－13

剪切音频文件中不需要的部分，选中该素材块后按“delete”键，或者点击鼠标右键选中剪切，或使用工具栏中的剪切工具（图 12－14）。复制文件也是选中素材块，点击鼠标右键选中复制，然后在需要粘贴的位置点鼠标右键选中粘贴即可。其中的“复制到新的”功能选项，可将选中的素材块复制为一个新的音频文件。同时，所有操作可使用“编辑”中的“撤销”功能对文件进行还原（图 12－15）。

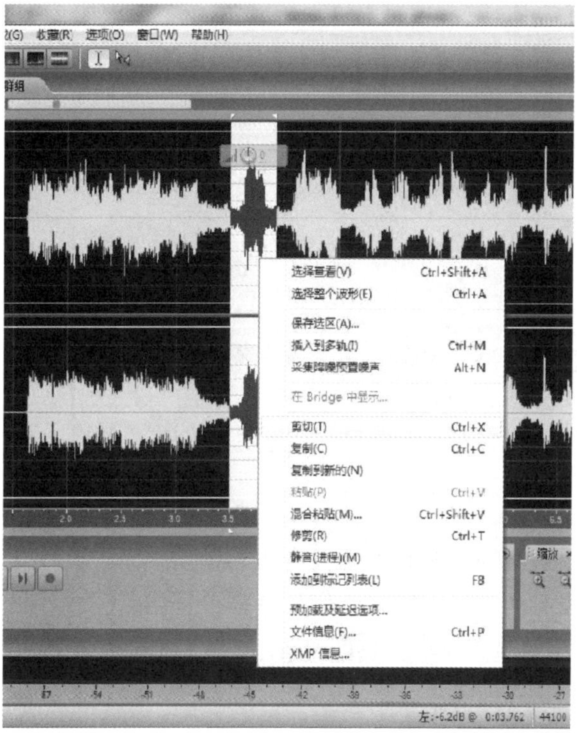

图 12－14

图 12－15

四、单轨音量调节

单轨中调节音量大小最常用的方法是“效果”菜单中选择“振幅和压限”的扩展菜单“振幅/淡化”，在“常量”中输入想要的正负数值。声音的淡入淡出效果则是在“振幅/淡化”中选择渐变，然后在预设中选择淡入或淡出（图 12－16）。

不过人声很小的话，一次性扩大 10dB 以上是很容易损坏人声的。所以，在人声过小的情况下，可选用振幅中的“标准化”来代替。标准化的作用是整体放大或缩小声音波形，使最大振幅达到指定位置。实现标准化，选取波形后，双击“振幅和压限”中的“标准化（进程）”。图中百分比表示将最大振幅扩大或缩小到波形满屏处的百分之几，如果只是稍有破音，一般填写 90％，就是将波形的最大振幅缩小到屏幕 90％的位置。调整后点击确定，标准化的操作就完成了（图 12－17）。

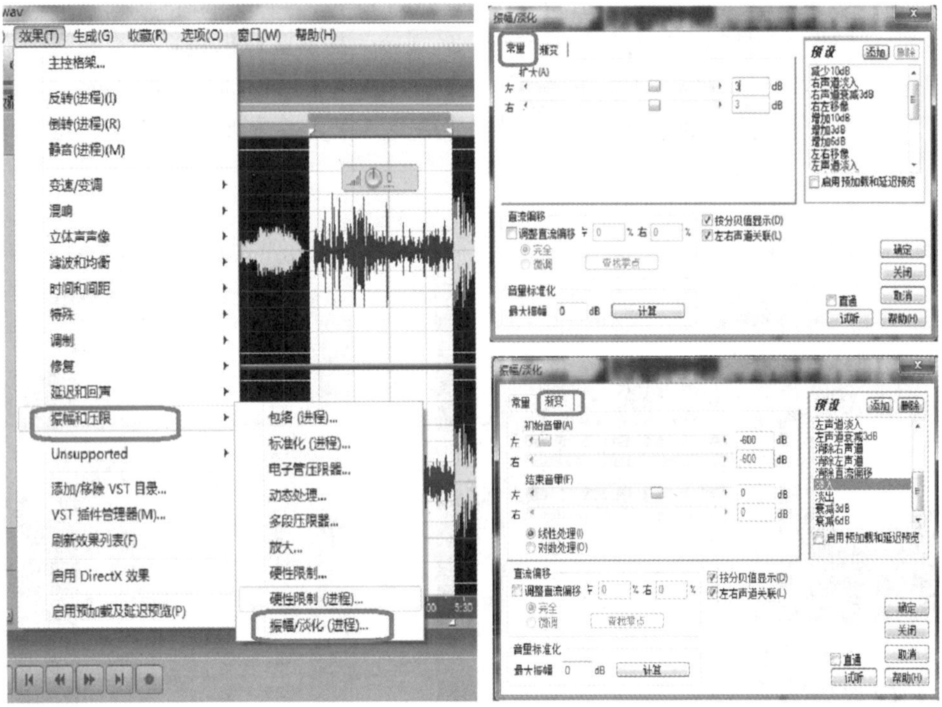

图 12 - 16

硬性限制也是诸多调整音量的手段之一。其原理是在保证没有破音的前提下，在一定限度上提升声音的整体音量。在调整音频素材块音量之后，我们经常需要调整音量大小使得前后音量平衡一些。选中素材块，打开“振幅和压限”的扩展菜单“硬性限制”。根据音频的音量大小进行设置，之后确定即可（图 12 - 18）。

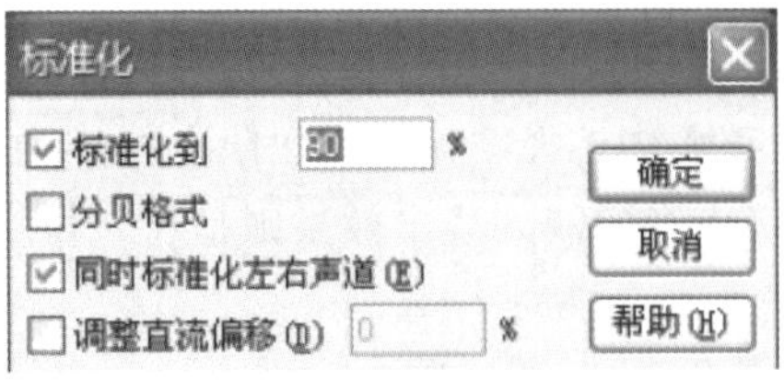

图 12 - 17

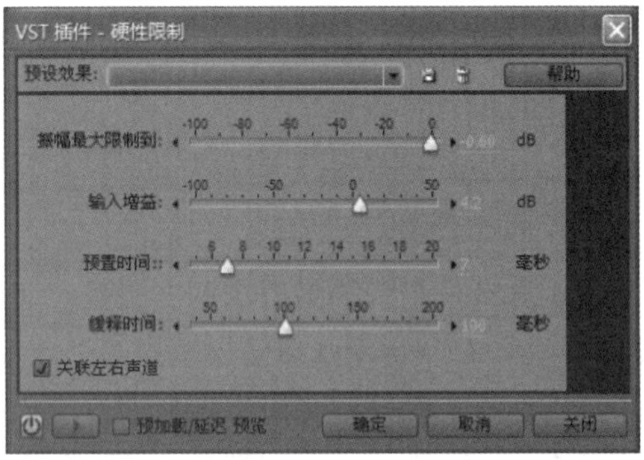

图 12 - 18

五、单轨噪音处理

在录音过程中产生噪音是不可避免的，即使声学条件再好的录音棚，也存在设备的本底噪音。要减少噪声首先应尽量减少录音过程混入的噪声，如正确选用合适的话筒指向性、灵敏度，声卡或调音台。其次，运用音频软件在正式录制前，录制秒钟的环境噪音，采用软件的降噪功能，滤除不可避免的本底噪声。

降噪的过程为：首先选择一段有一定时间长度的纯噪音片段，选择效果菜单中的“修复—降噪器”（图 12－19），双击打开降噪器，然后单击“获取特性”，软件会自动开始捕获噪音特性，然后生成相应的图形，接下来点击“波形全选”，再修改降噪级别，一般调整为 97%、98%即可，最后点击确定（图 12－20）。可见之前波形中没有语言录音的部分变成了一条细线（图 12－21）。噪音的消除最好是不要一次性完成，因为这样可能会使得录音失真。

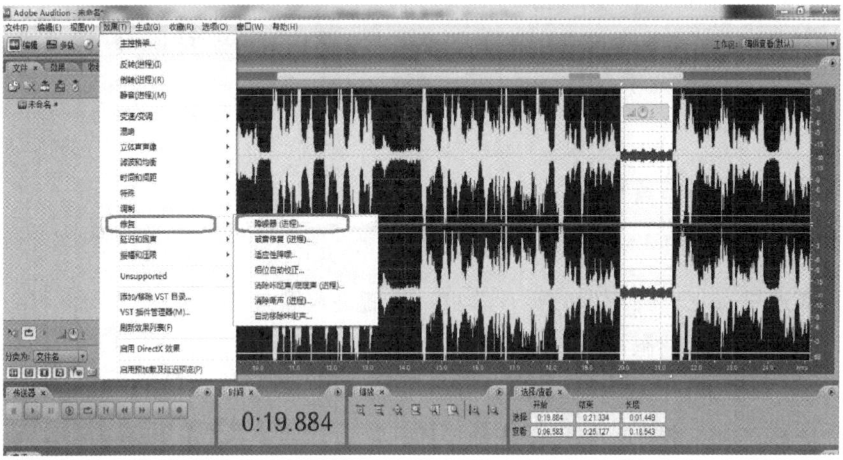

图 12－19

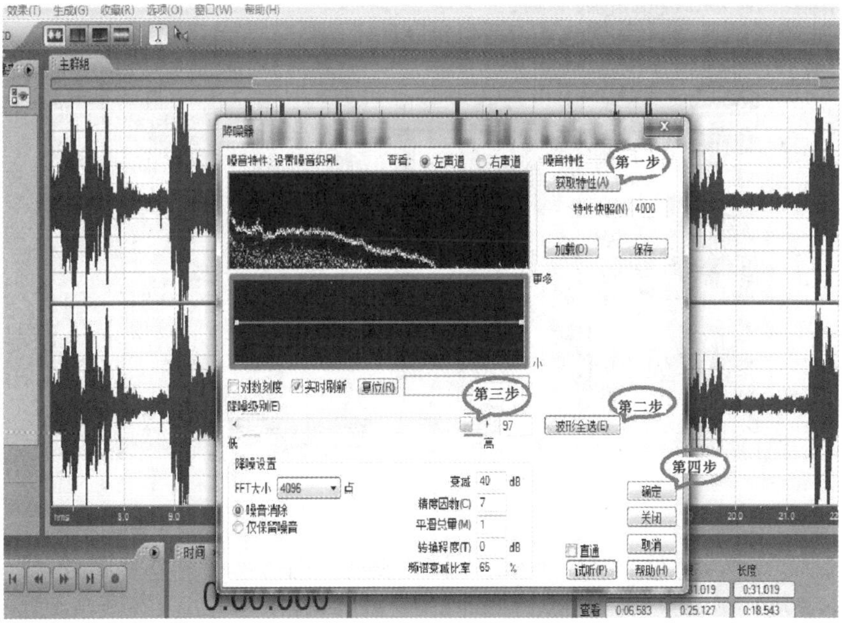

图 12－20

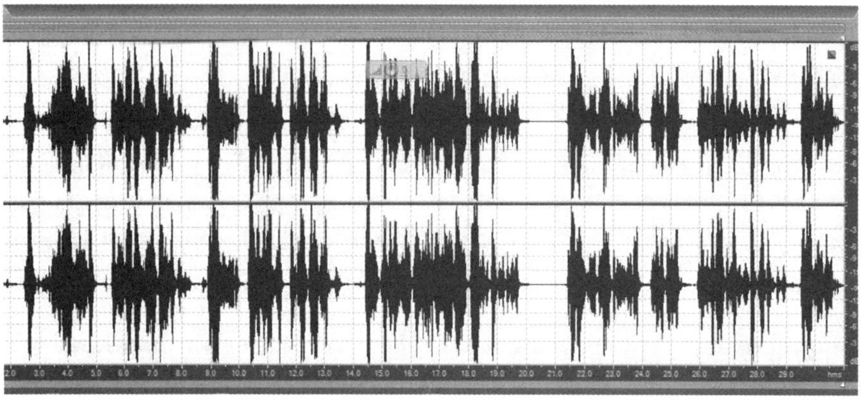

图 12 - 21

六、单轨音频素材的各种效果

1. 变调和变速

变调和变速可实现一些滑稽的听音效果，或者当声音过于尖细或过于低沉，语速稍快或稍慢时，对声音进行细微调整，以获得更好的听觉效果。

变调的方法是，选中素材块后点击效果中的“变速/变调”，选中扩展菜单“变调”，调整对话框中“半音”和“音分”的滑条（图 12 - 22）。半音，即 semitone，钢琴键盘上相邻的两个键（包括黑键和白键）就是一个半音。音分，即 cent，1 半音等于 50 音分。变调时，一般只考虑半音，升高一个半音，就是升高一个调。音分只在进行细微调节的情况下，才会用到。绝大多数情况用不到。

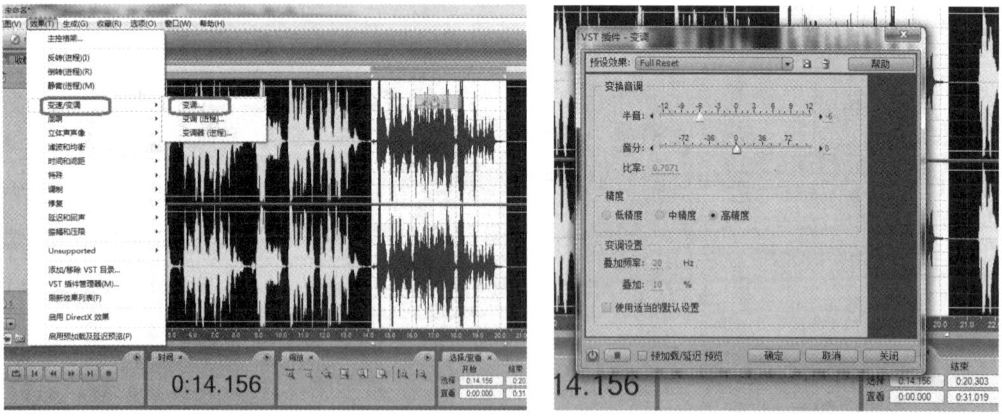

图 12 - 22

在“变速/变速”扩展菜单里还有一项“变调器”可以实现动态变调效果。变调器对话框上部分的坐标轴里，横轴表示时间进程，以秒为单位，纵轴表示音调变化，以半音为单位。在预设里系统预先设置了几种动态的变调效果（图 12 - 23）。

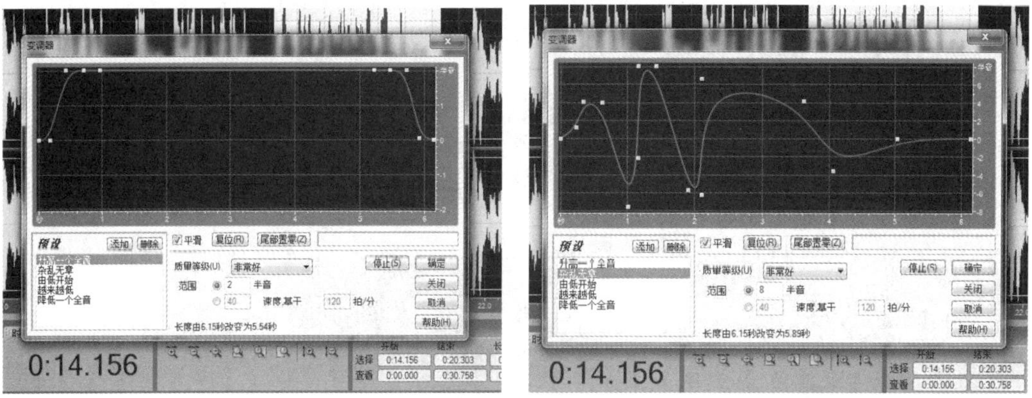

图 12－23

实现变速则是在效果里选择“时间和间距”的扩展菜单“变速”。在弹出的变速对话框里点选变速不变调，然后拖动变速滑条变速，比率 100 是不变速，100 以下是减速，100 以下是加速（图 12－24）。

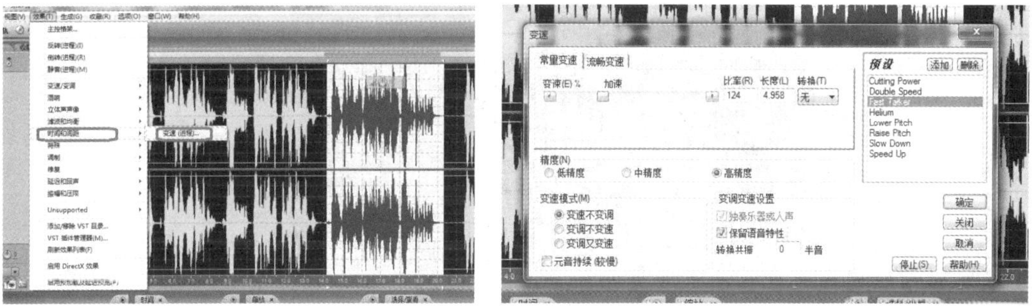

图 12－24

2. 混响延迟效果

延迟混响类效果，具体包括延迟效果、回声效果、混响效果以及回声室音效。在房间混响的 VST 插件中，可模拟出房间效果，有预设模式和用户调整模式，与房间有关的音频参数均可设定，如房间大小、立体声宽度、漫反射等，同时可通过干声和湿声的比例协调房间混响和声音清晰度的比例。在回声调节里面的参数有延时量、回馈量、电平、作用频等。此外还可以使用“延迟和回声”效果里的动态延迟，产生一种特殊效果，其实质是在时间轴上的不同延时变化（图 12－25）。

3. 打电话效果音

使用“滤波和均衡”效果，通过调整音频信号的频率成分，制造打电话的听筒效果音。电话效果音的原理是，电话话筒的频响范围小，当原声经过电话话筒时会将其中的低频和高频信号丢失，只保留中频声音信号。因此，滤波和均衡效果就是将声音信号的频率成分进行细分和局部调整，以实现不同的听音效果。

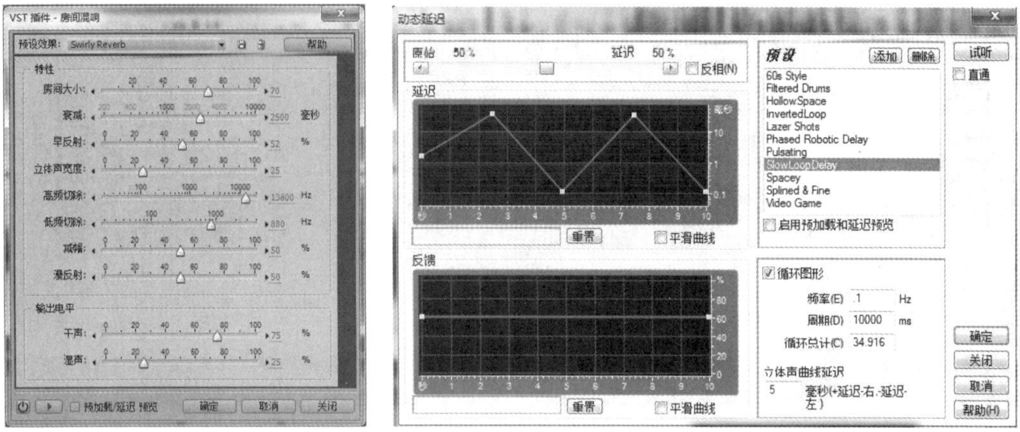

图 12 - 25

一种方法是“滤波和均衡”效果中选择FFT滤波器，在预设效果里选择“Telephone-Receiver”，还可以点击上方的频率坐标轴对不同频率成分的比例进行更精细的调整（图12 - 26）。

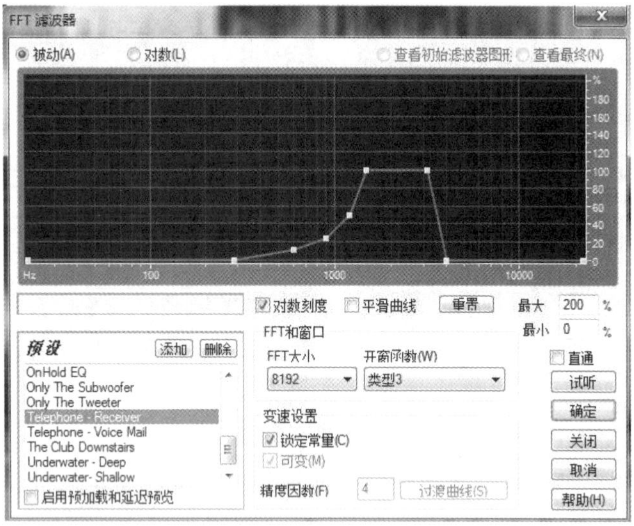

图 12 - 26

另一种方法是“滤波和均衡”效果中选择图示均衡器，点击30频段，然后将300Hz～3kHz频段的音量推子保持不变，300Hz频段以下和3kHz频段以上的音量推子进行衰减，最后对下方的主控增益适当提升几分贝（图12 - 27）。

4. *声音的多普勒效应*

多普勒效应是指由于声源或者声源接收者移动而产生的频率变化效果，类似于火车经过时汽笛声的音调变化。这个现象是由奥地利一位名叫多普勒的物理学家发现的，一天他路过铁路交叉处，恰逢一列火车从身旁驰过，他发现火车从远而近时汽笛声变响，音调变尖，而火车从近而远时汽笛声变弱，音调变低。他研究发现这是由于振源与观察者之间存

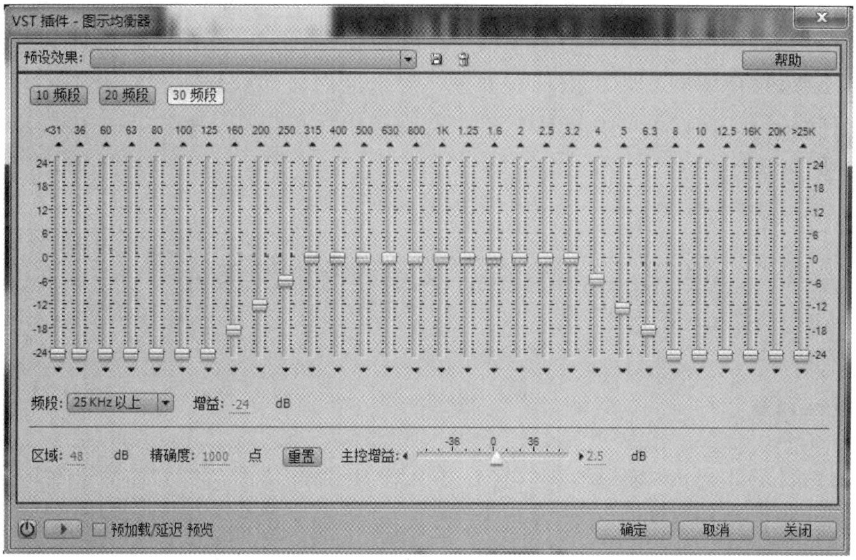

图 12 - 27

在相对运动，使观察者听到的声音频率不同于振源频率的现象。当声源离观测者而去时，声波的波长增加，音调变得低沉，当声源接近观测者时，声波的波长减小，音调就变高。音调的变化同声源与观测者间的相对速度和声速的比值有关。

使用音频软件实现声音多普勒效应的方法是效果中打开“立体声声像”的扩展菜单“多普勒效果（进程）”命令（图 12 - 28）。对话框中轨迹类型用来改变多普勒偏移的路径模式，包括直线和圆环两个选择。远距离起始用于调整偏移的起始距离。速率用于改变每秒钟拍子的速率。“到达”用于改变起始角度，参数值为 0～360 度之间。

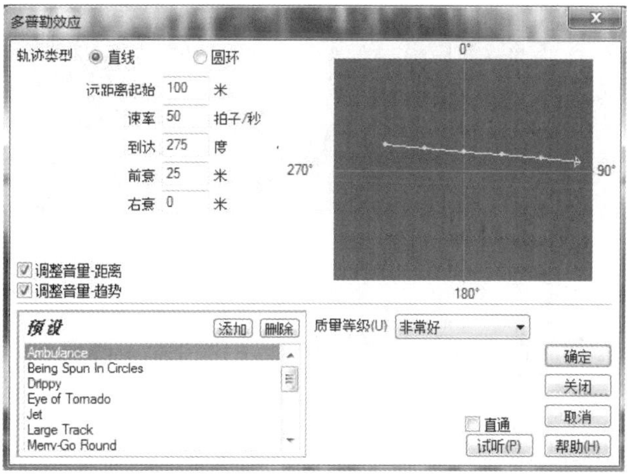

图 12 - 28

立体声类效果器中，还包括相位、声道重混缩、立体声回旋、图示声像器等其他几项效果。在立体声声像中除了立体声的双声道效果，Adobe Audition 3.0 还能在多轨中制作出 5.1 声道、环绕家庭影院等多种音效。此外，利用立体声效果器中的“析取中置通道”命令，通过对特定频段的衰减和增益实现中央通道的处理，消除人声保留伴奏。

另外，效果菜单中的反转、倒转和静音是对选区的波形处理过程，分别实现波形的上下边带、时间轴前后倒转的变化操作，平时音频编辑较少用到，静音即生成同样时间的静音区替代原有音频。

第三节 Adobe Audition 3.0 的多轨录制与混缩合成

一、多轨录音

在编辑软件的主界面中选择“多轨”，进入多轨编辑模式，打开需要制作合成的音频文件素材，在主群组中导入已有的音频文件，如制作配乐朗诵，第一轨为人声，第二、第三轨为配乐，调整每个轨道的音色后合成。每个音轨最前方为轨道头，用来调整每个音轨的具体状态，如音量大小、效果、输入输出、独奏或静音、录音状态等，这样在多轨状态下很容易实现边播边录的实时配音（图 12 - 29）。与单轨不同的是，多轨编辑界面下有两种查看模式，主群组和混音 Mixer。在混音器状态下，界面类似于传统调音台的样式，没有显示音频波形，而是每个音频信号的各种调控状态显示（图 12 - 30）。

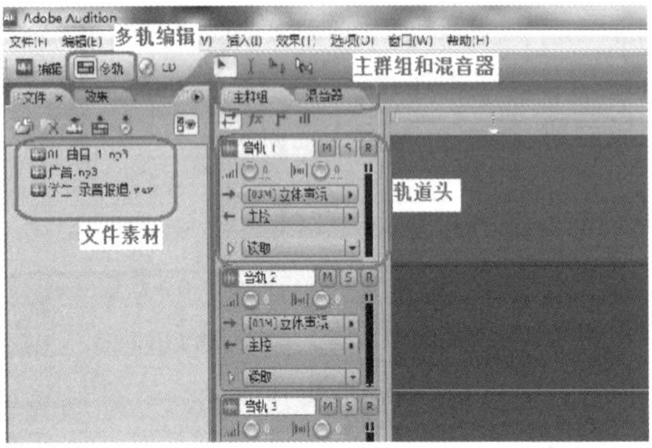

图 12 - 29

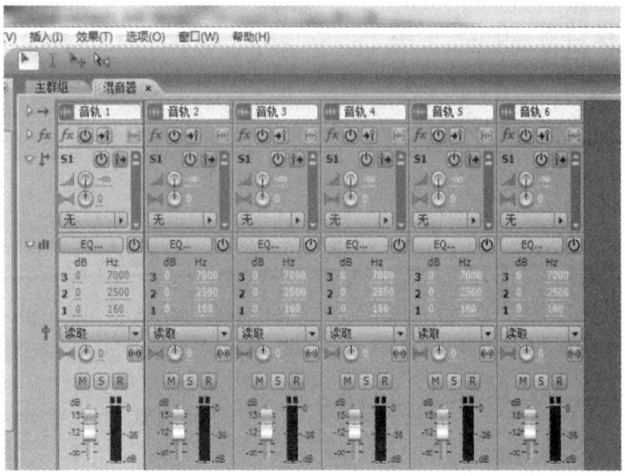

图 12 - 30

在多轨录音中，最简单的应用包括翻唱歌曲或录制单曲。在其他广播文艺节目如广播剧、配乐朗诵、录音剪辑等节目中，也需要使用到多轨录音。多轨录音的步骤，首先将暂不使用的音轨调整为静音，需要播放背景音乐或伴奏的音轨保持原样，将另外一个空白轨道设定为录制状态。然后点击传送器面板中的录音按钮开始录音，点击停止按钮，录音完成（图 12 - 31）。所录制的内容可以直接通过左上角的编辑和多轨标签来回切换。所有在多轨中进行的编辑和制作，都不会破坏单轨编辑中原有音频文件，但当单轨编辑后会影响多轨中该音频块的应用。

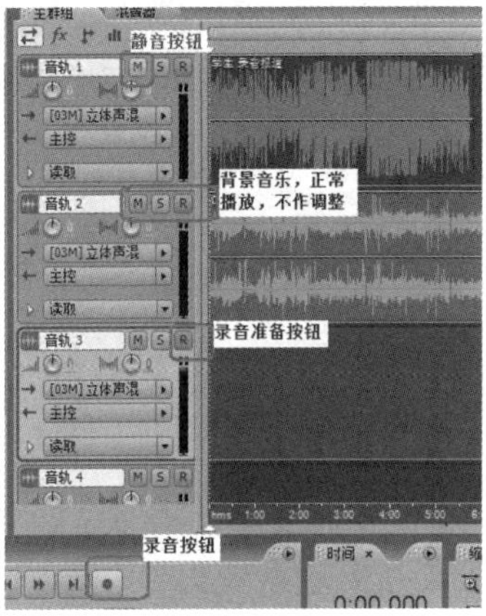

图 12 - 31

图 12 - 32

当无法一次完成某项多轨工作时，可保存为多轨工程文件，点击文件—保存会话即可，其格式为（*.ses）（图 12 - 32）。这些与会话有关的音频文件不能丢失或更改，否则下次进入音频软件时无法通过扫描，因此在录制某个广播节目时，最好创建此节目的专门文件夹，存放此节目的所有音频资料。

二、多轨编辑

多轨编辑和单轨状态下相同，可以在主菜单编辑中选择要编辑的内容，也可以在激活的音频块上右键单击，足够熟练情况下使用对应的快捷键操作，例如音频复制 Ctrl＋C、粘贴 Ctrl＋V 等（图 12 - 33）。对于音频块的分割和组合，首先右键功能菜单中选择“分离”，一段音频素材切分为两段，点击鼠标右键移动素材块将其重合，操作后自动有淡入和淡出的混合，右键单击淡入淡出符号，进入设置状态，有线性、余弦，是否开启交叉淡化等选项（图 12 - 34）。

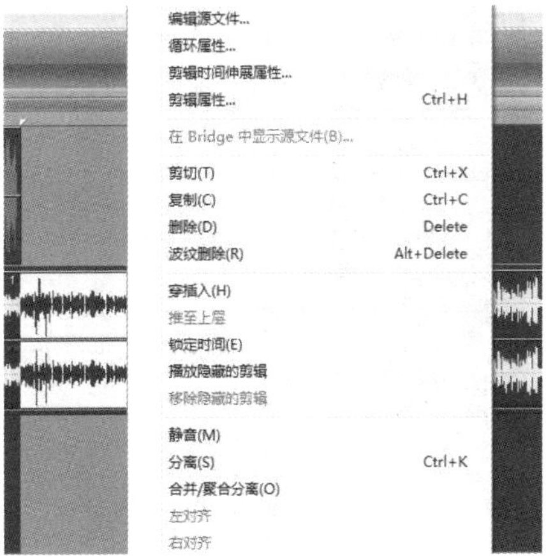

图 12 - 33

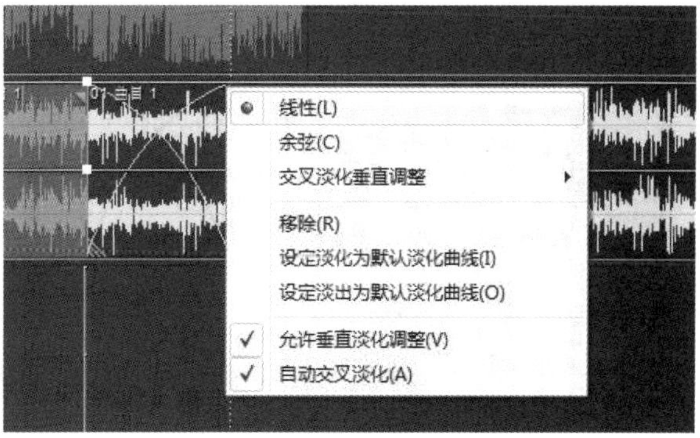

图 12 - 34

设置循环，右键单击进入循环属性设置后，开启循环，里面有循环属性的参数调整。此功能在制作如DJ效果中非常有用，设置完成后能根据音频文件需要的大小，无限拉长（图12－35）。

图 12－35

锁定音频时间，即固定音频块的左右移动，防止误操作，但不影响块的上下音轨调整（图 12－36）。音频剪辑属性中的编组，Ctrl＋左键单击可选中多个音频块，右键单击，选中剪辑编组，就把几个音频块合成了一个编组，在音频块左下有品字符号代表，编组后的音频块就成了一个整体，在编组中还可以设定编组颜色，这样实现对多个音频块的组合操作（图 12－37）。

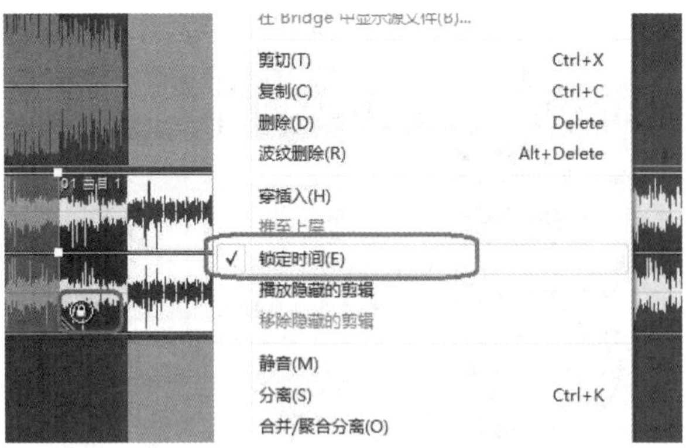

图 12－36

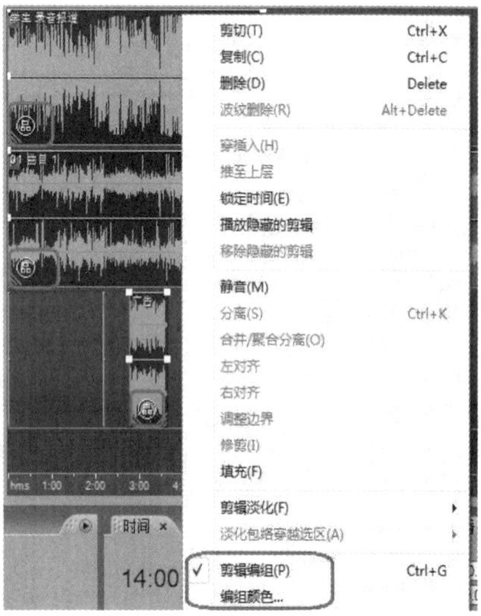

图 12－37

三、多轨效果器

在多轨编辑状态下的效果中只单列了三种，分别是包络跟踪、声码合成和频段分离，其中前两种需要分析和处理两个声轨才能实现，使用 Ctrl 加鼠标左键选中两个音轨或两段素材块，可以用一个声轨根据包络去控制另一声轨的音量。首先选中需要分析和处理的两个波形文件后包络跟踪的效果被激活，调整跟踪器对话框的参数后，生成效果输出后的新的音轨（图 12－38）。

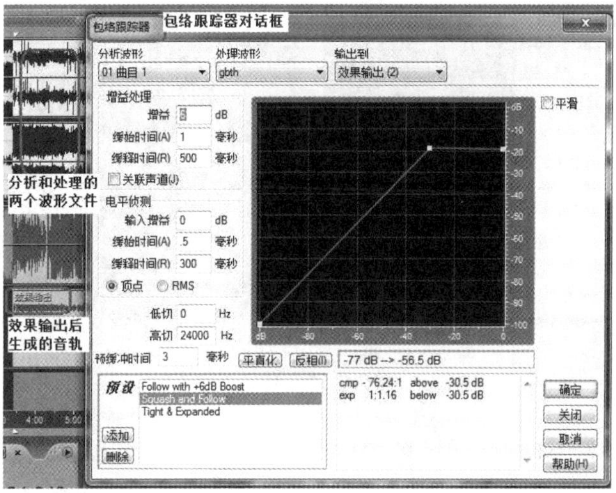

图 12－38

频段分离器用来将音频里不同频段的声音分离出来，其作用相当于一个均衡器，调节某一频段的音量的大小，或者说对某一频段进行增益或衰减。单个音频块的频段分离为几段后，下面音轨依次被占用，并自动生成带有频率范围的同名文件，每次操作后自动生成新目标音频块输出到下一音轨位置（图 12－39）。

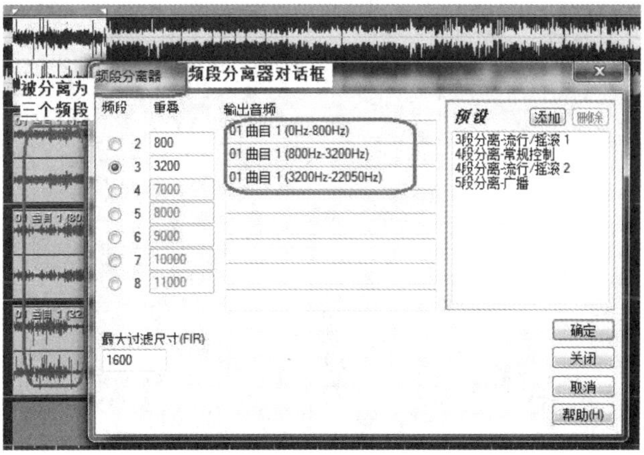

图 12－39

点击主群组中的 fx 按钮会打开多轨效果器并可以添加效果、显示效果的名称。点击每一个效果器右边的小三角，可以显示出多种效果的进一步选择。比如要给第一轨加入合唱效果，鼠标放在“调制”上就显示子菜单，然后选择合唱，就弹出合唱效果器窗口（图 12 - 40）。对混音器中的各项参数进行调整，然后关闭效果器，播放预听效果，本来的独唱就变成了合唱效果。

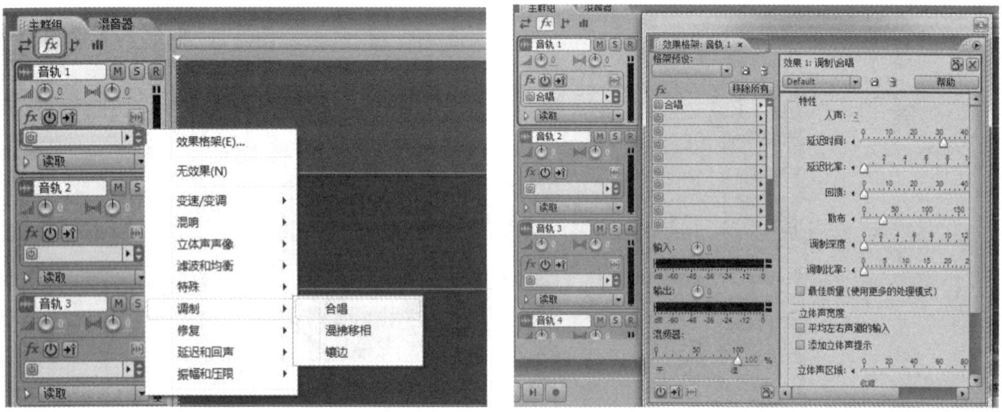

图 12 - 40

在多轨中的混音器界面中，Adobe Audition 3.0 把效果器整理为机架式，多轨效果机架中包含效果列表，所有操作由多轨音效主控机架控制，用于编辑或调用使用多个效果，双击效果器后弹出该效果器的具体参数设置（图 12 - 41）。效果器机架 fx 中依次包括了开关按键、效果器作用位置（即推子前后）、冻结按键（冻结效果器设置）、效果器列表和分级的控制开关，最右侧为状态条，滚动显示各类效果。发送设置窗口依次为开关钮、发送位置、音量、相位、发送目标通道，右侧为状态条，可实现多路发送，类似于调音台的辅

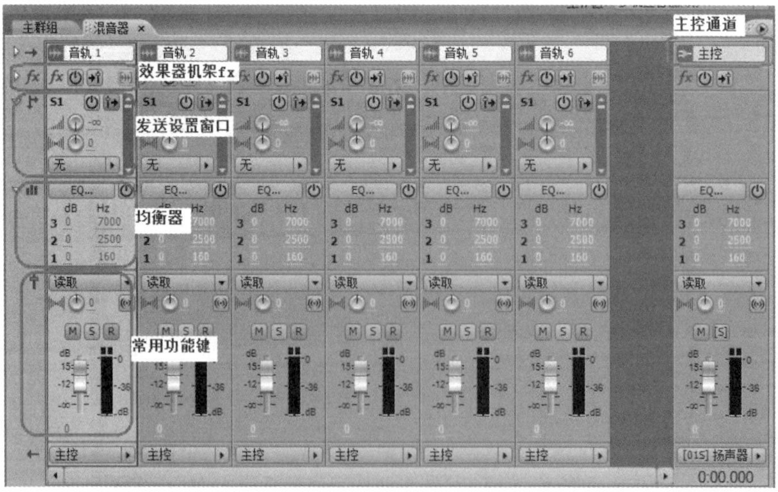

图 12 - 41

助输出路。其中的均衡器，作为常用效果单列出来，在机架中仍然可以重新设定。此外，还包含常用功能键、推子、通道状态按键等。最右边为总线和主控通道，每路通道都可以灵活发送到某个总线或直接到总控，类似传统混音调音台中的部分功能，又可以灵活组合，超出了传统硬件的限制。

四、音频合成和保存

混缩之前，在多轨界面再听一听最后的播出效果，如果感觉人声和音乐、音效的音量不匹配，可以在音量小的音轨轨道参数控制区调整音量开关，向上拖动增加音量。在音量过大的音轨调整音量开关减小音量，直到听觉感受合格为止。

然后点击任意的空白轨道，保证没有任何一个音轨被选中，点击主命令菜单“导出”中的“混缩音频”，出现导出音频混缩对话框，在右边混缩选项中可调整合成后音频的比特率和声道。最后，选择要存储的目标位置，同时根据需要选择保存文件的格式，可将文件类型选成 MP3 或者 WAV 等格式，再点击“保存”即可保存合成后的音频文件（图 12－42）。

图 12－42

五、其他功能

脚本与批处理，是 Adobe Audition 3.0 从图形处理等软件借鉴过来的一项功能。在同一录音环境下创建的音频文件，最初的常用操作，如降噪、振幅标准化、动态处理等是相同的，如果每个文件都重复操作便稍显繁杂、费时，此时使用脚本就容易得多。

首先将编辑状态选择为单轨，在文件菜单下有脚本选项，单击新建脚本、录制，此时会记录文件类型为“.scp”的脚本文件，把这段音频文件的所有操作都会一一记录下来，此过程中要避免类似剪切、复制等操作，因为这些操作也会被记录而被其他音频文件执行。然后可以运行脚本来自动实现相同操作。

批处理是在脚本的基础上，把脚本作为其中的一个环节，自动实现多个文件的一般处理。批处理命令不仅可以简化重复烦琐的操作，更重要的是可以节约时间、提高工作效率。批处理操作的实现方法相对来说比较简单。首先在编辑视图模式下，点击文件命令中的“批量处理”。打开批处理对话框，单击添加文件按钮，打开对话框，选中文件存放的目录，选择多个音频文件，单击添加即可将文件添加到列表。然后单击运行脚本标签，选中运行一个脚本复选框，将其启用。然后在对话框中，分别设置重采样、新建格式、目标选项卡。设置完毕后，单击批量运行按钮，即可实现批量处理的操作。

Adobe Audition 3.0 多轨编辑界面可插入一个视频轨道，并为视频配音，可以在预览状态下对相应的画面进行配音，但作为一款音频编辑软件，此项功能并不强大，且对所需计算机的性能也有较高要求。操作方法是多轨编辑状态下，在空白轨道上单击右键“插入”—“视频轨”，视频轨会自动排在第一轨，然后在文件面板导入一个视频文件，Adobe Audition 能够识别的视频格式包括 AVI、DV、MOV、MPEG－1、MPEG－4、3GPP 和 3GPP2。导入视频文件后在文件面板会出现相关的一个音频文件和一个视频文件。将视频文件拖至主群组的第一轨即视频轨，在其下一轨点击录音准备按键，为本视频配音。录音完成后导出视频文件。

参考书目

1. 肖峰：《广播节目制作》，武汉大学出版社，2014 年。
2. 张勉之：《世界广播趋势》，中国广播电视出版社，2005 年。
3. 颉宁侠：《广播节目编辑与数字音频制作技术》，复旦大学出版社，2008 年。
4. 蔡凯如：《广播编辑与节目制作》，武汉大学出版社，1995 年。
5. 危羚，王萍，赵慧：《广播节目编辑与制作》，中国传媒大学出版社，2013 年。
6. 董旸：《广播节目策划与制作》，中国传媒大学出版社，2007 年。
7. 李建刚：《广播节目制作》，高等教育出版社，2013 年。
8. 黄匡宇：《广播电视学概论》，暨南大学出版社，2005 年。
9. 韩宪柱：《数字音频技术及应用》，中国广播电视出版社，2003 年。
10. 王兴亮：《现代音响与调音技术》，西安电子科技大学出版社，2000 年。
11. 杨乃近：《广播广告创作》，浙江大学出版社，2005 年。
12. 王文科：《广播新闻报道》，浙江大学出版社，2002 年。
13. 危羚：《广播音响报道实用教程（第 2 版）》，中国传媒大学出版社，2012 年。
14. 张彩：《世界广播发展研究》，中国传媒大学出版社，2007 年。
15. 庄元：《数字音频编辑 Adobe Audition3.0 实用教程》，人民邮电出版社，2012 年。
16. 张舒：《音响报道教程》，中国广播电视出版社，2009 年。
17. 朱宝贺：《广播剧编导教程》，中国传媒大学出版社，2009 年。
18. 胡泽，雷伟：《计算机数字音频工作站》，中国广播电视出版社，2005 年。

图书在版编目（CIP）数据

广播编辑与音频制作/张洁意，张彩霞主编．—合肥：合肥工业大学出版社，2018.3（2024.7 重印）

ISBN 978-7-5650-3081-9

Ⅰ.①广…　Ⅱ.①张…②张…　Ⅲ.①广播节目—节目制作　Ⅳ.①G222.3

中国版本图书馆 CIP 数据核字（2016）第 284803 号

广播编辑与音频制作

张洁意　张彩霞　主编　　　　责任编辑　王　磊

出　版	合肥工业大学出版社	**版　次**	2018 年 3 月第 1 版
地　址	合肥市屯溪路 193 号	**印　次**	2024 年 7 月第 3 次印刷
邮　编	230009	**开　本**	787 毫米×1092 毫米　1/16
电　话	艺术编辑部：0551-62903120	**印　张**	12.25
	市场营销部：0551-62903198	**字　数**	298 千字
网　址	press.hfut.edu.cn	**印　刷**	安徽联众印刷有限公司
E-mail	hfutpress@163.com	**发　行**	全国新华书店

ISBN 978-7-5650-3081-9　　　　定价：45.00 元